선(禪)과 다도(茶道)

선과 다도

정성본, 김명희 지음

민족사

들어가는 말

여느 다실에서든 볼 수 있는 '다선일여(茶禪一如)', '선다일여(禪茶一如)', '끽다거(喫茶去)'라는 말은 선(禪)과 차(茶)는 하나라는 것, 그리고 너와 나가 둘이 아닌 경지(不二)에서 차를 마시면서 지혜로운 삶을 이룬다는 것을 뜻한다. 선 수행과 차 마시는 일을 어떻게 둘이 아닌 하나의 경지라고 할 수 있을까?

선(禪)이란 번뇌 망념의 중생심을 탈피하여 각자의 청정한 본래심을 자각하고, 지금 여기에서 행주좌와(行住坐臥) 어묵동정(語默動靜) 매사의 일을 지혜롭고 창조적으로 전개해 나가는 것이다. 청정한 마음으로 깨달음의 지혜로운 삶을 살라고 하는 평상심시도(平常心是道)는 선에서 제시한 도(道)이다. 이에 육조혜능은 '마음으로 깨닫는 지혜 작용이 도(由心悟道)'라고 정의하고 있다.

다도(茶道) 역시 단순히 차를 마시는 행위에 그치지 않는다. 다도는 청정한 다실(草庵)에서 선지식이나 도반들이 함께 대화하며 지혜와 인격을 나누면서 주객이 화합(和)하고, 공경(敬)하며, 청정한 마음(淸)으로 깨달음의 경지(寂)에서 보살도를 실행하는 일이다. 차를 마시고 식사하는 일(茶飯事), 즉 시절인연과 함께하는 지금 여기의 자기 본분사를 지혜와 인격으로 나누는 것이 바로 선과 다도의 문화생활인 것이다.

필자가 동국대학교 불교문화대학원에서 '선과 다도문화'를 강의할 때 과외로『조당집』,『전등록』,『종용록』등 여러 선어록과『한산시』,『신심명』,『증도가』등의 선(禪) 문학,『대승기신론』,『선다록(禪茶錄)』, 야나기 무네요시(柳宗悅)의『다도논집(茶道論集)』, 히사마츠 신이치(久松眞一)의『다도의 철학(茶道の哲學)』등의 자료를 읽고 번역하는 세미나를 했었다. 이번에『선과 다도』를 출간하게 된 것은, 선과 다도학을 전공하며 논문을 준비하던 불교문화대학원생 김명희(법명 진여심)가 이 세미나에 열심히 참여하고 토론하면서 선어록과 다도의 관계를 많은 자료들을 참고해 체계 있게 정리한 결실이다.

　오랜 연구와 실습을 거쳐 선과 다도라는 주제로 선 사상과 선 문화의 핵심적인 부분을 골고루 정리한 이 책이 선과 다도를 공부하는 사람들에게 올바른 지침서가 되길 바라며, 또한 많은 사람들이 선과 다도생활을 통해 창조적인 삶을 열어 나가는 좋은 인연이 되기를 바란다.

2014년 3월
자안선당(自安禪堂)에서 정성본

차.례.

2부_선과 다도생활

禪,

茶

道

1부

선과 다도

선(禪)으로서의 다도

1. 선(禪) 문화

(1) 선과 차, 인간의 생활

다도(茶道)는 현대인의 생활 속에 품격 있는 문화로 자리매김하고 있다. 근래 몇십 년 동안 차가 건강에 이로운 영향을 미친다는 사실이 밝혀지면서, 차에 대한 인식도 새로워져 여러 방면에서 연구가 이루어지고 있다.

음료로서 차(茶)는, 자체에 함유되어 있는 각종의 성분을 통해 육체의 피로를 풀어 주며, 질병의 원인을 억제하고 치료하는 데에도 긍정적으로 작용한다. 하지만 차는 그러한 차원을 넘어 사람들의 마음을 맑고 편안하게 한다. 한 잔의 차와 마주할 때 우리는 여유를 갖고 스스로를 돌아봄으로써 한층 더 승화된 수행의 길로 나아갈 수 있다. 또한 다도(茶道)의 예의를 다함으로써 사회적으로 원만한 대인 관계를 가질 수 있고, 차 문화 행사와 찻자리〔茶席〕는 여러 종류의 차와 도자기, 공예품, 복식, 전통 음악, 악기 등 우리의 아름다운 전통문화를 체험할수 있는 장소가 되기도 한다. 다도는 이렇게 종합 예술적인 성격을 지닐 뿐 아니라 도덕과 철학·종교까지도 포함하고 있어서 이 모든 것을종합하는 하나의 문화 체계를 만들어 내고 있다. 이러한 종합적 문화체계는 다른 문화에서는 그 유례를 찾을 수 없는 것이라고 생각한다.

차가 마음을 편안하게 해 준다는 것은 곧 우리의 행복감을 높여 준다는 뜻이다. 인간은 모두 행복한 삶을 추구한다. 좀 고전적인 행복론이지만 『서경(書經)』「홍범(洪範)」[1] 편에서는 행복이란 "첫째는 오래 사는 것이고〔壽〕, 둘째는 부유하게 되는 것이며〔富〕, 셋째는 건강하고 마음이 편한 것〔康寧〕, 넷째는 도덕 지키기를 낙으로 삼는 것이고〔攸好德〕, 다섯째는 천수를 다하는 것이다〔終命〕"라고 하였다. 오늘날이라고 그 기준이 크게 다를까?

인간이라면 누구나 지니고 있는 기본적인 문제점들이 있다.

첫째, 인간은 절대 유일한 존재이다. 붓다는 태어나자마자 "천상천하에 오직 나는 절대 유일하고 귀중한 존재(天上天下 唯我獨尊)"[2]라고 선언했다고 한다. 그 역사적 사실 여부를 떠나, 우리는 어떻게 하면 이

---

1) 『서경(書經)』의 「홍범(洪範)」은 서경의 한 편으로서, 기자(箕子)가 천지의 대법(大法)을 베풀어서 주(周) 무왕(武王)에게 준 것이다.
2) 『불교학대사전』(홍법원, 1988) p.1529. 석존이 탄생 직후에 설했다 하여 「탄생게(誕生偈)」라 하며, 이것은 삼세제불에게 공통되게 있는 상법(常法)이라고 한다. 불타가 태어나자마자 곧바로 7보를 걸은 뒤 오른손으로 하늘을 가리키고 왼손으로 땅을 가리키면서 "하늘 위에나 하늘 아래에 나 홀로 높다, 삼계(三界)가 다 고(苦)뿐인데 무엇이 즐겁겠는가(天上天下 唯我獨尊 三界皆苦 何可樂者)"라고 했다고 『서응경(瑞應經)』에 기록하고 있다. 또 이 「탄생게」는 인간의 존엄성을 천명한 말이기도 하다.

존귀한 삶을 잘 살 수 있을지 생각해 볼 필요가 있다.

둘째, 생·노·병·사의 무상(無常)을 극복할 수 없다. 인간은 영원불변의 존재가 아니라는 사실을 철저히 자각하면서, 어떻게 하면 무상한 존재인 스스로의 인생을 의미 있고 보람되게 살 것인가?

셋째, 인간은 불안의 고통을 극복해야만 하는 중생이다. 마음속 불안과 근심 걱정, 초초함과 공포에서 벗어나 어떻게 하면 평안하고 안정된 삶을 살 수 있을 것인가?

넷째, 인간은 '지금'이라는 시간과 '여기'라는 한정된 공간 속에서 살아가는 존재다. 인간이 '살고 있다'는 것은 지금, 여기에서 육체를 움직이고 마음으로 생각하고 있다는 뜻이다. 어떻게 하면 지금, 여기에서 육체와 정신을 올바르고 훌륭하게 운용할 수 있을까?

다섯째, 인간은 쉬지 않고 일하며 살아야 하는 존재다. 인간은 매 순간 많은 것들을 생각하고, 호흡하고, 육체를 움직이면서 자신이 맡은 일을 하면서 살아가는데, 어떻게 하면 해야만 하는 일들을 즐거운 마음으로 할 수 있을까?

이러한 것들은 살아가면서 누구나 답해야 할 문제이자, 공동의 과제이다.[3] 더구나 현대인들은 복잡한 사회생활과 극심한 개인주의가 야기하는 여러 문제점 또한 해결해 나가야만 한다.

그런데 선(禪)과 차(茶)는 인간의 삶을 윤택하게 만들며 삶의 질을 향상시킨다. 복잡한 현대 사회의 고단함에서 벗어나 정신적으로 넉넉하고 편안한 삶을 갈구하고 있는 이때, 자각적인 선과 다도를 생활화하

---

3) 정성본, 『간화선의 이론과 실제』(동국대학교 출판부, 2005), pp.16~17.

면 삶의 문제를 해결할 수 있는 지혜를 개발할 수 있다. 또한 올바른 인격을 형성할 수 있다. 그러기 위해서는 먼저 자신의 참된 존재를 발견해야 하며, 지혜를 체득하기 위해 수행을 해야 한다. 즉 불법의 지혜를 체득하여 바른 불법 사상과 정신으로 보살도의 삶을 실천할 수 있도록 선을 공부하는 것이 필수적이다. 우리는 그러한 지혜를 체득함으로써 지금, 여기의 현실에서 더욱 행복한 삶을 누릴 수 있을 것이다.

당대(唐代)에는 선불교 생활의 일환으로서 선승들이 차를 마셨는데, 이것을 바로 끽다(喫茶)라고 한다. 선승뿐만 아니라 지식인과 관료들도 끽다(喫茶)의 문화생활을 향유하면서 자연히 다도의 문화가 형성되었다. 즉 당대의 선어록에 '다반사(茶飯事)'라는 말이 많이 언급되고 있듯이, 차를 마시는 것이 식사를 하는 일처럼 일상화되어 선의 생활이 되었다.

이후 송대의 선종 사찰에서는 많은 다회(茶會)와 다석(茶席)이 열렸다. 주지와 4지사(知事)[4], 6두수(頭首)[5], 그리고 전당수좌나 후당수좌가 특별한 사람들이나 대중들에게 차를 대접하는 다탕(茶湯)의 의례를

---

4) 감원(監院), 유나(維那), 전좌(典座), 직세(直歲)를 말한다. 감원(監院)은 주지를 대신하여 원(院) 내외의 모든 업무를 통령(統領)하여 수행자의 도량으로 원활히 총림을 운영해 가는 지사 중의 가장 중직으로, 북송 시대의 『선원청규』에 지사는 감원 이하의 4지사였으나 남송 시대에는 감원의 일직(一職)이 도사(都寺) · 감사(監寺) · 부사(副寺)의 3역으로 분장(分掌)되어 6지사가 되었다. 유나(維那)는 승당에서 승중(僧中)의 일을 독려하고 감시하며, 당내의 승무(僧務)를 총괄하는 직위로서 대중의 법열을 유발시키므로 열중(悅衆)이라 한다. 전좌(典座)는 총림에서 지사직(知事職) 중 중승(衆僧)의 식사 일체를 관장하는 직(職)이며, 직세(直歲)는 일 년마다 해당한다는 뜻에서 붙여진 역명(役名)으로 가람의 수조(修造), 상주(常住)의 집구(什具) 수리, 교환, 산림, 전원 등의 관리 및 사원 내 일체의 작무(作務)를 관장하는 직을 말한다. 자각종색 선사 저, 최법혜 역주, 『고려판 선원청규역주』(가산불교문화연구원, 2001), p.150, 163, 167, 169.
5) 수좌(首座), 서기(書記), 장주(藏主), 지객(知客), 욕주(浴主)를 말한다.

행하였는데, 송나라 자각종색(慈覺宗賾) 선사의 『선원청규(禪苑淸規)』[6]를 통해서 그 사실을 알 수 있다.

이러한 점을 미루어 볼 때, 차는 당대와 송대 선승들의 생활 속에 깊숙이 뿌리내린 것으로 보인다. 중국 선종사원에서는 선다일여(禪茶一如)와 다선일미(茶禪一味)가 생활화되었다.

일본에서도 에이사이 선사(榮西 禪師, 1141~1203) 이후 차가 선승들의 생활 속에 깊이 들어가 선다일여(禪茶一如)의 세계를 이루었고, 우리나라도 신라 때 당(唐)으로부터 전래되어 사원과 차가 밀접한 관계를 맺게 됐다. 특히 초의 선사(草衣 禪師, 1786~1866) 이후에는 사람들이 차를 통하여 선다일여의 경지로 다가가고자 노력하고 있다. 근래에 각계의 차인들이 행다(行茶) 위주의 교육에서 철학적·사상적으로 다도에 접근하여 연구와 교육을 하고 있는 것은 고무적인 일이다. 그러나 아직은 거의 대부분 다례(茶禮), 차를 우리는 방법으로서의 다도가 이루어지고 있는 것이 현실이다. 이러한 맥락에서 선의 다도를 정리하는 토대를 마련해 보고자 한다.

선다(禪茶)는 인간의 본질적인 문제들에 답하고, 삶의 질을 향상시키며, 정신문화를 구축하는 데 매우 큰 역할을 할 수 있다. 이러한 선다문화(禪茶 文化)를 널리 이해시키고, 선다 생활화의 저변을 확대하기 위해서는 지속적인 연구와 관심이 필요하다. 무엇보다도 선(禪)과 도(道)의 정확한 개념을 이해하고, 선 사상의 관점에서 다도에 접근하여 선

---

6) 선종의 선원(禪苑)〔총림(叢林)〕에서 수도하는 청정한 대중들이 서로의 불도 수행을 위하여 지켜야 할 정해진 생활규범〔(規)矩準繩〕을 말한다.

과 다도의 관계를 보다 명확하게 정립할 필요가 있다. 후술하겠지만, 선다의 생활이란 선다일여(禪茶一如), 다선일미(茶禪一味)의 사상과 정신을 체득하여, 지극히 평안하고 안정된 평상심으로 지금, 여기의 일상생활에서 자신의 본분사를 실행하는 것이라고 할 수 있다.

(2) 선(禪) 문화

선(禪) 문화는 선과 문화의 합성어이다. 선(禪)이란 중생의 번뇌 망념과 차별심을 초월한 인간의 근원적 본래심, 즉 불성(佛性)으로 전개하는 지혜로운 삶과 일상생활 전부이다. 그리고 선의 수행과 정신, 혹은 선 사상을 통해 이루어진 문화가 선 문화이다. 또는 선의 정신과 선 사상의 토대 위에 이루어진 인간 생활의 모든 지적·예술적 소산을 일컬어 선 문화라고 할 수 있다. 따라서 선 문화란 자각된 주체 즉 근원적인 본래심(佛性)의 지혜로 만들어 놓은 인간의 생활 공간과 건축물, 도구, 묵적(墨跡), 정상(頂相)[7]과 같은 미술품이나 문학 등의 예술 작품을 총칭한 것이다. 일반적으로 불교의 정신과 사상을 토대로 한 신행 생활과 수행 생활의 공간 등 일체를 불교 문화라고 하듯이, 선 문화도 선의 정신과 선 사상을 토대로 이루어진 모든 수행 생활과 생활 도구, 수행 공간의 전반적인 것을 말한다.

선 문화는 무(無)와 공(空)의 문화라고 할 수 있다. 세속에서 살아가

---

7) 고승(高僧)의 초상화로 상반신상과 전신상이 있으며 사실적이고 고승 자신의 찬(讚)이 있는 초상화가 많다.

는 사람들은 권위와 형식, 그리고 어떤 격식에 갇혀 있다. 대부분 틀에 박힌 고정관념이나 윤리적 관습에서 벗어나지 못한다 해도 과언이 아니다. 하지만 출세간(出世間)의 수행자는 일체의 권위와 형식, 그리고 격식을 모두 초월하여 근원적인 본래심의 경지에서 반야의 지혜로 창조적인 삶을 살아간다. 다시 말해 세속에서는 고정관념이나 윤리, 관습, 명상(名相), 개념 등의 틀에 맞추어서 사물을 분별·인식하고 생각한다. 그러나 출세간의 삶이란 정해진 법도 없고 고정된 형식의 문도 없는 무문(無門)의 경지에서 사는 삶이다. 정해진 형식과 틀(型)이 없기 때문에 종횡무진으로 자유자재하며, 걸림이 없고(無碍) 임운 자재(任運自在)하다. 또, 자유분방한 기력(氣力; 활력)이 넘치며 언제나 자각적인 본래심을 통해 주체적으로 지혜로운 생활을 전개한다. 따라서 언제나 새롭고 창조적인 생활을 영위할 수 있다. 이러한 선의 생활에서 이루어진, 지혜로운 진인(眞人)의 생활 문화 모든 것이 선 문화이다.[8]

선에서는 "무법(無法)을 법(法)으로 삼고 무문(無門)을 법문(法門)으로 한다"[9]라고 말한다. 무법은 인연의 법칙이 형성되지 않은 것으로 공(空; 근원)의 세계를 말하며, 무문(無門)은 인간의 자각적인 주체인 근원적인 본래심이 어떤 개념이나 관념, 윤리, 혹은 형식이나 권위의 문을 통과하지 않는 지혜의 작용을 말한다. 본래심의 지혜 작용을 그대로 공의 세계에 전개하는 깨달음의 세계를 무법과 무문으로 표현하고 있는 것이다. 그래서 대승불교에서는 '공'을 중생심인 번뇌 망념을 텅 비

---

8) 정성본, 『선문화』(세미나 자료, 2009), p.5.
9) 『조당집』 14권, 「마조 화상」(『고려대장경』 45권, p.319b). 『전등록(傳燈錄)』 6권, 「마조 화상」(『대정장』 51권, p.246a) "無法爲法 無門爲法門". 정성본, 『중국선종의 성립사연구』(민족사, 1991), p.844에 "…여래심(如來心)을 근본으로 하며 무문(無門)을 법문(法門)으로 하고 있는 것이다"라고 설한다.

우는 것으로 본다. 종합해 보면 선 문화는 중생심인 번뇌 망념을 비우고 반야의 지혜로 창조적인 삶을 전개하는 생활 문화이며, 또한 그러한 문화를 담은 예술 작품이라고 할 수 있다. 즉 반야의 지혜와 불법의 대의를 체득한 선승이나 조사들이 구체적인 일상생활에서 선의 정신을 토대로 이룬 문화가 선 문화이다. 세속적인 일체의 번거로움을 떨쳐 버리고 한적한 산중에 은거하며 참선 수도를 한 선승들은 깨달음의 세계에서 오도송(悟道頌)이나 낙도가(樂道歌)를 읊고, 청정한 법계를 그대로 표현한 산수화를 그렸다. 이를 포함하여 무심의 경지에서 쓴 선승들의 묵적(墨跡), 음다(飮茶) 생활 등은 모두 무법(無法)과 무문(無門)의 경지에서 전개된 창조적인 선의 문화라고 할 수 있다.[10]

한편 선 문화는 공(空)의 문화이다. 『반야심경』에서 설하고 있는 '색즉시공 공즉시색(色卽是空 空卽是色)'의 공(空)이란 일체개공(一切皆空)으로서 모든 존재[諸法]의 근원적인 본래의 세계이며, 이것은 절대적 경지인 진여 자성(眞如 自性; 불성)으로, 본래 텅 빈 무(無)의 세계를 의미한다. 색(色)은 일체 제법(一切 諸法; 存在)의 현상이나 모습을 표현한 것이다. '색즉시공(色卽是空)'은 일체 제법의 현상이나 모습에서 본래의 근원적인 마음의 세계로 환원한다는 점에서 수행 정진을 나타내고, '공즉시색(空卽是色)'은 근원적인 본래심에서 일체 제법의 현상이 구체적으로 나타나는 지혜로운 현실의 삶이다. 따라서 공(空)의 예술이란 공즉시색의 예술로, 근원적인 본래심과 일체개공(一切皆空)을 깨달은

---

10) 정성본, 『선문화』(세미나 자료, 2009), pp.6~8. 히사마츠 신이치(久松眞一), 『茶道の哲學』(講談社學術文庫, 1987), pp.52~64. 정성본 옮김, 『다도의 철학』(세미나 자료, 2010), pp.25~32.

경지에서, 일체 제법의 존재를 현상적〔모습〕으로 나타내는 예술이다. 근원적인 청정한 마음의 세계〔지혜〕를 육체인 눈으로 직접 보고 확인할 수 있도록 표현하는 것, 다시 말하면 '마음의 세계에서 현상〔모습〕의 세계로' 전환하는 과정에서 탄생한 예술이 공의 예술이다.

공의 문화가 이러한 공즉시색(空卽是色)의 세계에서 탄생되는 문화라고 가정해 볼 때 다음과 같은 몇 가지 특징을 들 수 있다.

첫째, 근원적인 본래심의 지혜 작용으로 이루어진 것이기에 단순하여 복잡하지 않고, 꾸밈없이 간단명료하고 순수하므로 순일무잡(純一無雜)을 근본으로 한다.

둘째, 절대적인 경지의 주관적인 독창성을 나타내며, 자주성과 주체성이 확실하다.

셋째, 걸림 없는 본래심의 지혜 작용으로 무애 자재(無碍 自在)하고 임운 자재(任運 自在)하다. 마치 천진난만한 어린아이들이 장난감 놀이에 푹 빠져 자유롭게 놀고 있는 것처럼 진리의 세계, 즉 일과 자신이 하나가 되는 무심의 경지에서 사는 모습을 말한다. 각자의 본성에 내맡겨져 일체의 망념을 놓아 버리고 인연에 따라 소요하는 것, 삼매의 경지에서 지금 여기 자신의 일에 몰두하는 것이 무애 자재, 임운 자재한 생활이라고 할 수 있다.

넷째, 시비(是非)나 선악(善惡) 등의 상대적인 차별심을 초월한다.

다섯째, 파격적인 혁신의 문화로서 일반적인 상식 개념이나 관념, 틀을 초월한 이상(異常)의 묘미(妙味)이며, 개념의 속박이나 틀에서 벗어난 해탈의 문화, 변형(變形)의 문화이다.

소동파의 '백지찬(白紙贊)'이라는 시는 이러한 공의 정신에 토대를 두고 있다.

순백의 흰 종이에 그림 없는 그 심정의 높은 뜻이여,

만약 적·청의 단청을 그린다면 분별의 세계에 떨어지네.

무일물처에 무진장한 것이 있으니,

꽃이 있고 달이 있고 이를 보는 누각도 있네.

素紈不畵意高哉　儻着丹靑墮二來

無一物處無盡藏　有花有月有樓臺

  아무것도 없는 텅 빈 허공(虛空)과 공적(空寂)이야말로 자연의 일체 세계가 무한의 진실과 아름다움을 우리들 앞에 본래 그대로 나타내고 있는 것이다. '무일물처무진장(無一物處無盡藏)'이라는 말은 근원적인 본래심의 청정한 경지에서 일체 만법을 포용하는 것을 말하는데, '마음에 한 물건도 소유하는 일이 없을 때에 비로소 일체의 모든 것을 소유할 수 있는 것〔無所有中一切〕'이다. 즉 번뇌 망념이 없는 무심의 경지에서 자기와 일체 모든 존재가 함께할 수 있는 만법일여(萬法一如)의 이치라 할 수 있다. 선에서는 '무일물처무진장(無一物處無盡藏)'을 '무일물중무진장(無一物中無盡藏)'으로 바꾸고 있는데, '중(中)'은 곧 일체개공의 경지이면서 동시에 시방과 함께 하는 지금, 여기를 말한다.

  선의 이미지인 적정(寂靜; 고요함)과 무사(無事; 한가함)는 중생심에서 비롯한 일체의 사량 분별이 텅 비워진, 근원적인 본래심〔無一物〕을 표현한 말이다. 한가하고 조용한 가운데서 무위의 즐거움을 즐기는 여유〔閑〕와 맑고 조용하며 차분하게, 안정된 충만감으로 즐거운 삶을 사는 멋스러움을 선에서는 적정(寂靜), 고아(高雅), 고담(高談)이라고 표현한다. 이러한 적정과 무사 속에서 진인(眞人)은 청정한 공의 세계〔法界〕를 유유자적하며, 일체의 자취나 흔적도 남기지 않는다. 근원적 주체인 본래심을 일상사에 매몰시키지 않고, 공과 무의 세계에서 지혜롭게 살아가는 진인의 생활이 바로 선의 생활이며, 이러한 선의 생활이 독창적인 선의 문화를 창조한다.

선의 경지를 표현한 적정과 무사(無事), 무심(無心), 그리고 한거(閑居), 은거(隱居), 한적(閑寂)과 같은 말들은 동양적인 정서를 대표하기도 한다. 동양인들의 사유에서는 생활의 여유와 한가함, 그리고 은거적인 소양을 엿볼 수 있는데, 이러한 중국적인 정서는 선불교의 사상과 결합되어 한층 더 구체적인 정신과 사상으로 심화되었고, 선의 생활을 통해 선 문화로 실현되었다.

2. 선의 다도〔禪茶〕

(1) 선(禪)·불(佛)·법(法)·도(道)

선의 다도 개념을 정리하기 위해서는 선(禪)·불(佛)·법(法)·도(道)에 대해 각각 살펴볼 필요가 있다. 우선 선(禪)이란 각자의 불성(佛性; 본래심, 진여 본성)을 깨닫고 걸림 없는 반야(般若)의 지혜로 상구보리 하화중생(上求菩提 下化衆生)의 보살도를 실천해 나가는 것, 즉 시절인연(時節因緣)에 따라 무애 자재(無碍 自在)하게 일상생활을 전개하는 것이다.

다음으로 불(佛)의 의미를 살펴보면, 일체 중생은 모두 부처님과 같은 지혜와 덕성(德性)을 구족하는 성품〔一切衆生皆有佛性〕을 가지고 있다고 하여 이를 '불성(佛性)'이라고 한다. 일반적으로 '성(性)', 혹은 '자성(自性)'이라고 하며 이러한 불성을 보고 깨닫는 것을 '견성(見性)'이라고 한다. 즉, 성(性)이란 일체의 모든 존재가 존재하는 까닭이며 도리(道理)인 것을 말한다. 인간뿐 아니라 모든 존재는 결코 무의미하게 존재하지 않는다. 각기 독자적인 모양과 특성을 가지고 있으며, 밀접한 상관 관계를 가지고 서로 의지하고 있다. 각각의 존재가 어느 일정한 공간(생활 환경)과 일정한 시간을 정확히 관통하는 대자연의 불변의 법칙성에 의해 존재하고 있는 것이다.

이러한 자연의 질서와 본질성을 불교에서는 '법(法, Dharma)'이라고 하며 중국에서는 '도(道)'라고 한다. 법(존재, 사물)은 존재의 동질성이라는 속성과 불변의 법칙성을 보유하고 있다. 법은 인(因)과 연(緣)의 결합으로 형성된 존재를 말하며, 시간적인 인과 관계에 의한다. 그래서 불교에서는 모든 법을 인연법(因緣法)이나 연기법(緣起法), 혹은 인과법(因果法)이라는 말로 표현한다.[11]

도(道)에 대해서 알아보자. 『무문관』에서는 "대도는 고정된 문이 없다(大道無門)"고 주장한다. 『전등록』 제5권 혜능장에서는 "마음으로 깨닫는 지혜 작용이 도(由心悟道)인데 어찌 앉아서 좌선하는 데 있다고 할 수가 있겠는가?"[12]라고 설하며, 황벽의 『완릉록』에도 "도는 마음으로 깨닫는 지혜 작용에 있지 언설에 있는 것이 아니다(道在心悟 豈在言說)"[13]

---

11) 정성본, 『반야심경』(한국선문화연구원, 2003), pp.96~104.
12) 『경덕전등록』 5권(『대정장』 51권 p.236a.) "道由心悟 豈在坐也."
13) (『대정장』 48권 p.384a.) "道在心悟 豈在言說."

라고 돼 있다. 그리고 『조당집』 3권에서도 "번뇌 망념이 없는 무심의 경지가 바로 도(無心是道)"[14)]라고 했으며, 『동산록』에서는 "도는 무심한 사람과 계합되고, 사람은 무심해야 도를 이룬다(道無心合道, 人無心合道)"[15)]고 한다. 이 말은 불법(佛法)을 본래심으로 자각하는 마음의 지혜 작용이 불도(佛道)라는 사실을 표현하고 있다. 달리 외부의 어떤 사물에서 불도를 체득하는 것이 아니라, 번뇌 망념을 자각하는 마음이 바로 도(道)이며, 진실을 체득하는 그 마음이 불심의 지혜 작용인 도이다.[16)]

도(道)의 개념을 단적으로 나타내 주는 글귀가 있다.

『조당집』 10권 장경화상전에 공자가 제자들에게 도가 무엇이냐고 물었을 때 첫 번째 제자는 '무심시도(無心是道)'라고 하고, 두 번째 사람은 '촉목시도(觸目是道)'라 답했으며, 세 번째 사람은 아무 말 없이 그냥 손뼉을 치며 깡충깡충 뛰면서 밖으로 나갔다〔작약이행(雀躍而行)〕.

첫 번째의 무심시도(無心是道)는 무심, 즉 번뇌 망념이 없이 진여 자성의 본심으로 사는 것이 도라고 말한 것으로, 여기에서 제자는 도의 본질에 대한 이치를 상식적으로 또는 지식적〔知〕으로 이해하고 있다.

두 번째 촉목시도(觸目是道)는 도처에서 눈에 부딪히는 것 모두가 도라는 말이다. 이것은 도에 대해 밝히기는 했으나 단지 보편성을 말한 것으로, 도에 대해 관심을 가지고 공부하며 도를 좋아〔好〕하는 수준에 있다.

세 번째 작약이행(雀躍而行)은 도와 하나된 삶을 사는 사람의 모습이

---

14) 공산본정화상전(『고려대장경』 45권, p.254c.)

15) 『서주동산양개선사어록(瑞州洞山良价禪師語錄)』(『대정장』 47권, p.525a.) "道無心合人 人無心合道."

16) 정성본, 『간화선의 이론과 실제』(동국대학교출판부, 2005), pp.51~52.

다. 이것은 도의 실행을 보여 주는 것으로서, 도의 경지에서 낙도(樂道)의 삶을 살고 있는 것을 그대로 보여 주고 있다〔樂〕.

'낙(樂)'이란 불교에서 열반의 사덕(四德) 중의 하나로서 진여 본성의 지혜로운 삶〔진여삼매(眞如三昧)〕 그 자체에 살고 있는 유희삼매(遊戱三昧)의 세계이다. 여기에서 도(道)에 대한 첫 번째와 두 번째 견해는 도를 지식이나 의식의 대상으로 삼은 것으로서 이것은 사량 분별하는 의식의 작용인 것이지 도의 실행과는 거리가 멀다. 도(道)란 누가 만드는 것이 아니라, 무시이래(無始以來)로 여여(如如)하게 작용하면서 생명 활동을 하고 있는 것이다〔유현(幽玄)〕. 따라서 도는 진실로 깨달음의 삶을 실현하는 것이며, 어떤 고정된 상태가 아니라 항상 작용하고 있는〔ing〕 것이다.

『신심명』[17]에서는 이를 '지도(至道)'라고 표현한다. 지도는 『장자(莊子)』에서 주장한 말로, 궁극적인 삶의 경지를 말한다. 선(禪)에서 지도(至道)란 지극한 불법의 가르침을 체득한 불도(佛道)로서, 깨달음〔보리(菩提)〕을 이루는 불법의 대도(大道)를 말한다. 『전법보기(傳法寶記)』[18]에 "혜가가 40세가 되어 달마를 만나 깊은 지도(至道)를 구했다"라는 것에서 이를 알 수 있다.

---

17) 정성본 역해, 『신심명』(세미나 자료, 2009), p.1. 『신심명』은 4언(言) 146구(句) 464자로 되어 있다. 현존 최고본은 송본 『전등록』 제30권에 『승찬대사신심명』이라고 수록되어 있다. 중국 선종의 제3조 승찬(僧璨) 대사의 작품으로 간주되고 있으나, 중국 선종에서 이 작품에 주목하기 시작한 것은 8세기 말에서 9세기 초였다. 즉 중국 선종의 문헌에 『신심명』을 최초로 인용한 것은 9세기 초, 백장회해(百丈懷海, 749~814)의 어록인 『백장광록』을 비롯하여 징관(澄觀)의 『화엄경연의초(華嚴經演義鈔)』 36권과 황벽의 『전심법요』, 『임제록』, 『조주록』, 『동산록』 등 선어록에 많이 인용되고 있다. 승찬 대사 생애는 『중국선종의 성립사연구』(민족사, 1991), pp.139~150 참조.

18) 『전법보기』, 『초기 선종사 1』(김영사, 1999), p.331.

이상의 내용들로 미루어 볼 때 불법(佛法)에서는 선과 도가 같은 의미임을 알 수 있으며 불(佛), 법(法) 역시 같은 뜻이다. 따라서 선다(禪茶)와 다도(茶道)는 같은 의미이며, 다도(茶道)나 불도(佛道), 선도(禪道), 법(法)은 모두 진여 본심의 자각적이고 자발적인 지혜 작용을 말한다.

(2) 선의 다도와 그 의미

초의 선사는 경술년(1850) '산천도인(山泉道人)이 차를 받고 보내온 글에 화운(和韻)함(奉和山泉道謝茶之作)'이라는 시에서 다음과 같이 읊고 있다.[19]

예로부터 성현들은 모두 차를 좋아하니,

차는 군자와 같아서 삿되지 아니하다.

옛 사람이 처음 차를 마시게 된 것은,

멀리 설령에서 찻잎을 들여온 때부터이고,

차를 법제한 것도 그때부터이다.

차를 옥병에 가득 채워 비단으로 싸 두었다가,

황하수 윗물로 끓인다.

그 물은 여덟 가지 덕이 있어 아름답기 그지없네.

황하수 길어다가 그 가볍고 부드러움 맛보니,

차의 참맛이 어울려 체(體)와 신(神)이 열리도다.

거칠고 더러운 것을 없애고 정기가 스미나니,

---

19) 『초의시고(草衣詩藁)』 제4권.

대도를 얻는 일 뭐가 그리 어려운가.
다령산에 가지고 와서 부처님께 올리는데,
차를 달이면서 깊이 범율(梵律)을 살펴보니,
알가의 참 모습은 묘한 근원 있네.
묘한 근원은 집착 없는 바라밀일세.
아아! 나는 삼천 년이 지난 후에 태어나
물결소리 아득해라 선천과 막혔구나.
묘한 근원 묻자 해도 물을 곳이 바이없어,
부처님 열반 전에 나지 못함 한탄했지.
이제껏 차 사랑을 능히 씻지 못하여서,
우리 땅에 가져오니 속 좁음을 웃어 본다.
옥그릇에 비단 두른 봉함 풀어서,
지기(知己)에게 먼저 보내 단세(檀稅)를 바치는구려.

古來賢聖俱愛茶　　茶如君子性無邪
人間草茶差嘗盡　　遠入雪嶺採露芽
法製從他受題品　　玉壜盛裏十樣錦
水尋黃河最上源　　具含八德美更甚
深沒輕軟一試來　　眞精適和体神開
麤穢除盡精氣入　　大道得成何達哉
持歸靈山獻諸佛　　煎點更細考梵律
關伽眞体窮妙源　　妙源無着波羅蜜
嗟我生後三千年　　潮音渺渺隔先天
妙源欲問無所得　　長恨不生泥恒前
從來未能洗茶愛　　持歸東土笑自隘

錦纏玉壜解斜封　先向知己修檀稅

초의 선사는 차나무의 원산지를 설산(雪嶺)이라고 하며 인간이 차를 마시게 된 것도 설산에서 찻잎을 가지고 온 것에서 비롯한 것으로 보고 있다. 그리고 여덟 가지 덕이 있다고 하는 황하수 윗물로 찻물을 끓여 부처님께 공양하는 마음을 읊고 있다. 『대당서역기(大唐西域記)』에서는 황하수의 근원이 서역에 있는 호수 아뇩달지(阿褥達池)라 하고, 그 물에는 여덟 가지 덕이 있다고 했다. 즉 가볍고(輕), 맑고(淸), 차고(冷), 부드럽고(軟), 아름답고(美), 냄새나지 않고(不臭), 비위에 거슬리지 않아서 마실 때 알맞고(調適), 탈이 없다(無患)고 하는 기록이 보이는데, 초의 선사가 이러한 고사(故事)에 의거하고 있음을 알 수 있다.

다서(茶書)의 품천(泉品)에 의하면 "차는 물의 정신이요, 물은 차의 본체(本體)"라 하였고 "진수(眞水)가 아니면 신(神)이 나타나지 않고, 정갈한 차가 아니면 본체(本體)를 얻을 수 없다"[20]고 말하고 있다. 이 말은 차를 끓이는 데 가장 중요한 것이 물이라는 뜻이다. 그리고 차의 어원[21]으로 '알가(閼伽)'라는 말을 사용하고 있는데 '알가'는 범어로

---

20) 용운 스님·진월 스님, 『초의 선사의 차향기』, p.124, "泉品云 茶者水之神 水者茶之體 非眞水莫顯其新 非眞茶曷窺其體." 『다예관본』, 『석오본』에는 천품운(泉品云)으로 되어 있으나, 『다록』이나 『만보전서』에는 품천(品泉)으로 되어 있다.

21) 오늘날 인도는 세계적인 홍차의 산지로 유명하지만, 원래 인도어로 차를 의미하는 단어(언어)는 없다. 현재 인도에서는 차를 '짜이(cay)'라고 하지만, 실은 이 말도 중국어의 '차(茶)(cha)'에서 유래된 말이다. 홍차(Black Tea)의 'Tea'도 '차'라는 발음의 중국 복건성 음(音)에서 비롯한 것이다. 결론적으로 말하자면 인도에는 차(茶)가 없었고 또한 '차'라는 말(단어)도 없었다. 인도인들이 차 마시는 습관을 갖게 된 것은 영국 식민지 시대 이후의 일이었으며, 고대 인도에서는 차를 마시는 습관이 없었다고 할 수 있다. (정성본, 『선문화』, 2009, pp.57~59.)

'arghya'[22]이며, '아가(阿伽)', '알가(閼伽)'라고도 음사한다. 초의 선사의 시에서 '범어알가화언다(梵語閼伽華言茶)'라고 주기하고 있는 점에서도 초의 선사가 알가를 차로 이해하고 있었다는 사실을 알 수 있다. 그런데 사실 알가(閼伽)는 차를 의미하는 말이 아니라, 부처님께 올리는 공양수(供養水)를 의미하는 말이다. 『대비공지경(大悲空智經)』「현증의궤왕품(現證儀軌王品)」[23], 『불조통기(佛祖統紀)』 43권[24]에도 알가(閼伽)라는 말이 보이는데, 본래는 손님에게 대접하는 '청정한 물'을 '알가'라고 했다.

다도 문화는 선승들의 일상적인 끽다생활과, 지식인과 관료들이 차를 마시는 문화생활 속에서 형성되었다. 다도(茶道)란 단순히 차를 마시는 것과는 차원이 다르다. 차를 마시는 일상생활 속에서 선불교의 사상을 '깨달음의 생활'로 만드는 문화생활이 다도이다. 따라서 선승들의 생활에서 '끽다(喫茶)'는 깨달음의 생활을 본인이 직접 체험할 수 있는 자각적인 선다(禪茶)생활이다.

『선다록』에서는 선의 다도〔禪茶〕의 의미에 대해서 다음과 같이 말하고 있다.

다도의 의미〔茶意〕는 곧 선의 의미〔禪意〕이며, 즉 선의 다도〔禪茶〕

---

22) 'arghya(閼伽)'는 아가, 알가라고도 한다. 공덕수(功德水)라 번역하며, 가치 있는 것이라는 뜻이다. 신(神), 불(佛)께 바치는 가지가지의 공양물이란 의미였는데, 변하여 오로지 불전에 바치는 깨끗한 공덕수를 말하게 되었고 또 청정수를 담는 그릇까지도 의미한다. 홍법원 간, 『불교학대사전』, p.1028.
23) 『대정장』 18권, p.595a.
24) 『대정장』 49권, p.398b.

라고 할 수 있다. 그러므로 선의 의미를 접어두고 달리 다도의 의미를 추구한다는 것은 잘못된 생각이라고 할 수 있다. 선미(禪味)를 모르면 다미(茶味)도 모를 수밖에 없다.

다도의 의미[茶意]를 세속에서는 차를 마시는 한 가지 취향(趣向; 취미)을 가지고 말하는 경우가 많다. 행다(行茶)나 취미를 가지고 선다(禪茶)라고 오인하여 마치 한 경지를 깨달은 듯이 생각하는 사람들도 있다. 심지어는 교만심이 강한 증상만(增上慢)인[25]이 되어 세상의 다인은 모두 다도의 의미를 알지 못한다고 여긴다. 또 어떤 사람은 다도의 의미는 말로써 설명할 수 없고 형식으로도 가르칠 수 없으므로 스스로 관찰[觀]하여 터득해야 한다고 말한다. 다도를 교외별전(敎外別傳)[26]쯤으로 여겨 오직 자신만 터득했다고 생각하고 있는데, 이는 목적 지향 의식[趣向]의 소산이다.

결국 자신이 주장하는 취향과 취미, 그리고 타인의 취향과 취미 사이에 간격과 차별이 생겨서, 남들은 모두 한결같이 다도의 정신[茶意]을 모른다고 폄하하게 된다. 그러나 취미나 취향은 사람에 따라 다르다. 취향이 다르다고 비난하고 폄하하는 것은 바람직하지 못하다. 그것은 다툼의 원인이 되어 자만심을 더욱 증가시키고 세속적인 나쁜 취향[惡趣][27], 즉 세속적인 차 마시는 일[俗茶]에만 치

---

25) 증상만은 4만 즉 증상만(增上慢), 비하만(卑下慢), 아만(我慢), 사만(邪慢) 중 하나로, 깨달음을 얻지 못했는데도 깨달음을 얻었다고 생각하며 뽐내는 것을 말한다. 세상에서 말하는 자아도취, 또는 잘난 척하는 것에 해당한다.

26) 교외별전은 문자의교(文字義敎)에 의존하지 않고 이심전심의 방법을 통하여 특별히 전승된 석존의 자내증(自內證)을 의미한다. 선의 특이성을 표시하는 언어로 고래 달마 일파의 선풍을 나타내는 교의적 표어이다.

27) 악취란 여기서는 나쁜 취의(趣意), 취향(趣向)을 의미하고 있으나, 원래 불교어의 악취는 악업에 이끌려 나아가는 장소라는 뜻으로, 지옥·아귀·축생·수라 등에 도달하는 것을 말한다.

중하여 삿된 생각(邪想)을 추구하는 일이 발생하게 된다. 진정한 선의 다도(禪茶)라고 한다면 자아의식 즉 아상(我相)이 없어야 한다.

불법에서는 마음이 동요되고 움직이는 것을 첫 번째 파계(破戒)로 삼기 때문에 마음이 동요되지 않는 선정(禪定)이 가장 긴요한 핵심이다. 따라서 취향을 내세워 만사를 실행하는 것은 선의 다도에서는 지극히 삼가야 하는 일이다.

일본 다도에서는 와비(佗; 간소함)를 가지고 마음을 움직인다. 때문에 사치스러움을 만들게 되고, 기물(器物; 道具)로써 마음을 움직이기 때문에 작법(作法)이 생기며, 스키(數奇)로써 마음을 움직이기 때문에 좋아함(기호, 취미)을 낳게 되고, 자연으로 마음을 움직이기 때문에 의도적인 창의를 낳게 되며, 만족으로써 마음을 움직이므로 부족한 생각(不足念)을 만들며, 선도(禪道)를 가지고 마음을 움직이기 때문에 그 사이에서 삿된 법(邪法)이 생기게 된다. 이처럼 이 마음을 움직이는 것은 모두 나쁜 취향(惡趣)의 원인이다. 이것이 바로 상락아정(常樂我淨)의 네 가지 전도된 생각(四顚倒)을 즐겁게 추구하는 것과 같다고 할 수 있다.

제행무상임에도 불구하고 사람들은 항상 존재하는 것으로 여긴다. 값진 다구(茶具)나 명품 도자기(器玩珍品)를 수집, 소장(秘藏)하고, 귀중품에 집착하여 생애를 보낸다. 또 과분하게 다실이나 정원에 돈을 쏟아 부으며 고급한 음식으로 손님을 접대하는 것을 낙으로 삼는다. 모든 존재(諸法)는 독자적인 실체가 없는 무아(無我)임에도 사람들은 제각기 자신의 취향을 과시하며 자기의 자아에 도취해 있다. 남을 부정하고 자신의 행동은 옳다고 주장하며, 나 자신을 내세우며 편견에 사로잡혀 있다. 이는 업(業)을 짓는 행위로서 모두가 세속적인 다사

(茶事)이다. 세속의 다사(茶事)는 과시가 많다. 전도(顚倒)된 사고이고 잘못된 취향이다. 촌음을 아끼고 귀중하게 생각하여 찰나(刹那)라도 불법을 배워 선다의 공덕을 잘 익혀서 미묘한 불도(妙道)의 지혜 작용을 수행하는 것이 가장 중요한 일이다.[28]

위에서는 취향을 다도의 의미로 삼는 것은 동요된 마음으로 사량 분별하는 의식 행위이므로 선의 다도에서는 절대적으로 금해야 한다고 설파하고 있다. 또한 다도(또한 모든 일)에 임하는 마음가짐과 활용의 자세가 중요하다는 점과 불법 공부와 수행의 필요성도 강조하고 있다.

선(禪)은 일상생활 속에서 일체의 불안이 없는 평안의 상태, 즉 평상심을 갖게 한다. 다도는 이러한 선의 정신과 사상의 토대 위에 형성된 생활문화로서, 시대와 지역을 막론하고 지식인, 관료, 일반인에 이르기까지 각계각층에서 차별 없이 향유되었다. 이와 같이 모든 사람들의 가정생활과 일상사에서 음다(飮茶) 문화가 꽃피었다는 점에 주목해야 한다.

또한 선(禪)생활을 구성하는 다도는 지식인이나 관료들이 정신문화와 사상을 형성하는 데에 영향을 주어 교육적 역할을 하였고, 무인(武人)들에게는 마음 수련의 도장(道場)이 되었으며, 일반인들에게는 번거로운 일상을 벗어난 정신적 안식처로서 정착하게 되었다. 이와 같이 다도는 많은 사람들이 문화생활로서 즐겼으며, 깊은 종교적 깨달음(安身立命)을 체득하는 방편이 되었다.

---

28) 자쿠안 소다쿠(寂庵宗澤) 저, 정성본 옮김, 『선다록』(세미나 자료, 2010), pp.8~10.

(3) 선과 다도 문화의 특성

다도 문화는 다른 문화에서는 유례를 찾을 수 없을 만큼 종합적인 문화 체계를 가지고 있다. 다도는 도덕, 예술, 철학뿐만 아니라 종교까지 문화의 모든 부분을 흡수하여 하나의 문화 체계를 만들었다.

예술적인 측면에서 살펴보면, 먼저 건축으로서의 다실(茶室), 정원으로서의 노지(露地), 공예품으로서의 다구(茶具)에 사용되는 온갖 도구들과 미술품이 있다. 또한 다도는 도덕의 면에서도 뛰어나고 깊이가 있다. 다도의 규범에는 보통 사람들이 느끼기 어려운 배려가 배어 있으며, 일상생활에서는 미처 생각하지 못하는 섬세한 도덕이 있다. 손님에 대한 배려는 다도의 근본이며, 다도의 형식에는 손님에 대한 깊고 자상한 배려가 표현되어 있다.

또한 다도에는 단순히 다석(茶席)에서의 예법뿐만 아니라, 일상생활에서 모범이 되도록 하는 다인(茶人)의 행위에 대한 규범이 정해져 있다. 그러한 규범을 면밀히 살피다 보면, 규범을 만든 사람의 마음이 절절하게 와 닿아 그들을 우러러보게 된다. 그러나 지금은 그 규칙에 따른 작법은 남아 있지만, 그러한 작법을 만들어 낸 정신적인 면은 거의 사라져 버렸다. 현대의 다인은 다석에서는 깍듯이 예의를 지키지만 그 자리를 벗어나면 돌변하는 등 그 마음가짐이 전일(專一)하지 못하여, 다도가 단지 찻자리〔茶席〕의 놀이로 전락하고 일상생활 속에서 다도 정신이 살아나지 못하게 되고 만 것이다.

일본 다도의 형식적·미학적 기틀을 마련한 센 리큐(千利休, 1522~1591)의 『남방록(南方錄)』[29] 등에는 심오한 철학이 내재돼 있다. 또한 다도의 고전인 『선다록』[30]에도 이러한 철학이 체계화돼 있으며, 종교성을 띠기까지 한다. 다도는 일시적이고 감상적인 마음의 고양만을 주는 것이 아니라, 인간의 마음 저 밑바닥까지 파악하여, 그러한 인간성을 근거로 깨달음을 준다는 점에서 종교적인 것이다. 즉 선(禪)의 종교가 다도 문화의 근본을 이루고 있다.

근대 일본의 철학자 히사마츠 신이치(久松眞一)는 그의 저서『다도의 철학(茶道の哲學)』에서 다도 문화의 성격을 분석하여 불균제(不均齊), 간소(簡素), 고고(枯高), 자연(自然), 유현(幽玄), 탈속(脫俗), 적정(寂靜)의 일곱 가지로 제시하고 있다.

첫째, 불균제(不均齊, Asymmetry)란 가지런하지 않음이다. 정확함과 완전함, 단정함에 사로잡히지 않고, 그러한 완전함과 단정함을 파괴하고 초월한 곳에서 나타나는 현상이다. 이것은 세속〔일반적인 상식〕의 관점에서 완전함이 붕괴된 것이다. 그러나 풀과 초목, 비뚤어지고 찌그러진 사물의 형체라든가 짝수가 아닌 홀수 등, 자연에서 그 모습을 찾아볼 수 있다. 이것은 정돈된 완전함에서는 찾아볼 수 없는 아름다움인 것이다.

조화됨과 완전성은 이원적인 가치 관계를 이루고 있다. 즉 선과 악,

---

29)『茶道辭典』(淡交社, 1978), p.588. 센 리큐의 큰 제자인 난보소케이(南方宗啓)가 스승을 모시면서 듣고 익힌 기록지를 말한다.『각서(覺書)』,『회(會)』,『붕(棚)』,『서원(書院)』,『대자(台子)』,『묵인(墨引)』,『멸후(滅後)』의 7권으로 되어 있다.

30)『茶道辭典』(淡交社, 1978), p.426. 다선일미의『다도론』(1828)으로 책(1715)에 의하면, 자쿠안 소다쿠(寂庵宗澤)가 필사한『택암화상시다인기(澤庵和尙示茶人記)』를「선다록」이라는 제목으로 새롭게 판행하였다. 저작 연대는 대략 1800년 전후로 추정되며 철두철미하게 선다의 도(道)를 주장한 다서로서 선(禪)적인 다론(茶論)이 중심이 되고 있으며, 자칫하면 다례(茶禮), 다의(茶儀)로 흐르기 쉬운 다도계에 지침이 된다는 점에서 의의 깊은 일서(一書)이다.

범(凡)과 성(聖), 아름다움과 추함 등의 상대적인 관계는 아름다움의 극치를 이룬다. 하지만 이 아름다움에만 머문다면 창조력을 상실하게 된다. 다도는 완전성을 탈피해서 조화와 정돈을 초월한 세계의 불균형을 살려 내는 묘미이다. 다기나 차를 넣어 두는 차통, 화병이나 수반 등 다실에 있는 모든 다도의 미술품들은 불균형에서 맛볼 수 있는 멋과 재미를 자아내고 있다.

이러한 불균제의 선(禪) 사상적인 근거는 '무법의 법' 또는 '범성(凡聖)을 초월한 무성(無聖)의 경지'라는 선어(禪語)에서 찾아볼 수 있다. "범정(凡情)도 탈락하지만 성의(聖意)도 모두 텅 비워 버린다"[31]라는 말은 이러한 불균제의 정신을 보여준다. 이것은 모든 격식을 초월하는 파격(破格)이다.

불균제나 불균형의 미는 완결을 초월한 미완결의 미이다. 하지만 불균제는 완결(完決)에 이르지 못한 솜씨의 불완결성(不完決性)을 의미하는 것이 아니다. 천신만고의 수행 끝에 깨달음을 얻은[完成] 사람이 자기 내면의 완결성을 부수고, 여여부동(如如不動)한 본래심을 상실하지 않으면서 차별과 중생의 세계로 되돌아오는 것이다. "백 척이나 되는 긴 장대 끝에서 허공을 향해 한 걸음 더 나아가라"는 '백척간두진일보(百尺竿頭 進一步)', "만법은 하나로 돌아와 그 하나는 또 어디로 돌아가는가"라는 '만법귀일 일귀하처(萬法歸一 一歸何處)', "용이 승천을 하고 나면 반드시 후회한다"는 『주역』의 '항룡유회(亢龍有悔)', 깨달음조차 의식하지 않는다는 '각(覺)의 초월' 등의 문구는 모두 불균제의 사상을

---

31) "凡情脫落 聖意皆空." 『목우도송(牧牛圖頌)』(『가흥대장경(嘉興大藏經)』 23권, p.364b.) 또한 이 구절은 『십우도송(十牛圖頌)』(『만(卍)신찬속장경』 64권, p.774c)에도 수록되어 있다.

드러내고 있다. 이처럼 완성을 부정으로 한 미완성(未完成), 혹은 완성으로서의 미완성을 불균제라고 표현하며, 이것은 공(空), 무상(無相), 무주(無住), 무박(無縛)의 실천이다.

말하자면 완전성이란 누구나 본래 구족하고 있는 진여 자성(眞如 自性)인 부처(如來)를 말한다. 절대 평등한 불심(人格)을 자각하며, 그러한 본래의 자기가 또 다시 자각적으로 자기를 부정하고, 차별과 모순, 고뇌가 있는 사바세계로 발을 내디디어 그곳을 수행처로 삼아 살아가다가 그곳에서 죽는 것이 곧 불균제한 삶이다. 그리고 이러한 창조적인 작용이야말로 가장 아름답고 숭고한 것이 된다.

『유마경』의 보살행에서는 "선정(禪定)에 탐착하는 것은 보살의 속박이요, 방편으로 일체 중생을 구제·교화하며 현실에 사는 것이 보살의 해탈이다"라고 설하고 있다. 깨달음을 체득한 불보살이 중생 교화를 위해서 중생의 세계로 되돌아가는(行化) 대승불교의 정신을 표현하는 것이라 할 수 있다. 절대(絶對)의 세계에서 차별(差別)의 세계로, 깨달음의 세계에서 번뇌의 세계로 되돌아가는 것이다. 이것은 연꽃이 흙탕물에 물들지 않는다는 '처염상정(處染常淨)'의 의미이며, 『유마경』「불국품」의 "밖으로 능히 일체의 모든 법상(法相)을 잘 분별하지만, 안으로 깨달음의 근본 당체(제1의제, 여여부동, 법신)는 움직이지 않는다"[32]라는 주장과 같다. 『장자』에서 무심(無心)의 상태를 나무로 만든 닭 '목계(木鷄)'에 비유하는 것처럼, 이는 마음의 동요가 없는 깨달음의 경지에서 중생 구제의 지혜로운 삶을 살고 있는 것을 말한다. 선에서는 무심의 경지를 '석녀(石女)', '목인(木人)', '목계(木鷄)' 등으로 비유하여 표현하고 있다.

---

32) "能善分別諸法相 於第一義而不動." 『대정장』 14권, p.537c.

둘째, 간소(簡素)함이란 복잡하거나 지저분하지 않고 단순함, 산뜻함과 간결함을 말한다. 즉 섬세하고 자세함에서 볼 수 없는 고도로 소박하고 단순한 아름다움을 말한다.

다도 문화의 근저에는 '무(無)'가 있다. 다도의 간소함은 '무'의 표현으로서의 간소인 것이다. 이 간소함은 설익은 간소함이 아니라 담백함이라 할 수 있는 것으로, 거기에는 적요(寂寥; 본래의 고요, 적조)나 청초, 가벼움 같은 것이 있다. 인위적인 것과 조작심이 없는 소박함과 편안함이다.

이러한 선(禪)의 정신은 본래의 근원적인 깨달음의 상태로서, 쓸데없는 일이 없고 간단명료하며, 순일하여 복잡함이 없는 순일무잡(純一無雜)이나 본래무일물(本來無一物)[33], 확연무성(廓然無聖)[34], 일(一), 무다자(無多子)[35], 진여삼매(眞如三昧), 일행삼매(一行三昧), 혹은 적빈(赤貧), 청빈(淸貧), 소욕지족(小欲知足)이라는 선어(禪語)에서 그 사상적인 근거를 찾아볼 수 있다.

셋째, 고고(枯高)란 번창하고 무성했던 좋은 시절이 지나고 늙은 고목처럼 되어 버리거나 녹이 슬고 낡은 상태를 표현하는 말이다. 이 말

---

33) 우주의 진상은 우리의 분별 망상을 가지고 볼 수 있는 것이 아니며 집착할 한 물건도 없는 것을 말한다. 육조혜능의 게송에 "菩提本無樹 明鏡亦非臺 本來無一物 何處有塵埃"라고 한 데서 온 말로 본래공(本來空)을 뜻한다(홍법원, 『불교학대사전』, p.562).
34) 선종의 공안. 확연하여 성제(聖諦)라고 할 것이 없다는 뜻. 『경덕전등록』 제3 보리달마전에 제(帝)가 또한 묻기를 "어떤 것이 성제제일의 입니까?" 사왈(師曰), "확연하여 성(聖)스러움이 없습니다"하였다.
35) 정성본 역주, 『임제어록』(한국선문화연구원, 2003), p.384. '무다자(無多子)'라는 말은 당대의 속어로 '특별히 별다른 것이 없다'는 의미이다. 쓸데없는 일이 없고, 간단명료하고 순일하여 복잡함이 없다(純一無雜)라는 의미로 진실 그 자체를 의미하는 말이다. 『벽암록』 32칙(『대정장』 48권, p.537c)과 『무문관』 3칙(『대정장』 48권, p.293b), 『대혜보각선사어록』 23권(『대정장』 47권, p.537c)에도 보인다.

은 한참 힘이 솟아나서 공(功)을 이루고 난 뒤, 유치함이나 젊음, 건방짐, 미숙함, 어딘지 조금 약해 보이는 듯함 같은 감각적인 면이 모두 사라진 상태를 뜻한다. 즉 완숙(完熟)하여 뼈대와 심지인 골수만 남아 위엄과 위풍이 늠름하게 나타나고 있는 상태의 아름다움을 말한다. 마치 노송(老松)이 많은 세월의 풍설(風雪)과 싸워, 연약함은 없어지고 잎은 시들고 가지는 고목으로 메말라 껍질이 두껍게 되어 그 어디에도 빈틈이 없는 웅장함과 위엄을 갖추고 당당하게 버티고 서 있는 모습과 같은 것이다. 추사(秋史)의 「세한도(歲寒圖)」[36]를 그 한 예로 들 수 있겠다.

선(禪)에서는 무위진인(無位眞人) 혹은 무의도인(無依道人), 피부탈락(皮膚脫落; 열반), 고봉정상(高峰頂上)[37]이라고 한다. 그리고 『벽암록』의 다른 사람과 비교할 수 없는 독자적이고 절대적인 깨달음의 경지 고위초준(孤危峭峻)[38]이라든가 "숨어 있지 않고 분명하게, 구극의 진리는 우주의 모든 것에 분명히 나타나 있다"는 노당당(露堂堂)이라는 선어가 고고의 근거가 된다.

넷째, 자연(自然)은 외부적인 힘이 전혀 가미되지 않은 본래 그대로의 상태이다. 선에서 자연이란 태어난 그대로의 본능적 상태가 아니라, 창조적인 작의(作意)가 충분히 있지만 그것에 고의성이 없는 지혜

---

36) 추사 김정희(1786~1856; 자는 원춘, 호는 추사, 완당)의 작품. 완당이 1840년(헌종 6년)에 윤상도의 투옥 사건에 관련되어 제주도에서 귀양살이를 하던 59세(1844년) 때의 작품으로 당시 청의 연경에서 유학하고 있던 제자 이상적에게 그려 보낸 그림이다. 우선(藕船) 이상적이 권세를 따르는 세속과는 달리 문하의 구의(舊誼)를 잊지 않고 궁경(窮境)의 완당에게 정의(情誼)를 다하는 데 감격해서 세한송백(歲寒松柏; 찬 겨울에 홀로 푸른 소나무)에 비유한 그림으로 이 「세한도」야말로 그 품격이나 고고한 필의로 보아 조선왕조 500년의 걸작으로 꼽힌다.
37) 정성본, 『벽암록』(한국선문화연구원, 2006), p.40, p.149. 고봉정상은 부처나 중생, 미오(迷悟)의 차별을 초월한 깨달음의 경지이다.
38) 『벽암록』(『대정장』 48권, p.174a.)

작용을 의미한다. 앞에서 언급한 불균제(不均齊)나 고고(枯高), 또 탈속(脫俗)에서도 고의성이 없고 무리(無理)가 없이 지극히 자연스러운 지혜로운 정신을 말한다. 이것은 번뇌 망념이 없는 무심(無心)이나 무념(無念), 자성이 청정한 근원적인 본래심〔本來面目〕을 말하는 선 사상을 그 근거로 하며, 혜가(慧可)의 조심도(調心圖), 한산·습득도(寒山·拾得圖)에서 이러한 사상을 엿볼 수 있다. 자연업으로 이루어지는 상구보리 하화중생의 자연법이(自然法爾)[39]는 보살도의 정신이다.

다섯째, 유현(幽玄)이란 진여 본성(眞如 本性)이 구족하고 있는 생명 활동으로 밖으로 드러내지 않고, 안으로 무한한 함축과 여운을 간직하면서 깊은 깨달음의 세계를 지니고 있는 것을 말한다. 이것에는 밑바닥을 알 수 없는 깊이가 있으며, 편안함과 차분함의 분위기가 흐르는 고상하고 그윽한 어두움이 있다.

유현은 끝이 없고 한량없는 무저(無底)나 무한(無限), 무변(無邊), 무일물중무진장(無一物中無盡藏)이라는 선어를 그 근거로 한다. 유현성(幽玄性), 현(玄), 현지(玄旨), 유현(幽玄), 현묘(玄妙), 현관(玄關) 등의 표현도 같은 의미이다.

히사마츠 신이치(久松眞一)는 「유현론(幽玄論)」이라는 논문을 발표하여 유현의 사상적인 근거로서『조론(肇論)』「열반무명론(涅槃無名論)」의 "성스러운 지혜 작용은 자취나 흔적이 없다(聖旨幽玄 殊文同升)"라는 말과,『전등록』지공화상 14과송에서 읊고 있는 "(의식의 대상으로) 무위의 대도를 알지 못하는데 어느 때에 유현의 경지를 증득할 수 있겠는가(不

---

39) 법이자연(法爾自然)이라고도 한다. 다른 힘을 빌림이 없이 자신이 가지고 있는 법칙에 따라 본래의 법이 그런 것이며, 자연히 이루어지는 것이다. 불이 뜨겁고 물이 젖는 것과 같은 것은 타(他)의 조작에 의한 것이 아니라 스스로의 그러한 힘으로 인한 것일 따름이다.

識無爲大道 何時得證幽玄)"라는 말, 그리고 『임제록』의 "불법은 유현하
여 자취나 흔적이 없는데 어찌 그 경지를 체득할 수 있겠는가(佛法幽玄
解得可可地)"라는 구절 등을 제시하고 있다.

『노자』에서는 "현이라는 것은 또 현이기 때문에 일체 불가사의한 묘
용이 된다(玄又玄 衆妙之門)"는 본래심의 지혜 작용〔妙用〕, 열반묘심(涅
槃妙心), 영묘(靈妙)함, 영경(靈鏡) 등으로 유현(幽玄)을 표현하고 있다.
이것은 반야의 지혜 작용으로서 자취나 흔적이 없는 조도(鳥道)나 몰종
적(沒蹤迹)과도 의미가 같다.

여섯째, 탈속(脫俗)은 현실계의 사물이나 경계에 관계되거나 세간의
규칙 등에 구애되지 않는 것은 물론, 구애받지 않는다는 사실까지도
의식하지 않으며 그 무엇의 걸림도 없는 세탈(洒脫)함을 말한다. 일체
의 세속적인 가치관이나 사고, 고정관념, 편견, 개념의 속박에서 완전
히 초월한 깨달음의 경지를 말한다.

선어로는 일체의 경계를 벗어나 그 어디에도 걸림 없이 자유자재하
다는 뜻의 독탈무의(獨脫無依)나 무애 자재(無碍 自在), 법계유희(法界遊
戲)40), 유희삼매(遊戲三昧) 등을 사상적 근거로 한다.

『임제록』에서는 "부처를 만나면 부처를 죽이고, 조사를 만나면 조사
를 죽이고, 아라한을 만나면 아라한을 죽이며, 부모를 만나면 부모도

---

40) 정성본 역해, 『벽암록』(한국선문화연구원, 2006), p.285. 중생심의 번뇌 망념을 초월해 불
심을 체득〔見性成佛〕하여, 깨달음의 경지에 안주하거나 머물러 있지 않고 자비심으로 중
생 구제의 보살도를 실행하는 대승불교의 정신을 하화중생(下化衆生), 이타중생(利他衆
生)이라고 한다. 곽암 화상「십우도」의 열 번째 그림에 포대 화상이 많은 물건을 등에 짊어
지고 중생들이 살고 있는 저자거리에 나아가 자비와 지혜의 광명을 베풀고 자비심으로 교
화하며 보살행을 실행하는 것을 그림으로 표현하고 있다. 이것을 입전수수(入廛垂手)라고
하고 법계유희(法界遊戲)라는 말로 표현한다.

죽여라, 권속을 만나면 권속도 죽일 때 비로소 해탈을 얻을 수가 있으며, 사물에 구애받지 않고 투탈 자재(透脫 自在) 하리라"[41]라고 설하고 있다. 이 말은 『무문관』에서도 인용되고 있는데 여기서 죽인다[殺]는 표현은, 부처나 조사라는 개념과 의식의 속박을 떨쳐 버리고 텅 비워 버리는 공의 실천을 말한다. 같은 의미로 타파(打破), 탈(奪), 팽불(烹佛), 살불(殺佛), 살조(殺祖), 살인도(殺人刀) 등은 집착의 대상과 집착하는 중생심을 텅 비우고 일체의 권위나 명상, 개념을 초월하라는 뜻이다.

일곱째, 적정(寂靜)이란 시끄럽지 않은 고요함과 차분함을 말한다. 그러나 단순히 조용한 것을 의미하지는 않는다. 적정은 시끄러운 가운데서도 조용함이며, 조용함과 시끄러움이라는 상대적 구별을 초월한 한적함과 조용함이다. 즉 시끄러움과 조용함이라는 차별적인 경계를 초월하여 근원적인 본래심에서 체험하는 열반적정을 말한다.

『굉지어록(宏智語錄)』4권에서는 "바람이 불지 않을 때에 오히려 꽃은 떨어지고, 새가 울 때에 산은 더욱 조용하다"[42]라고 읊고 있는데, 이 역설적인 말은 일체의 차별을 초월한 절대적 고요함의 경지를 의미한다. 새가 울지 않을 때 산은 더욱 고요한 실제적인 조용함[事象]이 아니라, 새가 울기 때문에 산이 더욱 조용하게 된 근원적인 조용함인 것이다. 『전등록』27권 부대사[傅大士; 선혜(善慧)]장에서는 "빈손으로 호미를 잡고 걸어가며 물소를 탄다. 사람은 다리 위를 걸어가지만 다리

---

41) 『진주임제혜조선사어록』(『대정장』 47권, p.430b.) "逢佛殺佛 逢祖殺祖 逢羅漢殺羅漢 逢父母殺父母 逢親眷殺親眷 始得解脫 不與物拘 透脫自在."
42) 『굉지선사광록』(『대정장』 48권, p.6c.) "風定花猶落 鳥鳴山更幽[진(陣)의 사정(謝貞)의 시(詩)-風定花猶落-와 양(梁)의 왕적(王籍)의 시(詩)-鳥鳴山更幽-2구(句)를 송대 왕안석(王安石)이 묶음]."

는 흐르고 물은 흐르지 않네"[43]라고 읊고 있다. 또 운문(雲門) 선사가 "동산이 물 위를 간다(東山水上行)"[44]라고 설하는 것은 일반적인 상식과 분별적인 인식을 초월하고 동정(動靜)의 대립적인 사고를 초월한 절대적인 본래심에서 체득하도록 제시한 법문이다. "동산이 물 위를 간다(동산수상행(東山水上行))", "청산이 항상 걸음을 옮긴다(청산상운보(青山常運步))", "다리는 흘러가고 물은 흐르지 않는다(교류수불류(橋流水不流))"라는 말은 모두 상대적인 인식을 끊고 절대적인 본래심의 지혜를 얻은 불가사의한(중생심으로는 도저히 생각하기 어려운) 해탈의 경지(不可思議 解脫境界)를 뜻한다.

『유마경』에서는 이를 "수미산이 겨자씨에 들어가고, 사해(四海)의 바다가 한 터럭 구멍 속에 들어간다"라고 표현한다. 『금강경』이 설하는 '여여부동(如如不動)'의 경지나 『증도가』에서 읊고 있는 '행역선 좌역선 어묵동정 체안연(行亦禪 坐亦禪 語默動靜 體安然)', '유마의 침묵(沈默)', '묵무언(默無言)'의 설법, '법신설법(法身說法)' 등이 적정(寂靜)의 사상적인 근거가 된다. 선어의 '막망상(莫妄想)', '방하착(放下着)', 상대적인 차별과 분별심을 모두 텅 비우는 '쌍망(兩忘)'이나, 『논어』의 '사무사(思無邪)' 등도 같은 의미이다.

이상의 일곱 가지 선 문화의 성격은 혼연일체를 이루어, 각 개체별로 드러나지 않고 여섯 가지 성격이 선 문화 속에서 함께 드러난다. 일곱 가지 성격 중 그 어떤 것이 현저하게 나타나고 있는 데 비해 다른 것

43) (『대정장』 51권, p.430b.) "空手把鋤頭 步行騎水牛 人從橋上過 橋流水下流."
44) 『운문광진선사광록』(『대정장』 47권, p.545c.)

은 잠재하고 있다 하더라도 불가분의 관계 속에서 내용을 달리하는 선 문화의 개별적인 독특성이 존재하고 있는 것이다.

'백척간두 진일보(百尺竿頭 進一步)'라는 말처럼, 어떠한 깨달음의 세계에 안주하지 않고 그 깨달음의 세계를 초월할 수 있는 경지에 이르기까지 항상 투철하게 깨달음을 체득해야 하는 것이 선이다. 선의 정신이 드러내고 있는 고상함과 간소, 심원, 초탈, 신비, 유현, 탈속성은 그 분위기를 통해 자연히 깨달음을 실행케 한다.[45]

3. 선승과 차(茶) 문화

(1) 선승과 차 문화

선어록은 선승(禪僧)들이 일상생활을 통해 전개한 언어와 행위 일체를, 제자 등 제삼자가 가식을 배제한 채 본 대로 들은 대로 기록한 살아있는 육신의 설법집이다. 선승의 일상생활에서 필수 불가결한 것이 다반사(茶飯事)다. 다반사는 식사하고 차 마시는 일을 말하는데, 이것은 선승들뿐 아니라 중국인들의 일상생활에서 없어서는 안 되는 일이다.

선어록에는 끽다와 관련한 선문답이 많이 등장하고 있는데, 당대의 선승들은 다반사를 단순히 식사하고 차 마시는 것에 한정하지 않고, 더욱 확대하여 지금 여기, 자기 본분사의 일로 여겼으며, 매사에 깨달

---

45) 히사마츠 신이치 저, 『茶道の哲學』(講談社學術文庫, 1987), pp.52~63. 정성본 옮김, 『다도의 철학』(세미나 자료, 2010), pp.26~30. 정성본, 『선문화』(세미나 자료, 2009), pp.6~12.

음으로써 불법을 전개하는 삶을 살았다.

중국 선종의 역사에서 차를 마신 기록이 최초로 보이는 것은 신수(神秀)의 제자 항마장(降魔藏) 선사의 기록이 아닌가 생각한다. 봉연(封演)의 『봉씨견문기(封氏見聞記)』(742~755) 제6권의 음다조(飮茶條)에는 다음과 같은 대목이 있다.

찻잎을 일찍 따는 것을 차(茶)라고 하고, 뒤에 따는 것을 명(茗)이라고 한다. 『본초(本草)』에 "차는 갈증을 없애 주고 졸음을 없앤다"라고 되어 있다. 남쪽 지방 사람들은 차를 마시기를 아주 좋아했는데, 북쪽 사람들은 처음에는 많이 마시지 않았었다.

당 현종 개원연중(開元年中, 713~741)에 태산(泰山)의 영암사(靈巖寺)에서 활약한 항마장(降魔藏) 선사는 크게 선교(禪敎)를 흥융시켰다. 차는 선을 배우는 학인들이 선수행에 힘쓰며, 졸음에 떨어지지 않도록 하고, 또한 저녁 식사를 하지 않기 때문에 모두에게 차를 마실 것을 허락하였다. 사람들은 차를 가지고 다니면서 어디서든지 끓여 마셨다. 이때부터 널리 전파하게 되어 마침내 차를 마시는 풍속으로 자리 잡게 되었다.

추(鄒)나라[46]와 제(齊)나라[47], 창(滄)[48], 체(杉)나라 등지에서부터 점차로 경읍(京邑; 낙양, 장안)에까지 이르게 되었다. 성시(城市)에는 차를 팔고 마시는 상점이 많이 개설되었고, 차를 달여서 파는 점포〔茶室〕도 열렸다. 이때부터 승려나 세속 사람들 관계없이 모두 차를

---

46) 춘추 전국 시대에 노(魯)나라의 부속국, 지금의 산동성 추현(鄒縣).
47) 지금의 산동성과 건강(建康) 지방.
48) 한대(漢代)의 군명. 지금의 압록강 유역 지방.

즐겨 마시게 되었다.

茶早釆者爲茶, 晚釆者爲茗. 本草云. 止渴令人不眠. 南人好飮
之, 北人初不多飮. 開元中, 泰山 靈巖寺, 有降魔藏師. 大興禪敎,
學禪務于不寢, 又不夕食, 皆許其飮茶. 人自懷挾, 到處煮飮, 從
此轉相倣效, 遂成風俗. 自鄒齊滄棣, 漸至京邑. 城市多開店, 舖
煎茶賣之, 不問道俗, 投手取飮.[49]

중국에서 처음 차를 마신 것은 운남성, 복건성, 사천성 등 남쪽 지방
이었다. 남쪽에서 차를 마시게 된 까닭은 더운 지역이어서 물이 빨리
변질됐기 때문이다. 그래서 중국 남쪽 지방에서부터 찻잎을 따서 물에
넣고 끓인 차를 중국인들은 일상적으로 마셨다.

『본초(本草)』에서 볼 수 있듯 차는 갈증을 없애 주고 졸음을 방지한
다. 육우(陸羽)의 『다경(茶經)』에서도 "『본초』에 의하면, 차는 잠을 오
지 않게 한다"고 하였으며, 중국 고대의 명의(名醫)인 화타(華佗)의 「식
론(食論)」에도 "차를 오래 마시면 사색에 유익하다"는 기록이 있다. 위
에서 인용한 『봉씨견문록』으로 보아 북종선(北宗禪)의 선승들은 좌선
수행에서 오는 졸음을 방지하고, 오후 불식(不食)의 공복을 채우기 위
해 차를 마시게 된 것이 아닐까 생각된다. 당 현종 개원 중(713~741)에
태산 영암사 항마장 선사가 크게 선교를 펼쳤는데, 그는 학인들이 참
선 수행 시에 졸지 않도록 각성제로 차를 마시게 했다는 것이다. "맑고
깨끗한 청정차는 약으로서 능히 혼침(昏沈)의 병을 없애 준다(淸淨茗茶
藥 能除病昏沈)"라는 말은 차가 졸음을 없애는 각성제 역할을 하고 있다

---

49) 『봉씨견문록(封氏見聞錄)』(742~755) 제6권 음다조(飮茶條).

는 사실을 보여주고 있다. 또한 출가 수행자는 오후불식이라고 하여 저녁공양(夕食)을 하지 않았지만 차를 마시는 것은 허락했다고 전하고 있다. 차는 공양과 더불어 선원 생활의 음료로서 일상화되었다. 중국인들의 끽다(喫茶) 문화는 당대의 선승들에 의해 전국적으로 확산되면서 한층 더 일반화되고 차원 높게 보급된 것이다.

당대 선승들의 어록에는 '차 한 잔 마시게'라고 하는 '끽다거(喫茶去)'와 같은 선문답이 많이 전하고 있으며, 선원에는 다원(茶園)이 경작되고 있었고, 또 불전(佛前)에 차 공양을 올리는 소임자 다두(茶頭)가 있었으며, 다실(茶室), 다당(茶堂) 등 차를 마시는 장소도 있었다. 『조당집』 등 선어록에 다원(茶園), 다당(茶堂), 다실(茶室), 다수(茶樹), 다두(茶頭), 다반(茶飯), 전다(煎茶), 끽다거(喫茶去) 등이 기록되어 있는 것은 이러한 사실을 단적으로 증명하고 있다.

선 문헌을 통해서 살펴볼 때 끽다(喫茶)에 대한 선문답은 당대 사천성 성도(成都)의 정중사를 중심으로 발전한 무상(無相) 선사의 정중종(淨衆宗)과, 보당종(保唐宗)의 역사를 기록한 무주(無住) 선사의 『역대법보기(歷代法寶記)』(774)에 최초로 등장하고 있다. 『역대법보기』에는 무주 선사가 동선(董璿)을 시켜서 무상 선사에게 차(茶芽)를 올리니 너무나 기뻐하였다는 기록이 보인다. [50] 『역대법보기』 33단에는 다음과 같이 무주 선사가 차를 마시면서 대화하고 있는 장면이 있다. 무주 화상(和

---

50) 중국 사천 지방은 차의 특산지로서 안사(安史)의 난 이후에는 민간에도 차가 널리 보급되어 음다의 풍습이 성행하였다고 한다. 그뿐만 아니라 차는 사천성과 인접해 있는 티베트에도 전래되어, 치손데첸 왕(742~797)이 중국 사신에게 차 마시는 법을 묻는 내용이 『당국사보(唐國史補)』 하권과 『태평어람(太平御覽)』 제867권 등에 보인다.

尙)이 차를 마시고 있을 때, 마침 지방 관청의 관료와 시랑 30여 명이
왔다. 관료들이 예배를 마치고 나서 좌정한 뒤에 "화상께선 차를 좋아
하십니다, 그려"라고 하자 화상은 "그렇소"라고 대답하고 곧 차에 대
한 시를 지었다.

> 유곡에 영초가 자라서, 훌륭하게 입도(入道)를 도와주고 있네.
> 나무꾼 그 잎을 따서 담그면 아름다운 맛이 잔에 가득 넘친다.
> 정좌하여 망념을 쉬게 하면 본성의 마음이 거울에 비치니,
> 기력을 쏟아 애쓰지 않아도 곧바로 진리의 법문이 열린다.
> 幽谷生靈草　堪爲入道媒
> 樵人採其葉　美味入流坏
> 靜虛澄虛識　明心照會臺
> 不勞人氣力　直聳法門開[51]

　꾀다에 대하여 선문답이 전개되고 있는 장면은 후대의 선어록에는
많이 보이고 있지만 아마도 『역대법보기』에 수록된 것이 최초의 사례
가 아닐까 생각한다. 『역대법보기』 이전의 북종선과 신회의 어록에도
일체 보이지 않기 때문이다. 『역대법보기』에서는 무주 선사의 다게(茶
偈)에 이어, 설법과 교의(敎義), 수행 방법 등 틀에 박힌 불교의 교설을
탈피하여 일상생활에서 차를 마시며 선법문을 펼치고 있는 점에 주목
할 필요가 있다. 이후 조사선(祖師禪)에서 일상생활의 다반사로서 생활
속의 선으로 변모해 가는 일면을 제시해 주고 있기 때문이다.

---

51) 『대정장』 51권, p.193중.

선과 차에 관한 이야기로 가장 유명한 것은 조주종심(趙州從諗) 선사 (778~897)의 끽다거 선문답이라고 할 수 있는데, 『조주록』 하권에 다음과 같이 전하고 있다.

> 선사는 두 사람의 신참 수좌에게 질문했다.
> "자네는 전에도 이곳에 온 적이 있는가?"
> 수좌는 "와 본 적이 없습니다"라고 말했다.
> 선사는 말했다. "차 한 잔 마시게[喫茶去]!"
> 선사는 또 다른 한 수좌에게, "자네는 일찍이 이곳에 온 적이 있는가?"라고 질문했다.
> 수좌는 "와 본 적이 있습니다"라고 대답했다.
> 선사는 말했다. "차 한 잔 마시게[喫茶去]!"

'끽다거(喫茶去)'는 '차 한 잔 마시게!' '차나 한 잔 마시게나!'라는 말이다. '잠시 앉아서 차 한 잔 하시오(且坐喫茶)'라는 말과 혼동해서는 안 된다. '끽다거'는 다실(茶室)에 가서 차를 한 잔 마시면서, 차의 맛을 느끼는 주체가 누구인지 잘 알아야 한다는 경구이다. 즉 선에서 말하는 냉난자지(冷暖自知)와 같은 의미로 차를 마시면서 찬 맛, 더운 맛을 자각하는 진여의 지혜 작용을 본인이 직접 체득하라는 명령어이다. 이 것은 곧, 언제나 일상생활 속에서 본래심을 잃어버리지 말아야 한다는 뜻이다. 무심하게 마시는 차 한 잔에서 일생의 지혜를 깨달아 마치도록 하라는 선승의 자각적 교시인 것이다. 행각승들이 불법이나 깨달음을 구해 여기저기 밖으로 헤매는 것을 보고, '다실에 가서 차나 마시게! 그리고 차의 맛을 느끼고 자기의 근원적인 본래심을 깨달아, 마음

밖을 향해서 불법의 진실과 깨달음, 열반을 추구하려는 마음을 쉬도록 하라!'는 질책을 하고 있다. 곧 불법이나 진리를 추구하고자 하는 그 마음의 짐을 내려놓도록 하라는 지시이다.

임제(臨濟)가 "휴헐(休歇; 쉼)하여 무사히 지내도록 하라" 하거나 또는 마조가 '평상심이 도'라고 하는 것처럼, 차는 각자의 본래심에서 마셔야 한다. 즉 일상생활을 영위하는 가운데 불법의 지혜와 함께 진실된 다도가 실현되는 것이다. 『조주록』은 또 원주(院主)와 조주(趙州) 선사와의 대화를 다음과 같이 싣고 있다.

원주가 질문했다. "선사께서는 전에 와 본 적이 없는 수좌에게도 '끽다거!'라고 말씀하신 것은 그렇다고 할지라도, 전에 이곳에 와 본 적이 있는 수좌한테도 어째서 '끽다거!'라고 말씀하십니까?"
선사는 "원주!"라고 불렀다. 원주가 "예!"라고 대답하자, "끽다거!"라고 말했다.

원주에게 말한 "끽다거!"는 그의 분별과 차별심이 쉬도록 주의를 주는 말이다. 즉 원주가 "일찍이 이곳에 와 본 적이 있는 수행자(僧)에게도, 일찍이 와 본 적이 없는 수행자(僧)에게도 왜 똑같이 '끽다거!'라고 합니까?" 하는 분별심을 떨쳐 버리도록 하는 지시어가 바로 '끽다거!'이다. '자네도 남의 일에 끄달려서 차별·분별심을 일으켜 역시 저 행각승들처럼 자신을 잃어버리고 살고 있군. 차나 마시러 가게!', 즉 '차나 한 잔 마시고 정신 차리게!'라는 뜻의 질책이라고 볼 수 있다.

조주의 '끽다거'에 대해 목주(牧州) 화상은 다음과 같이 선문답 형식으로 코멘트하고 있다. [52]

선사가 질문했다. "자네는 어디서 왔는가?"

"하북(河北)에서 왔습니다."

"그곳에는 조주 화상이 계시는데, 자네는 참문한 적이 있는가?"

"저는 지금 조주 화상 처소에서 왔습니다."

"조주 화상은 제자들에게 어떤 가르침을 전하는가?"

"조주 선사는 '끽다거!'라고 합니다."

목주 선사는 크게 하하 웃으며, "아이쿠 좋아라(慚愧)!"라고 말했다.

　여기서 목주가 '참괴(慚愧)'라고 한 것은 부끄럽다는 뜻이 아니라 생각지도 못하게 튀어나온 감동의 말로, 독특한 선어(禪語)이다. '고맙기 그지없군!' '자네 덕분에 여기서 조주 선사를 친견할 수가 있었네!'라는 의미의 감탄사이다. [53] 목주 선사는 조주 선사가 수행승에게 '끽다거'라고 설한 법문을 본인이 깨달아 체득하고는 조주 선사의 지혜(법신)를 친견할 수가 있었다고 고마움을 토로하고 있다. 안목 없는 수행승은 '끽다거'라는 법문을 그저 평범한 한마디로 이해하겠지만 정법의 안목을 갖춘 목주 선사는 "지금 여기, 자기 본분사의 지혜로운 삶을 사는 사람이 되라"는 법문을 바로 깨달아 체득할 수 있었던 것이다.

(2) 선문답과 차 문화

　선어록에 전하고 있는 '끽다', '끽다거'는 선문답의 기연(機緣; 계기,

---

52) 『오등회원(五燈會元)』 제4권 목주 장(章).
53) 정성본, 『선문화』(세미나 자료, 2009), pp.59~62.

인연)으로 차(茶)와 관계는 있지만, 선의 심경을 문답으로 이야기해 본 것이기에 차 그 자체나 다도를 위한 대화는 아니며, 따라서 다도와 직접적으로 관계된 것이라고는 할 수 없다. 그러나 선문답 속에 차와 끽다가 취급되고 있고, 또 선의 깊은 곳과 차가 결합돼 있다는 두 가지 점에서 비록 다도와 직접적으로 관련이 없지만, 내면적으로는 깊은 관계가 있다.

일본에서 다도는 깊은 종교성을 띠는 '와비(侘, わび) 다도'에까지 이르게 되고, 종합적인 생활 문화로서의 다도라든가 생활예술로서의 다도라고 할 정도로 발전하게 되었다. 이러한 다도는 끽다의 문화사적 흐름 가운데 두 가지 점에서 선과 관련이 깊다.

하나는 중국에서 일어난 것이다. 8~9세기경〔唐代〕 새로운 선불교가 성행할 때, 당시의 선승들은 전통에 구애받지 않고, 일상생활에서 마음이 작용하는 그대로 자유롭게 선을 실천하고 있었다. 일상의 한 부분이었던 끽다도 예외 없이 선생활을 구현하였으며〔生活化〕, 또한 이것을 기연으로 하여 선심(禪心)을 연마하고 선의 경지〔禪境〕를 선문답으로 상량(商量)한 것이다. 즉 당시 선사(禪師)들에게는 끽다의 생활이 그대로 선의 생활이었으며, 이는 끽다의 역사에서 특히 주목해야 할 일이다.

또 하나는 일본에서 일어난 일로, 15세기경 무로마찌(室町) 시대에서 전국(戰國) 시대에 걸쳐, 대표적인 다인(茶人)인 무라타 주코(村田珠光)와 센 리큐(千利休)를 전후해 나타난 다인들이 선의 청규와 선의 경지를 바탕으로 하여 선다(禪茶)라고 할 수 있는 와비(侘)의 다도를 완성한 것이다.

문제는 차가 어떻게 선심을 연마하였으며, 어떻게 선문답의 기연으로 활용된 것인가 하는 점이다. 차에 무슨 특별한 의미가 있었던 것인가? 그렇게 볼 수는 없다. 당시에 일반인들 사이에서도 차를 마시는 풍습이 있었는데, 그 풍습이 선원(禪院)으로 들어왔고, 이후 차가 생활화되어 끽다는 선종사원에서 일상사가 되었다. 공양 후에는 차를 마시고, 피곤하거나 목이 마를 때 차를 마셨다. 선승들에게 끽다, 음다(飮茶)는 특별한 의미가 없을 정도로 일상적인 일이었다. 그런데 끽다가 평범한 일상사였다는 사실이 도리어 차가 선문답의 기연이 된 이유이다.

선(禪)은 세간 사람들이 생각하고 있는 종교의 특성과는 다르다. 선의 궁극적인 목적은 자기 자신에게 있다. 자기의 내면을 향해서 증득(證得)하는 것이 선이다. 쉽게 말하면 선은 유현(幽玄)한 선경(禪境)을 각각의 개인이 직접 몸으로 익혀야만 하는 체험의 종교다. 그래서 인격을 형성하는 종교라고 하는 것이다. 이것은 곧 그 사람이 살아가는 모습 전체가 종교적인 것이며 곧 선(禪)이라는 뜻이다. 선의 생활은 일상생활과 종교생활이 일치하도록 살아가는 것을 뜻한다. 조주가 "어떤 것이 도입니까?"라고 스승 남전에게 질문하자 "평상심이 도"라고 대답한 것도 이러한 맥락에서 이해하지 않으면 그 평상심을 범부의 평범한 마음으로 오해할 염려가 있다.

다도가 단순한 차의 기술·기법·묘기가 아니라 차의 도(道)라고 한다면, 그것은 살아가는 생활 태도와도 연관되는 것이므로 인격이 갖추어지지 않으면 안 된다. 따라서 차회(茶會)나 다석(茶席)에서뿐만 아니라 생활 전체가 다도(茶道)의 생활이 되어야 한다.

선승의 입장에서는 일상의 모든 것이 선이 되기 때문에 생활의 어느 한편을 취하더라도 그것이 선문답의 기연이 되어야 한다. 이러한 의미에서 볼 때 차(茶)만 특별시할 수는 없다. 걸을 때도, 잠잘 때도, 이야기할 때도, 식사를 하거나 부채를 사용할 때도, 그리고 물건이나 도구를집을 때, 생활의 모든 부분에서 선자(禪者)의 마음이 본분사의 지혜로여법하게 작용할 때 선문답의 기연이 될 수 있는 것이다. 사실 이렇게선승들의 일상생활 속 언어와 행동이 선문답의 기연이 되고 있는 사례는 선어록 곳곳에서 많이 보이고 있다. 또한 선승들의 선문답 가운데차에 관한 것도 많이 보인다. 이러한 점에 주의해서 선문답의 세계를이해한다면, 선승들이 끽다라는 일상의 평범한 일들을 선의 경지에서선문답의 기연으로 활용했던 것의 진의를 이해할 수 있을 것이다.

『전등록』 15권 협산선회 장(章)에 다음과 같은 이야기가 전한다.

> 협산 선사가 어느 날 차를 마시고 나서 손수 차를 달여서 시자에게 주었다. 시자가 차를 받으려고 하자, 선사는 손을 오므리면서 말했다.
> "이것이 무엇인가?"
> 시자가 대답을 하지 못했다.
> 師一日喫茶了, 自烹一椀過與侍者. 侍者擬接, 師乃縮手曰. 是什麼. 侍者無對.[54]

『동산록』에는 차를 마시면서 함께 문답하는 장면이 보인다.

---

54) 『대정장』 51권, p.324중.

암두와 설봉, 흠산이 함께 앉아 있을 때 동산양개 화상이 모두에게 차를 돌렸다. 흠산은 곧 눈을 감았다. 동산이 흠산에게 물었다.

"어디로 갔는가?"

흠산이 말했다. "선정에 들었습니다."

동산이 말했다. "선정은 본래 문이 없는데〔無門〕어디로 들어갔다는 것인가?"

巖頭, 雪峰, 欽山, 坐次. 師行茶來. 欽乃閉眼. 師曰. 甚麼處去來. 欽云. 入定來. 師曰. 定本無門 從何而入.[55]

여기서 입정무문(入定無門)은 참된 선정은 출입이 없으며 고요함과 산란(靜亂)함을 초월한 경지라는 의미로, 선정의 수행에서 입정(入定)에 대한 진실을 깨달아 체득하도록 제시한 말이다. 입정이란 선정(禪定)과 같은 말로서 중생심의 번뇌 망념을 텅 비우고 본래의 청정한 진여 본심을 회복하는 것을 말한다. 숲에서 본래의 집으로 되돌아가는 귀가(歸家)라는 말과 같다. '선정에 들어갔다'라고 하면 선정이 대상 경계가 되기 때문에 여법 수행이 되지 못하는 것이다. 『유마경』에서 설하는 '입불이법문(入不二法門)'도 마찬가지 뜻이며, 『화엄경』의 '초발심이 곧 정각'이라는 법문도 같은 의미이다.

『전등록』 17권 흠산문수 장(章)에 다음과 같은 일단이 있다.

흠산 선사는 암두, 설봉과 함께 강서로 가다가 어느 찻집에 들러

55) 『대정장』 47권, p.514b.

차를 마시면서 말했다.

"몸을 움직이고 호흡을 하는 것, 즉 자신의 생명 활동(삶)을 깨달음의 지혜로 활용할 줄 모르는 사람은 차를 마시지 못하게 합시다."

암두가 말했다. "그러면 나는 결정코 차를 마시지 못하겠소."

설봉이 말했다. "나도 그렇소."

이에 흠산 대사가 말했다. "두 늙은이가 말귀도 못 알아 듣는구나!"

(…)

흠산 대사가 말했다. "입이 있어도 차를 마시지 못할 사람이 많구나!"

암두와 설봉이 모두 말이 없었다.

師與巖頭雪峰因過江西, 到一茶店內喫茶次. 師曰. 不會轉身通氣者, 今日不得茶喫. 巖頭曰. 若恁麽, 我定不得茶喫. 雪峰云. 某甲亦然. 師曰. 這兩人老漢, 俱不識語在. (…) 師曰, 有口不得茶喫者多. 巖頭雪峰俱無語. [56)]

또 선어록에는 다음과 같은 일단도 보인다.

"차란 어떤 것입니까?(如何是茶)"

"그것은 다라니이다(陀羅尼)."

'차가 무엇인가?'라는 질문에 다라니라고 답하고 있다. 다라니(陀羅尼)란 비밀스러운 주문(呪文; 진언)으로, 중생의 사량 분별심으로는 이

---

56) 『대정장』 51권, p.340b.

해할 수 없는 불가사의한 진여 본성의 지혜 작용이다. 따라서 이 대목은 자아의식의 중생심으로 탐구하고, 인식하여 알려고 하는 지적인 질문을 한꺼번에 타파하는 진여의 지혜로움을 보여주는 것이다. 까닭을 알 수 없는 것을 사람들은 다라니라고 말하며 비난하는데, 까닭을 알았다고 해서 도대체 무슨 이익이 있으며, 무엇이 남겠는가? 남김없이 설했다고 해서 무엇을 얻겠는가? 지적으로 판단하는 것으로는 밑도 끝도 없으니, 곧 깊이의 한정이 없다. 언어나 문자로 이해할 수 없는 것이 진여 본성의 지혜 작용, 즉 다라니[總持]이다. 만약 '차란 무엇인가'라는 문제를 놓고, 그 의미와 깊은 뜻을 본질적인 측면에서 철저하게 규명해 본다면, 설명하고 설명해도 알 수 없고 얻을 수 없는 하나의 본질[一物]이 있을 것이다. 이 본질은 다라니적인 성격을 지니고 있는 것이다. 그 깊은 의미를 두고서 '차란 무엇인가?'라는 질문은 이미 나약하다. 질문할 수 없을 정도의 의미를 스스로 체득해야 하는 것이리라. 목적과 대상을 초월하여 실행하는 다라니의 주문이, 본분사 그대로 즉 자기의 평안이 이루어지도록 하는 것이다. 다라니의 본질을 알았다고 해서 곧바로 평안을 취득할 수 있는 것이 아니라, 다라니의 주문을 외우는 실천에 의해서 평안이 이루어지는 것이다.

염불과 주력, 참선도 생활 속의 실천을 통해서 비로소 평안과 지혜, 인격을 형성하며, 일상생활의 궁극적인 활력소가 된다. 이상과 같이 일상생활 속에서 차를 마실 때 스스로 차의 맛을 자각하는 것처럼, 그 자각하는 주체를 상실하지 않는 끽다의 생활이 바로 선다(禪茶)의 생활이다. [57]

---

57) 정성본, 『선문화』(세미나 자료, 2009), pp.62~65.

II

선과 다인(茶人)

　다인(茶人)이란 다도의 지혜로운 삶을 실천하는 사람[禪茶人]을 뜻한다. 일생을 다도의 길에 서서 지혜와 인격을 연마하고 선다(禪茶)의 법문으로 사람들을 인도하는 자가 바로 다인이다. 종문에서 승려의 위치와 비슷하다.

　다도는 불법과 결합함으로써 도(道)의 문화로 승화되었다. 그러나 도(道)의 지혜로운 삶이 되는 데에는 매우 엄격한 면이 있어서 단지 취미생활을 영위하는 것만으로는 도가 될 수가 없으며, 진정한 마음의 수행이 필요하다. 선(禪)의 다인에게 다도의 수행은 마음의 수행이다. 『산상종이기(山上宗二記)』에 의하면, 다도의 명인이 되기 위해서는 범상치 않은 몇 가지 인품을 갖추어야 한다. 인품을 갖추려 노력하는 것은 스스로를 반성하고 경계하는 계기가 되기 때문에 다도(茶道)를 이뤄나가는 데에 필요 불가결하다.

　다도에는 즐거움이 있어도 좋지만 동시에 신중하지 않으면 안 된다. 선의 다인이 되려면 다음과 같은 인격과 인품을 갖추어야 한다.

1. 정법의 안목을 갖춘 다인

옛말로 하면 눈썰미가 있다는 뜻으로, 직관적인 지혜의 안목이 있는 사람을 말한다. 이것이 선의 다인이 되는 첫째 요건일 것이다. 다도는 '미(美)의 도'인 까닭에 무엇보다도 안목(眼目)을 요구한다. 안목이란 곧바로 사물의 아름다움을 꿰뚫어 보는 힘을 의미한다. '곧바로'라고 밝히는 까닭은 '직관(直觀)'이라는 문자가 잘 드러내듯이 직접 사물의 아름다움을 간파하는 것이기 때문이다. 보는 눈과 보이는 사물(物) 사이에 그 어떤 것도 개재(介在)하는 것이 없이 사물 그 자체의 아름다움을 직접, 즉각적으로 꿰뚫어 보는 것이다. 다시 말해, 안목을 갖춘 다인은 망설이거나 주저하는 등의 이유로, 보는 데에 시간이 걸리지 않는다.

또한 안목은 머리로 판단하거나 비판하는 것이 아니라, 직접 작용하는 것이다. 지식을 통해서 사물을 본다면 그것은 간접적인 것이지 직접적인 방법이 아니다. 사물을 보는 데 어떤 척도를 가지기 시작하면 그것은 이미 직관이 아니다. 그것은 개념이라는 색안경을 통해서 보는 것에 지나지 않으며, 그렇게 되면 보는 방법(견해)을 처음부터 한정시켜 버린다. 직관은 이러한 한정을 허락하지 않는 자유로운 힘이다. 지식으로 직관을 흐리게 하거나, 둔하게 만들면 안목은 자유로운 활동을 할 수 없기 때문에, 기물 그 자체의 아름다움을 있는 그대로 간파하지 못한다.

그런데 지식 때문에 아름다움을 있는 그대로 간파하지 못한다는 것은 어떤 의미일까? 일반적으로 상식과 지식이 있다면 사물을 이해하는 데 한층 더 좋다고 생각되지만, 지식이 바깥으로 나오면 지식의 범위 안에서만 사물을 받아들이게 된다. 게다가 사물을 바깥에서 보는 것에 그치고 사물 자체의 내면에는 닿지 못한다. 그래서 사물의 아름다움을 보는 데는 직관적인 안목인 '견(見)'을 앞세우고, 직관을 여법하게 작용하는 힘인 '지(知)'를 뒤로 하는 것이 중요하다. 이것이 거꾸로 되면 아름다움은 보이지 않는다. 왜냐하면 지식은 분석적이라 직관의 종합성을 낳지 못하기 때문이다. 꽃을 수술, 암술, 꽃잎, 꽃가루 등으로 나누어 버린 후 그것을 나중에 다시 합한다고 해도 살아 있는 꽃이 되지 못하는 것과 같다. 이와 같이 견(見)은 지(知)로 바뀌지만, 지(知)는 견(見)으로 바뀌지 않는다. 따라서 직관에서 출발하여 지식으로 나아가야 하는 것이지, 그 반대로는 진리를 파악할 수 없다.

이러한 직관을 주관과 혼동하여 생각하기가 쉽다. 그러나 주관적인 선입견이나 독단이 있다면 직관은 활동을 멈춰 버린다. 직관은 자유로운 활동인 까닭에, 주관에 갇혀 버리면 직관이라 할 수 없다. 직관은 주객의 상대적(二元的)인 차별이 없이 진여 본성의 여실한 지혜로 판단하는 것으로, 이것이 바로 직관의 진면목이다.

직관의 지혜는 뭔가 특별한 재능처럼 소수의 사람들에게만 주어진 힘이라고 보는 사람도 있다. 그러나 원래 직관은 누구나 구족하고 있는 능력이다. 단지 어설픈 지식 따위에 방해를 받아 본래의 능력을 발휘하지 못하게 되는 것이다. 마치 어린 시절에는 누구나 자유롭게 생동하는 그림을 그릴 수가 있지만 학교에 들어가면 곧바로 그 자유로움을 잃어버리고 틀에 박힌 그림밖에 그리지 못하는 것과 같다. 불교의 경전에서는 인간의 본성은 본래 청정하지만 무명이나 번뇌 망념으로 방해를 받아 흐려진 것이라고 한다. 그러므로 본래 그대로 있으면 누구나 안목이 자유롭게 활동하는 것이다. 다시 말해 사물을 보는 데는 공수(空手; 텅 빈 마음) 그대로가 좋다. 안목에는 어떤 준비도 필요치 않다. 어설프게 준비를 하면 그만큼 시야가 한정돼 버린다. 대개 안목은 백지처럼 청정하여 어떤 색이든 그대로 받아들인다. 따라서 이것이 흐려지면 받아들이는 능력이 죽어 버리는 것이다. 다도는 '미(美)의 도' 이기 때문에 먼저 눈으로 아름다움을 보지 못한다면 의미가 없다. 그러한 다인은 '선(禪)의 다인'으로서 자격이 없다. 다기나 다구(茶具)의 아름다움이 보이지 않는 것은 다인에게는 치명적이라 할 수 있다.

그렇다면 "어떻게 하면 다기나 다구의 아름다움을 볼 수 있는 것인가?"라는 질문을 받게 될 것이다. 앞에서도 말했듯이, 그러기 위해서는 텅 빈 마음, 즉 '대상과의 경계를 의식하지 않는 무심의 경지'에 다다라야 한다. 판단의 척도 따위를 가져서는 안 되며, 또한 지식을 내세우는 것은 금물이다. 한낱 자신의 견해로 처음부터 사물을 판가름해서는 안 된다. 마음의 번뇌 망념을 텅 비우는 것, '순수하게 받아들이는 마음'이 필요하다. 선에서는 '평상심'이라고 하는, 있는 그대로의 본래 마음, 즉 '여여심(如如心; 여여한 마음)', 진여의 마음과 같은 것이다. 여러 가지 방편을 수행하여 안목을 키울 수도 있다고 생각하지만 그것은 어디까지나 이차적인 문제이며, 결국에는 일체의 모든 것을 텅 비워 본래의 자기로 되돌아가야 한다.

사실 아름다움을 받아들이는 데는 아무것도 필요치 않다. 아무것도 가지고 있지 않기 때문에 모든 것을 받아들일 수 있는 것이다. 선에서는 '일물부장래(一物不將來)', 즉 의식의 대상으로 경계 짓지 않음으로써 한 물건도 갖지 않는 '본래무일물(本來無一物)'을 설하고 있다. 왜 요즘의 다인들은 이렇게까지 안목이 쇠퇴한 것일까? 생각하건대 차의 형식이나 격식을 먼저 내세워서 사물을 보기 때문은 아닐까? 차에 관한 쓸데없는 지식과 취미에 사로잡혀 있기 때문에 사물의 아름다움을 자유자재로 볼 수 없는 것이다.

안목의 저하는 특히 요즘 들어 눈에 띄는 현상이다. 사용하고 있는 다구에 옥석이 혼재하고 있는 것을 보면 참회하게 된다. 오늘날 명인이나 명장의 낙관(落款)이나 인증서는 그만한 가치를 나타내고 있다. 그러나 그것을 중히 여기는 것은 다인의 안목을 흐리게 하는 큰 원인이라 할 수 있다. 명인·명장의 낙관이나 인증서만 보고 정작 사물은 보지 않는 것은 치명적인 모순이다. 낙관이나 인증서가 있으면 안심하고 물건을 구입하는 것처럼 식견 없이 다구를 구매해서는 안 된다. 낙관이나 인증서에 과하게 의존하지 말아야 한다. 더구나 다구 상인의 설명에 이끌려서 물건을 구입할 정도로 한심스러운 안목을 가져서는 곤란하다. 좀 더 직접적으로, 아무것도 개입시키지 않고 사물 그 자체를 꿰뚫어보는 습관을 들이는 것이 좋다.

마지막으로 다도에 구속되어서 사물을 보는 것은 금물이다. 자유와 해탈 이외에 진정한 다도는 없기 때문이다. 이 자유나 해탈에 의해 창조가 이루어진다. 그러나 안목이 있는 것만으로 다인이 되는가 하면 결코 그렇지 않다. 아직 다른 여러 가지 요건이 다인의 품격으로서 요구된다고 하겠다.[58]

---

58) 야나기 무네요시 저, 정성본 역, 『다도논집』(세미나 자료, 2009), pp.65~67.

2. 다인과 다구(茶具)

역사적으로 유명한 다구(茶具)로서 이름을 날리게 된 것에는 유명한 다인 모씨(某氏)가 애지중지했다거나 명물의 품위를 지니고 있다거나 하여 세간에서 저명한 물건으로 인정받는 명기가 있다. 다인이라면 그러한 명기를 소유하기 바라지만, 명물이 아닐지라도 진실로 아름다운 물건이라면 다기로서 충분한 가치가 있다. 오히려 이름 없는 것에서 명기를 찾아내는 안목이 있어야만 진정한 선(禪)의 다인이라 할 수 있을 것이다. 볼 만한 것이 있는 기물(器物), 다도의 품격에 맞는 기물이라면 무엇이든 다기로 선택해도 좋다. 갖가지의 명기를 소지하는 것보다 더욱 중요한 것은 가지고 있는 기물들이 바른 안목으로 통일되어 있는 것이다. 이름의 유무에 상관없이, 값의 높고 낮음에 관계하지 않고 무엇이든 좋은 물건을 고르는 안목이 있다면 소장하는 기물은 일관성이 있게 된다. 이것을 통일된 소장법이라고 할 수 있다. 따라서 다인으로서의 요건이라면 명기를 많이 소장하는 것보다는, 다도에 사용될 만한 품격 있는 다구를 소장하는 것이라 할 수 있다. 명기가 하나 없어도 대 다인이 될 수 있다는 말이다.

유감스럽게도 요즘은 다인이 명기를 소장하기보다 부자가 명기를 소유하는 경향이 있다. 이런 경우에 그 부자가 스스로 뛰어난 다인(茶人)인 양 과시하며, 점잖고 교양 있는 척 위선을 떠는 것을 가끔 볼 때가 있다. 돈으로 사서 소지하는 다구는 그 어떤 다인의 자격도 보장해 주지 않는다. 다인이라면 몇 개쯤은 다기를 소유할 필요가 있지만, 기물의 명성이나 숫자를 중요시할 것이 아니라 오로지 다구의 품질을 중심으로 해야 할 것이다. 다구의 품질이란 미적인 내용을 말한다.

그러나 앞서도 언급했듯이 아무리 다도의 품격에 어울리는 기물을 소장하였더라도 소장 방법이 바르지 않으면 애써 모은 기물이 빛을 잃게 된다. 물건을 소장하는 것은 자칫 잘못하면 사욕으로 연결되기 때문이다. 기물을 사랑하는 것은 기물을 좋아하는 것과는 다르다. 전자에는 자아의 사심(私心)이 나타나지 않는다. 사랑하는 것은 경이로운 것이고, 경이로움을 느낄 때에는 아상이 없이 지극히 순수한 마음이 되어 겸손해지는 것이다. 그릇을 소장함으로써 마음이 깨끗해지고 깊어진다면 좋겠지만, 사욕을 부린다면 그것은 소유욕이지, 아름다움에 대한 경애(敬愛)의 마음이라 할 수 없다. 사심에 집착하면서 아름다움을 맛본다는 것은 모순이다. 아름다움을 존중하는 것은 자아의 사심을 초월할 때에만 가능한 것이다. 대개 다도의 공덕 중 한 가지는 기물을 소중하게 취급하면서 기물에 애정을 갖고 생활하는 사실을 사람들에게 알리는 일이다. 하지만 단지 기물 소유욕에 그친다면 그것은 오히려 기물을 모독하는 것이 될 것이다. 기물에 대한 진정한 사랑은 자기 자신을 깨끗하게 하는 것이다.

덧붙여 다구의 기물을 갖는 것을 흔히 비장(祕藏)한다고 하는데, 감추고 자주 사용하지 않는 것에는 자랑하고 싶은 마음이 잠재되어 있는 것으로, 사심 없는 마음이라 할 수 없다. 비장하는 것보다 한 번이라도 더 내어 함께 즐거운 때를 보내는 것이 바람직하다. 어찌하여 아름다운 다구의 기물이 감추어지는 것을 바라겠는가?

다도 또한 전통문화 중 하나이지만 진정한 전통은 단지 반복하여 답습하여서는 안 되며, 지혜로운 문화생활로 되살리기 위해 항상 창조를 동반하여야 한다. 전통은 옛것에 견주어 생각하는 것이지만 견주어 생각하는 것은 결국 '지금'의 창조를 이루기 위한 것이기 때문이다. 즉, 고여 있는 웅덩이가 될 것이 아니라 항상 생생하게 흘러야 한다. 다도의 정신을 관통하고 있는 법은 만고불변이겠지만 그 '불변'이라는 것 또한 변화 속에서 생동하는 것으로, 항상 새로운 생명으로 나아가는 것이어야 한다. 전통은 항상 미래를 잉태하며, 이러한 창조적 변화만이 법맥을 계승할 수 있다. 따라서 다도는 나날이 새로운 다도가 되어야 하며, 이것은 새로움을 좇는 것과는 다른 것으로, 시간에 얽매이지 않는 영겁의 지금을 산다는 의미이다.

시대의 추이, 생활의 변화, 기물의 발견이나 창작은 끊임없이 새로운 다도의 형식을 요구하고 있다. 여러 종류의 다례와 다기에도 진전이 있어야 한다. 더구나 전통에 대한 잘못된 인식은 그 폐해가 현저하여 오늘날엔 버려야 할 것, 개혁해야만 할 것, 추가해야 할 것들이 많다. 이런 것을 파악하는 데에 눈이 어둡거나 나태하게 되면 다도의 역사는 멈출 것이다.

어떤 것이든 "고정된 법은 없다(無有定法)"는 말처럼 다법(茶法)에 정해진 법은 없다. 법은 지켜야 하는 것이지만 법을 고사(枯死)시키면 그또한 법에 어긋난다. "이것은 다도에 사용할 수 없다"거나 "이것은 척도에 맞지 않는다"는 말을 다도를 즐기는 사람들로부터 종종 듣는데, 대부분의 경우 사용할 수 없는 것이 아니라 사용할 능력이 없다고 하는 쪽이 맞을 것이다. 이러한 말은 사실 새로운 척도를 활용할 능력이 부족하다는 고백에 지나지 않는다. 활용만 잘하면 모든 척도는 지당하게 될 것이다. 사실 초기의 다인들은 척도를 낳은 사람이지, 척도에 얽매인 사람이 아니었다. 어느 시대의 다인이든지 그 정도의 창조력은 있어야 한다. 기존의 척도를 잘 지키는 것보다 새로운 척도를 활용할 수 있는 창조력을 키우는 것이 더 중요하다. 그렇게 되면 이 새로운 척도에 권위가 따라 생긴다. 이는 결코 제멋대로이고 방탕한 척도가 아니고, 필연적으로 새로운 법에 적합한 척도인 것이다.[59]

3. 다인과 다례(茶禮)

차는 항상 예(禮)와 결부되어 있기 때문에 예절의 위의를 잃어버리면 진정한 차라고 할 수 없다. 차의 이러한 예법은 사원의 의식과 같아서 그 정신은 하나이다. 이 예를 터득한 이를 옛사람들은 '다도에 능숙한 사람(茶人)'이라고 불렀다.

예(禮)는 법이며 형식이자, 또한 모습이다. 차를 달이는 데는 저절로 순서와 차례가 생기기 때문에 많은 경험이 축적되어 일종의 형식으로 결정(結晶)화되는 것은 당연하다. 즉 도구(기물)의 취급 방법이나 손이나 몸의 동작 중에서 가장 필요한 방법과 요소들만이 남는다. 이것이 다례(茶禮)의 시초이며, 이후에 일정한 형식으로서 모습을 갖춘다고 할 수 있다. 다례는 행위의 형식화이며, 모양화(模樣化)라고 하는 것도 가능하다. '모양'은 사물의 모습을 집약한 형상으로, 말하자면 단순화되고 요소화된 것이다. 이 요소적인 것이 응축되어 표현되면 저절로 모양에 이르게 된다. 그러므로 다례는 형식을 떠나서는 있을 수 없다.

다법(茶法)은 여러 유파나 차회에 따라 다르고, 또 종류가 여럿이기

---

59) 야나기 무네요시 저, 정성본 역, 『다도논집』(세미나 자료, 2009), pp.67~69.

때문에 여러 다른 형식을 습득할 필요가 있다. 이것은 매우 중요한 조건이지만, 다례의 법식은 필연성에 의거하여 자연스럽게 집약되었기 때문에 그 필연성이 중요한 것이지 형식이 불변한다는 것은 아니다. 따라서 시대가 변하거나 장소를 달리하거나, 다실의 구조가 새롭게 바뀌거나, 기물의 형태가 달라지거나, 또는 계절이 바뀌거나 하면 필요에 따라 그때그때 형식에도 변화와 발전이 있어야 한다.

다법(茶法)을 고정시켜 변화가 없다면 다례가 아니다. 제멋대로 하면 법을 문란하게 하지만, 그것〔茶法〕을 고정시키는 것 또한 다법의 정신에 어긋난다. 진정한 다법이란 유동(작용)하는 생명과도 같은 것이다. 즉 다법에 의거하며 저절로 형식을 수용하는 작용이라 할 수 있다. 더구나 형식에 사로잡히거나 형식을 과장한다면 부자연스럽게 되어 필연성이 결핍되고, 오히려 법도에 어긋나게 돼 버릴 것이다. 다례에는 때에 맞는 자연스러운 창의가 절대적으로 필요하다.

원래 법이란 무법(無法)의 법이어야 하며 이것을 단지 유법(有法)으로 끝내면 법을 죽이게 된다. 이러한 맥락에서 다례를 자유나 해탈과 연관시켜서 생각해 보면, '자유'란 단지 '제멋대로'를 의미하는 것이 아니라, 오히려 법에 의거하여 법을 초월한다는 뜻이다. 형식은 정(靜)적이지만 그 정적인 것은 동(動)적인 것이 집약된 것임을 잊어서는 안 될 것이다. 생명력〔動〕이 없는 고요함〔靜〕은 단순한 정지 상태로, 다법이 추구하는 정(靜)과는 표리관계에 있다고도 할 수 있으며, 종이 한 장의 차이이지만 동시에 이것이 천양지차가 되는 것이다.

취미로서 다도를 익히고 즐기는 것은 매우 좋다고 생각하지만 다사에 능숙해지면 스스로 어엿한 다인(茶人)이 되었다고 믿어 자만에 빠져 버리는 것은 문제다. 차에는 다실, 노지, 도구와 행동, 그 밖에 여러 가지 사항들에 관한 규정과 법식이 있기 때문에 그 내력이나 양식, 또는 차에 대한 여러 가지의 지식 따위를 상세하게 알게 되었다고 자만에 빠지는 것이다. 이것은 윤리학을 잘 아는 사람이 곧 자신을 도덕가라고 생각하고, 종교학에 박식한 사람이 스스로를 위대한 종교인 내지 신앙인이라 생각하는 것과 같은 이치이다. 그러나 다도에 있어서 본질적인 것은 지식만으로 파악하기 어렵다는 것을 항상 충분히 인식하고 있어야 한다. 자질구레한 법식에 구속되어 다도를 부자유스러운 것으로 만든다면 본래의 다도의 의미와는 맞지 않게 된다.

다도에서는 자칫 조작에 빠지기 쉽다는 점을 필히 경계해야 하며, 부자유스러움이 있어서는 안 된다. 세끼슈(石州)의 "예스러운 운치는 좋지만 일부러 아취(雅趣) 있게 하는 것은 나쁘다"라는 말은 생각할수록 명언이다. 작위의 부자유스러움과 창조의 필연성은 구분해야 한다. 창조는 자유자재로 살아 움직이는 것이며, 다인이라면 모름지기 자유인이 되어야 한다. 취향의 작위에 사로잡히면 부자유스러워진다. 여기서 말하는 자유는 소위 '수처작주(隨處作主)'로 어디에도 걸리지 않는 마음 즉, '무애심(無碍心)'을 뜻한다. 무애심을 떠나서 진정한 창조는 없다. 이러한 자유야말로 창조 그 자체라 할 수 있다. 다인은 진정한 의미로 자유인이 되어야 한다. 자유자재의 도(道) 외에 다도는 없으며 모든 도(道) 또한 없다.

따라서 손놀림에는 담담한 정취가 묻어나는 것이 좋다. 억지로 처리하거나, 과시적으로 능숙함을 자랑하거나, 또는 손놀림이 어색하거나, 일부러 이상한 동작을 한다면 그것은 근본적으로 다도가 될 수 없다. 능숙함이 밖으로 드러나는 것은 최하위의 다도이다. 이는 "기교가 뛰어나지만 자취나 흔적을 남기지 않는다(工巧不留跡)"는 선구가 있는 까닭이다.

차를 달이는 데에는 자아의식이 남아 있으면 안 된다. 차가 저절로 차를 달이는 경지에 도달해야 다도의 생명이 살아날 수 있다. 그러므로 능숙한 손놀림은 다인이 되기 위한 하나의 필수 요건이지만 능숙함으로써 능숙함이 없어지지 않는다면 진정한 다인의 자격을 갖췄다고 할 수 없다. 다례의 작법을 터득하는 것은 다인의 당연한 임무이다. 그것은 '방법'이며, '솜씨'이고, '행동'이기 때문에 기술에 해당한다. 따라서 다례에 습득이 필요하다는 것은 두말할 나위가 없다. 일기일회의 정신으로 수련하는 것이 필요하다.

다례는 깊이 무르익으면 도(道)의 경지와 하나가 된다. 다례를 즐기면서 사람들과 청정한 교류를 해 나가는 것도 공덕이므로, 이것만으로 충분하다고 주장하는 사람도 있다. 하지만 모든 문화는 그 뼈대를 이루는 드높은 정신이 없다면 사상적인 심화를 이뤄낼 수 없다. 다도의 배후에 불교가 있었던 것은 그것이 도(道)로서 성숙할 수 있었던 매우 절대적인 인연이었다고 할 수 있다. 만약 초기의 다인들에게 불교적인 교양이 없었다면 다도의 역사는 매우 달라졌을 것이며, 또 오늘날까지 사람들의 지지를 받지도 못했을 것이다. 다도는 도(道)의 문화를 이루었기 때문에 신뢰 받을 수 있었으며, 특히 선(禪)과의 연관은 다도의 역사에 깊이를 부여했다고 단언할 수 있다.

물론 오늘날 다도를 실행하는 것을 보면 기껏해야 다례일 뿐, '다도'라고 말한다는 것 자체가 주제넘은 처사라고 생각하지 않을 수 없다. 그러나 그렇다고 하더라도 다례는 선의 다도(禪茶) 사상으로 심화되어야 하며, 선의 다도 사상을 갖추지 못했다면 다인의 자격을 부여해서는 안 된다. 수련 기간을 채우고 수여하는 수료증이나 자격증, 금전으로 바꿀 수 있는 면허증을 가진 것만으로 다도를 지도하는 것은 당치 않은 일이다. 그러한 조건만으로는 다도를 설할 자격이 없다.

옛날 사람들은 '도(道)에 뜻이 깊은 사람'에게 비로소 다인의 자격이 있다고 했는데, 정말로 당연한 말이다. 다도에 전념하는 것은 도에 정진하는 것을 의미한다. 전업(專業)이 아닌 여가로서 다도를 즐기는 사람, 종교에 비유하면 평신도가 많이 생겨야 한다. 그렇게 되기 위해서는 다장(茶匠; 다도의 사상과 다례의 법식을 완전히 체득하여 시절인연에 따라 자유자재하게 활용할 수 있는 능력을 갖춘 사람)이 필요하다. 종교가 승려와 신도에 의해 유지되는 것처럼 다도 또한 다인과 차를 즐기는 사람들에 의해 지켜지는 것이다. 재가의 차가 번성하지 않으면 다도의 정신을 홍포할 수 없다.

그러한 맥락에서 진정한 다인은 민중과 깊은 교류를 하는 사람이어야만 한다. 다도는 아름다움으로 중생을 제도하는 도라고 할 수 있다. 따라서 다인은 출가 사문과 함께 모범이 되어서 다도의 진수를 개시(開示)해야 한다. 그들은 미(美)에 대한 깊은 정취와 진리에 대한 높은 식견, 행(行)에 대해 깊은 체험을 항상 지니고 있어야 한다. 다례가 도의 경지에 이르려면 무엇보다도 마음의 수행이 근본이 되어야 하며, 다도가 동양의 도(道)인 이상 동양의 사상, 즉 불교의 기초 지식을 습득하고 있어야 한다. 미(美)에 있어서 다도는 '불도(佛道)'라고 규정해도 틀림이 없다. 그만큼 다도는 엄격한 내용을 포함하고 있으며, 단순히 즐거움을 위한 것이 아니다. 그러므로 다인은 다도의 전통을 보존하고 이어나가기 위해 엄격하게 제자를 길러 내야 한다. 이는 선(禪)에서 법사

(法嗣)를 선택할 때 신중하고 엄격한 것과 같아 당연한 일이라 하겠다. 그렇게 하지 않는 한 다도는 도가 되지 못할 것이다.

　또한 경제적인 면에서도 요건을 갖춰야 한다. 어떠한 다도라도 얼마간의 입회비는 수반하지만, 적어도 금전이 권위를 갖게 된다면 벌써 도는 아닌 것이다. 다도 전수의 사례비는 사찰에 비유하면 시주의 의미를 지니므로, 정당한 액수로서 깨끗해야 한다. 승려는 상인이 아니며 상인이 되어서도 안 되는 것처럼, 다인 또한 마찬가지이다.[60]

4. 다인의 경지

　탈속(脫俗)이라는 말은 반드시 출가를 가리키지는 않는다. 세속에 살면서도 세속에 물들지 않는 것, 즉 '사사로움(私)이나 자아의식이 없는' 것을 지칭한다. 인간으로서 무심의 깨끗함을 지니지 못하고 사리사욕에 속박되어서는 다도의 궁극적인 세계를 체득할 수가 없다. 불교뿐만 아니라 모든 종교는 모두 '자아의식을 초월하라'는 가르침을 전하는데, 다도 또한 인간을 정화시키는 도(道)이며 깨끗한 마음을 갖춰야만 비로소 다도가 될 수 있다. 이러한 의미에서 다도는 마음의 도라고 할 수 있어, 세속적인 가치관에 사로잡혀 있다면 진정한 다인(茶人)이 될 수 없다.

　다인을 풍류인(風流人)이라 하는데, 여기서 풍류란 탈속을 의미한다. 풍류의 세계에 산다는 것은 풍류를 모르는 사람들과는 다르게 하나의

---

60) 야나기 무네요시 저, 정성본 역, 『다도논집』(세미나 자료, 2009), pp.69~70, 73~75.

다른 세계를 가졌다는 뜻인 만큼, 여기에는 그만한 가치가 있다. 그러나 풍류 생활에도 여러 가지 폐해가 따를 수 있기 때문에 항상 주의하여야 한다. 풍류의 경지에는 언제나 탈속적인 면과 자연스러움이 있어야 한다. 타산적인 삶에서와는 다르다. 그러한 삶은 욕심을 떠나 있는 풍아(風雅)한[고상하고 멋이 있는] 삶으로, 세속적 삶에 떨어지지 않는다는 점에서 연모의 대상이 된다.

그러나 풍류가 세속과 떨어져 존재하는 것인가 하면 또한 반드시 그런 것만은 아니다. 자칫 의식적으로 풍류인을 자처하며 거드름을 피우거나 취향을 꾸며 재치 있게 농담하는 것을 풍류라고 연상하기 쉽지만, 오히려 그런 것은 일종의 속기에 지나지 않아서 그렇게 해서는 속물이 되어 버리고 만다. 세속에 살면서도 세속에 떨어지지 않고, 지상에 살면서도 유유자적하여 별천지를 가지고 있는 자야말로 진정한 풍류인이다. 즉 풍류인이란 스스로의 풍류조차 잊어버린 경지에 다다른 사람이다. 풍류를 의식하고 풍류에 머무는 것은 풍류인의 모습이 아니며, 풍류에 집착하는 것은 다시금 속취에 빠지는 일이다.

오늘날의 다인들은 옷차림과 행동거지 등에서 다인이라는 의식이 너무나 강하여 오히려 그들을 다인이 되지 못하게 한다. 다인이 아닌 다인, 풍류인이 아닌 풍류인이 얼마나 많은가. 다인들은 특히 옷차림에 신경을 쓰는데, 뭔가 스스로의 취향을 나타내는 것이어서, 그러한 옷차림이 잘 어울리는 경우라면 괜찮지만 옷차림을 통해 스스로를 '다인'이라고 노골적으로 드러낸다면 보기가 흉해서 눈에 거슬리는 경우가 있다. 만약 진정으로 다인이 탈속적이라면 오히려 다인인 것처럼 꾸미지 않아 한층 평범한 사람처럼 보일 것이다. 자연스럽고 평범한 생활이야말로 진정 다인의 면모다. 선어록에 "풍류스럽지 않은 것이 진정한 풍류이다(不風流處也 風流)"라고 했던 것처럼, 풍류인은 풍류를 자랑하지 않으며 오히려 풍류를 초월해 있다. 풍류의 부정이 바로 풍류의 긍정이라고 할 것이다. 이렇게 보면 무사(無事)의 경지에 사는 사람이야말로 풍류인이다.

'풍류'란 바람이 흐른다는 뜻으로, 바람이 저절로 흐르는 것과 같이 임운 자재(任運 自在)한 것이다. "흐름에 따라서 본성을 체득하면 기쁨도 없고 또한 걱정도 없다"는 말처럼 다도에도 그러한 정취가 있어야 마땅하다. 세속적인 사람, 욕심이 많은 사람, 비열한 사람은 다인이 되기 어렵다. 다도는 권력이나 돈으로부터 벗어나지 않으면 안 된다. 경제적으로 매우 넉넉한 부자나 상인은 다인이 될 수 없다고 말할 수는 없지만 그들이 진정한 다인이 되기란 매우 어려운 일이다. 부자나 상인이 사욕을 떠나 생활하는 것은 쉽지 않기 때문이다. 그렇게 되면 탈속의 마음과는 멀어지기 쉽다. 다인인 이상 금전에도, 명예에도 담백해야만 한다.

오늘날의 다도가 금전에 예속되는 것은 다도를 흐리게 하는 가장 큰 요인이다. 세속적인 가치에 너무 집착하면 다도를 실행하는 일을 심화하지 못한다. 하물며 다도의 면허까지도 돈으로 살 수 있다면 그것은 이미 진흙탕과 다름없다. 다도가 불법(佛法)과 결부되는 것은 '다심(茶心)'이 곧 '무아의 마음'이기 때문이다. 권력이나 돈, 탐욕이 배후에 있는 이상 다도는 꿈도 꿀 수 없다. 다도가 '미의 법문'으로 건립될 수 있는지 여부는 이 무심(無心)에 달려 있는 것이다. 자신을 버리지 않고서는 다도의 깊이를 맛볼 수 없다. 이와 같이 다도는 '청빈(淸貧)의 차(茶)', 즉 '청빈의 다도'라는 의미를 내포하고 있다.

이와 함께 살펴보아야 할 것은 다사를 즐기는 사람 중에 차에 빠져 탐닉하는 이가 매우 많다는 점이다. 어떤 의미에서는 탐닉할 만큼 어떤 것에 열중한다는 것이 좋은 점일 수도 있지만, 다도에 있어서 탐닉한다는 것은 곧 다도 본래의 의미와 멀어진다는 것을 뜻한다. 탐닉의 첫 번째 폐해는 자신을 '차(茶)'에 얽매이게 하여 그 바깥으로는 더 이상 나아갈 수 없는 부자유에 빠지게 한다는 데 있다. 차는 아름다움의 경지에 있으며 따라서 차를 통해 점점 아름다움을 알게 되는 것이 지당한데, 거꾸로 관점이 차에 묶여 버려서 차로 인해 아름다움을 보는 자유를 잃어버리고, 사물을 보는 견해가 완전히 잘못된 사람들이 많다. 차의 진정한 의미는 관점의 해방인데, '차'에 탐닉하면 차에 갇혀 꼼짝도 할 수 없는 극히 부자유스러운 상태가 되고, '차'에 자승자박하게 된다. 결국 견해는 좁아지고 치우쳐 오히려 안목을 흐리게 만들기에, 차에 탐닉한 사람은 진정한 차의 아름다움을 놓쳐버리는 모순에 빠지고 만다. 이것은 묘한 비극이다.

선(禪)은 무애 자재(無碍 自在)한 경지에서 지금 자기의 삶을 창조적으로 전개하는 것이라 설하는데, 다도의 정신 또한 선의 정신과 같다. 그러므로 단순히 차를 마시고 차의 맛에 탐닉하는 사람은 오히려 다도를 문란하게 하고, 다도의 정신을 거역하는 자이며, 다도의 문화를 가볍게 받아들이는 자라 해도 좋을 것이다.

'선(禪)'에 집착하면 선과는 거리가 멀어지듯이 걸림 없는 무애 자재한 선을 실천할 때에 비로소 선의 생활이 실행된다. 다도 또한 마찬가지다. 다도가 선과 다를 바 없다고 주장하는 것은 바로 이와 같이 다도가 도(道)의 문화이기 때문이다. 다도에서 주장하는 '미(美)'라는 말은 선이나 종교에서 주장하는 '성스러움〔聖〕'을 뜻한다. 다도의 '미(美)'를 이루려면 다구(茶具)를 사랑해서 기물(器物)과 하나가 되는 불이(不二)의 경지가 되어야 하기 때문이다.

　마지막으로 도(道)에 뜻을 둔 다인이라면 행주좌와(行住坐臥), 즉 일상생활 전체에서 선의 다도 정신이 일관되어야 한다. 진정한 다인이라면 다실에서만 다인이 되어서는 안 된다. [61] 야나기 무네요시는 일상생활에서 차 정신이 기초가 되지 않으면 다실의 '차(茶)', 다회의 '차'까지 모두 다도의 사상적인 뿌리를 내리지 못할 것이라고 무척이나 안타까워하면서 냉철하게 비판하고 있다. 다례의 틀에서 벗어나고 '다실의 차'에서 벗어나, 이 '우주의 다실'에서 '본유의 아름다움을 지닌 청정한 다기'로 일상생활 속에서 평상심의 차 생활을 영위해 나가야 할 것이다.

---

61) 야나기 무네요시 저, 정성본 역, 『다도논집』(세미나 자료, 2009), pp.71~73.

Ⅲ

선과 다실 문화

종교는 인간에게 가장 깊고도 절대적인 위안을 준다. 다도 또한 선
(禪)과 매우 밀접한 관계를 가지고 있어서 본래 종교적인 편안함을 주
었었다. 그리고 선을 선종의 사원 안에만 두지 않고, 일반 서민들의 가
정으로 가져와 그들이 수준 높은 문화생활을 누릴 수 있도록 하는 데
크나큰 기여를 한 것이 바로 선다(禪茶) 문화생활이다. 이를테면 일로
향실(一爐香室; 다실), 노지초암, 다구, 선다화(禪茶花), 묵적(墨蹟) 등은
다도의 생활문화 환경이다.

1. 선의 다실 - 일로향실(一爐香室)

우리나라의 다실(茶室)을 표현한 말로서 '일로향실(一爐香室)'은 추사
김정희의 명필 가운데 하나이다. 추사의 글 가운데는 '단연, 죽로, 시
옥(端硯, 竹爐, 詩屋)'이라는 글씨가 있는데, '단연'은 중국 단계석의 벼

루로 글씨를 쓰는 일이고, '죽로'는 죽로차(竹露茶)를 화롯불에 끓여 마시며 다도삼매를 이루는 다실을 말하며, '시옥'은 책을 읽고 시를 짓는 선비의 서재이다. 여기에서 추사가 선비로서 이 세 가지 일을 하면서 자족하였음을 알 수 있다.[62] 이 '일로향실'이라는 글씨는 추사가 초의 선사에게 써 준 것으로서 다실을 의미한다.

추사의 명구로는 '일로향각(一爐香閣)', '다로경권(茶爐經卷)', '죽로지실(竹爐之室)', '다반향초(茶半香初)' 등을 들 수 있는데, 다선일여(禪茶一如)나 불이선(不二禪)의 경지에서 독자적인 선구(禪句)를 만들어 글씨로 표현하고 있다. 또한 예산 화암사 앞 바위에 '천축고선생댁(天竺古先生宅)'이라고 쓴 글씨는, 사찰을 천축[인도]의 석가모니 선생의 집이라고 재치 있게 표현하기도 했다.[63]

추사는 56세 때(1841) 제주도에서 '일로향실(一爐香室)'이라는 글씨를 써 제자 소치(小癡)의 편에 초의 선사에게 선물로 보내는데, 여기의 '일로향실(一爐香室)' 또한 추사의 독자적인 표현이라고 생각한다.

『완당전집』 제5권 중 추사가 초의에게 보낸 스물세 번째 서신에는 다음과 같이 쓰고 있다.

> 소치(小癡)가 떠나갈 때 편지를 보냈는데 하마 보았는지요? (…) 천한 몸은 입과 코에 풍증(風症)과 화기로 상기도 고통을 당하니, 맡겨 둘 따름이지요. 허 군이 가지고 간 향실(香室)의 편액은 과연 곧 받아 걸었소?[64]

---

62) 유홍준, 『완당평전』(학고재, 2002), p.566. 유홍준, 『김정희』(학고재, 2011), p.334.
63) 유홍준, 『완당평전』(학고재, 2002), pp.176~177.
64) 신호열 편역, 『국역 완당전집』(민족문화추진회, 1988), p.181.

또 추사는 서른여섯 번째 서신에도 "근일에는 일로향실(一爐香室)에 죽 머물러 있다니 무슨 좋은 인연이 있는 거요? 왜, 갈등을 부숴 버리고 한 주장자(拄杖子)를 날려, 나와 이 차의 인연을 같이하지 아니하는 거요?"라고 추궁하는 편지를 쓰고 있다. 또한 서른일곱 번째 서신에도 다음과 같이 쓰고 있다.

> 스님은 연달아 향실(香室)에 머물며 훈수(熏修)를 계속하는지요? 늘 생각납니다. 천한 몸은 그 사이 심한 설사병에 걸려 진원(眞元)이 몹시 탈진되었으니, 세상살이의 고통이 마침내 이런 것인지요? 다행히 차의 힘을 입어 따뜻한 기운(煖觸)을 연장하게 되었으니, 이것은 바로 한 사방이 없는(一四方空) 무량 복덕으로 알고 있다오.

추사가 초의 스님에게 보낸 편지는 같이 차를 마시며, 불법 공부에 대해 함께 논의하고 토론하고 싶으니 한번 와 주시기 바란다는 내용인 것이 많다. 특히 추사의 편지에 등장하는 경전과 불교 서적은 다양하다. 『안반수의경』, 『능엄경』, 『유마경』, 『금강경』, 『종경록』 100권, 『법원주림』 100권과 『대혜어록』 등에는 많은 선어(禪語)와 선문답이 등장하고 있다. 초의에게 보내는 서른한 번째 서신에서는 "『법원주림』 100권을 구하여 좋은 날을 보내고 있는데, 스님 같은(안목 있는) 사람이 없어 입증을 못해 주니 한(恨)입니다"라고 하며, 서른세 번째 서신에서도 "『종경록』 100권을 구해서 읽고 있는데, 스님과 더불어 고증할 수 없어 한입니다"라고 안타까운 심정을 토로하고 있다. 서른다섯 번째 서신에도 "『법원주림』과 『종경록』과 신편어록에 대해 한번 와서 서로 고증하고 싶지 않은가? 대혜(大慧宗杲)에 대한 안건은 남김없이 모두 독파했으니, 이것은 크게 유쾌한 일이오. (…) 봄에 따뜻하고 해가 길어지면 빨리 석장(錫杖)을 들고 와서『종경록』과『법원주림』을 읽는 것이 지극히 묘한 일이 될 겁니다"라고 쓰고 있다.

추사는 대혜종고(大慧宗杲, 1089~1163) 선사의 어록을 모두 독파하는 것이 유쾌한 일이라고 호언장담하면서 경전과 논서, 어록 등 불교의 많은 책을 읽고 참선하여, 유마 거사와 같은 독자적인 안목을 갖추었다. 특히 송대 간화선을 대성한 대혜 선사의 어록을 독파하고 대혜 선사가 주장한 간화선을 모두 독파하여, 정법의 안목을 구족한 초의 선사 당신과 함께 불법의 대의를 논의하며 고증하고 싶으니 꼭 한번 오라고 편지마다 당부하고 있다. 추사가 "초의 선사 당신밖에 없다"고 하는 것에서 볼 수 있듯이, 당시 추사의 주변에는 불법(佛法)을 함께 논의하고 진실을 고증할 만한 사람이 초의 선사밖에 없었다. 그러나 초의 선사는 대흥사 일지암에 주석하였고, 먼 길을 떠나 추사를 방문한 일이 없었다. 그래서 추사는 초의 선사에게 보내는 서신에 "일로향실(一爐香室)에 머무르고 있는가?"라고 여러 차례 묻고 있는 것이다. 『초의시고』 하권의 '일로향(一爐香)'이라는 말을 표현한 시는 다음과 같이 전한다.

선수행의 깨달음에 지혜 광명의 해가 길어지고,
천성에 비치니 지혜의 밝은 기운[陽氣]이 작용한다.
텅 빈 공산(空山)의 눈바람 속에서,
의식의 문을 닫고 일로향실(一爐香室)에서 본래인[진여 법신]과 함
께하네. 65)

---

65) 『초의시고』 下권(『한국불교전서』 10권, p.853a.)

習禪漸覺日初長　報道天根動一陽
安得空山風雪裏　閉門共對一爐香

　일로향(一爐香)이라는 말을 초의 선사가 먼저 사용했는지 추사가 먼저 사용했는지는 알 수 없지만, 초의 선사와 추사 모두 선다일여(禪茶一如)의 다도 삼매를 일로향(一爐香)에 이르도록 실행하였다.

　참선 수행을 하면서 점차 불법의 지혜를 체득하니 중생심의 번뇌 망념은 점점 없어지고, 진여 법신의 지혜 광명은 허공중에 본래의 모습 그대로〔初〕 여여하게, 동요함도 없이 무심하게 온 천지를 비추고 있다. 천근(天根)은 천성인 진여 자성을 비유하는 말인데, 참선 수행으로 깨달음을 체득하는 일은 진여 자성이 자각하는 것이고 자각하여 부처의 지혜를 이루는 일이기 때문에, 불이(不二)의 진여 본성이 시방삼세와 우주 법계의 천지에 지혜 광명을 비춘다고 읊고 있다. 진여 법신의 지혜 작용은 법계를 두루 비추는 법계일상(法界一相)이기 때문이다.

　'폐문(閉門)'은 '방문을 닫고'라는 말이 아니라, 중생심의 자아의식〔六根〕과 의식의 대상 경계〔六塵〕인 의식의 문을 닫고, 진여 본심의 지혜 작용이 되도록 하는 진여삼매를 뜻하는 말이다. 추사는 불이선란(不二禪蘭)에서도 "의식의 문을 닫고 곰곰이 참구해 보니(閉門覓覓尋尋處)"라고 읊고 있다.

　추사의 위 시는 불이의 묘용인 진여 법신의 지혜 작용으로 번뇌 망념을 텅 비운 본래무일물(本來無一物)의 경지〔眞空〕에서 묘유(妙有)인 일로향(一爐香)·법향(法香)·묘향(妙香)이 두루 함께한다는 시이다. 그런데 여기의 일로향(一爐香)이 의미하는 바는 무엇일까?

　추사가 초의 선사에게 써 준 글씨로는 '일로향실(一爐香室)'이 있고,

은해사 노전의 편액으로 써 준 '일로향각(一爐香閣)'이라는 글도 있다. 일로향실은 화롯불로 물을 끓여서 차를 달이는 다실이고, 일로향각(一爐香閣)은 불전에 향을 올리는 법회 의식을 담당하는 스님이 거처하는 집을 말하며, 응향각(凝香閣)이라고도 한다. 그러나 사실 일로향(一爐香)은 불이의 경지에서 작용하는 진여 법신의 지혜의 향을 말한다. 일(一)은 불이(不二)를 표현한 숫자로서 진여 본성을 말하며, 일로향(一爐香)은 불이의 진여 법신이 지혜 작용하는 미묘한 법향(法香)이다. 차를 달이며 마시는 일로향실이 단순히 음료수로서 차를 끓여 마시는 곳이 아니라 나와 차, 주객(主客), 자타(自他)를 초월한 진여 법신의 지혜로 다도삼매를 이루는 곳이라는 의미이다. 따라서 일로향실은 차를 마시는 다실을 뜻하면서, 동시에 다실과 다실의 주인, 주인과 손님, 일체의 다구와 사물이 불이의 삶을 사는 공간을 뜻한다.

사람들은 흔히 함께하고 싶은 사람들과 다실에 모여 대화를 나누면서 차를 마신다. 주인은 초대한 손님을 위해 진귀하고 좋은 차와 다구를 준비하여, 물을 끓이고 차를 우리고 달인다. 말하자면 차를 마시는 일은 좋은 인연을 함께하는 사바세계에서 주(主)와 객(客)이 차를 마시며 대화를 나누는 일이다.

그러나 단순히 차를 마시는 일이라면 다도라고 할 수가 없다. 다도가 되려면 차를 마시는 사람들이 모두 자아의식과 자기중심적 사고를 비우고 진여 본성의 지혜로 다도삼매를 함께하여야 한다. 도는 부처〔佛〕나 선(禪), 깨달음과 같이 진여 본성의 지혜가 여법하고 여실하며, 여여하게 작용하는 현재 진행형이다. 일로향실(一爐香室)은 진여 법신의 향이 가득한 다실이 되어야 하는 것이다. 사찰에서 사용하는 향로

(香爐)는 향을 피우는 화로이지만, 향실(香室)과 향전(香殿)은 불전(佛殿)을 말한다.[66]

　법신의 작용으로 이루어진 지혜와 자비행의 공덕(功德)을 일체의 중생들로 향하게 하는 것을 법향(法香)에 비유한다. 지계 수행의 공덕을 계향(戒香), 선정 수행의 공덕을 정향(定香), 지혜의 공덕을 혜향(慧香), 해탈 지견(知見)의 공덕을 해탈향(解脫香)이라고 하며, 보시행으로 베푸는 공덕을 시향(施香), 법문을 여법하게 듣고 깨닫는 것을 문향(聞香)이라고 한다. 『석문의범』 예불문에 나오는 계향·정향·혜향·해탈향·해탈지견향도 같은 의미이다. 다도에서 초암의 다실은 진여 본성의 집이며, 번뇌 망념을 초월한 진여 본성이 지혜로운 삶을 실행하는 안신입명처(安身立命處)이자, 유마의 방장(方丈)과 같은 정토(淨土)이다. 『유마경』 「불국품」에 보이는 "직심(直心)이 곧 정토(淨土)이며, 직심(直心)이 곧 청정 도량(道場)"이라는 설법처럼, 장소를 나타내는 실(室)은 지금 여기의 시절인연과 함께 이루어지는 자신의 일, 즉 일기일회(一期一會)의 일을 진여 본성의 지혜로 실행하는 작용을 공간적으로 표현한 것이다.[67] 『임제록』의 "시절인연에 따라서 진여의 지혜 작용을 하는 주인이 된다면, 지금 여기가 모두 진여 법신의 지혜로 창조하는 삶이 된다(隨處作主 立處皆眞)"[68]라는 법문도 같은 말이다.

　'향(香)'은 진공묘유의 경지에서 상구보리 하화중생의 보살도로 회

---

66) 『유부율파승사(有部律破僧事)』 10권(『대정장』 24권 p.150a.)

67) 『유마경』 「불국품」(『대정장』 14권, p.538b) "直心是菩薩淨土." 「보살품」(『대정장』 14권 p.542c) "直心是道場."

68) 『진주임제혜조선사어록』(『대정장』 47권, p.498) "隨處作主 立處皆眞." 이에 대한 설명은 정성본의 『임제어록』(한국선문화연구원, 2003) p.117, p.120, p.152, p.439, p.445, p.449, p.451, p.505, p.506, p.509를 참조할 수 있다.

향하는 법신의 지혜 작용으로서, 일체의 법계에 지혜의 향기를 훈습한다는 말이다. 추사의 불이선란(不二禪蘭)에서도 "유마의 침묵으로 대답하리라"하고, 끝에 '만향(曼香)'이라고 쓰고 있는데, 이것 또한 같은 의미이다. 『완당전집』 제10권에서 '유초의선(留草衣禪)'이라는 제목으로 추사는 다음과 같이 읊고 있다.

일상의 매사를 무심한 경지에서 조주차를 마시고,
손에는 굳건히 연꽃을 들어 법문을 제시하네.
일할의 법문, 마음의 귀로 깨달아 체득하면,
봄바람 부는 곳, 어디라도 고향집이 아니랴. [69]
眼前白喫趙州茶　手裏牢拈梵志華
喝後耳門飮箇漸　春風何處不山家

당대의 선승 조주 선사가 학인들에게 "차를 마시게(喫茶去)"라고 한 것처럼, 초의 선사도 차를 마시며 무심의 경지에 살면서 중생들에게 방편의 법문을 설하고 있다. 내용을 들여다 보자면, 우선 이 구절은 손에 범지화를 든 세존이 영축산에서 설법할 때에 대범천왕이 올린 금파라(金波羅)라는 연꽃을 손에 들고 대중들에게 보인 것, 즉 '염화시중(拈華示衆)'에 의거한 것이다. [70]

---

69) 신호열 편역, 『국역 완당전집』 3권(민족문화추진회, 1988), p.202.
70) 정성본 역주, 『무문관』(한국선문화연구원, 2004) 제6칙, p.80. "세존의 염화시중은 『천성광등록』 제2권 가섭존자 장에서 처음 제시하였고, 『대범천왕문불소설경』이라는 선종의 위경(僞經)으로 편집되었으며, 『무문관』 제6칙에는 세존의 '염화시중(拈華示衆)-세존의 염화와 가섭의 미소(世尊拈華)'라는 공안으로 전하고 있다." 여기서 꽃은 연꽃을 지칭한 것이지만 연꽃은 법을 의미한다. 즉 만법, 제법의 실상을 한 송이의 꽃으로 들어 보인 것이며, 법화·화엄은 법계를 뜻한다.

일할(一喝)의 법문은, 마음의 귀를 통해 깨달아 체득하여 일개(一箇) 성자의 지혜를 이루게 한다. 선어록에서 '개(箇)' 혹은 '일개(一箇)'라는 말은 진여 법신의 지혜를 이룬 일개성자(一箇聖者)의 의미이다. 『고승전』 제5권 석도안 장에 전진왕 부견(前秦王 符堅)이 십만 대군으로 양양(襄陽)을 공격하여 "일인반(一人半)을 얻었다"고 하는 고사에서 유래한 말이다. 일인(一人)은 일개(一箇) 성자인 석도안(釋道安)이며, 반(半)은 습착치(習鑿齒)를 말한다.[71] '갈후이문음개점(喝後耳門飮箇漸)'이라는 일절은 초의 선사가 설한 일할의 법문을 마음의 귀로 듣고 자각하여, 성지(聖智)를 이루고 일개 성자인 불보살의 지혜를 이룬다는 말로 이해해 본다.

일할(一喝)의 법문을 듣고 깨달음에 이르는 것은 『능엄경』에서 설해진 관세음보살이 이근(耳根)을 통해서 원만한 깨달음을 얻는 원통(圓通)과 같다. 법음(法音)의 법문을 듣고 진여의 지혜로 깨닫는 것을 문성 오도(聞聲 悟道)라고 하는데, 진여삼매(眞如三昧)에서 여법하게 설법하는 여시설법(如是說法)을 진여의 지혜로 여법하게 듣는 청법(聽法)이 여시아문(如是我聞)이다. 설법과 동시에 불법의 대의를 깨닫는 언하대오(言下大悟)를 뜻하며, 이러한 깨달음은 시절인연에서 일어나는 중생심의 매사를 정법의 방편지혜를 통해서 깨달아 체득하는 일사일지(一事一智)를 말하는 것이다.

이렇게 시절인연의 일을 통해서 점차적인 깨달음의 묘용을 이루는 것이 수연행(隨緣行)이다. 「법성게」는 "진여 자성은 자성을 고수하지 않고, 시절인연에 따라서 지혜 작용을 하여 부처의 묘용을 이룬다(不守

---

71) 『고승전』 5권, 석도안 장(『대정장』 50권, p.352c.)

自性隨緣成)"라고 설한다. 봄바람이 법계에 두루 부는 것처럼, 진여 법신이 자연법이(自然法爾)로 생명 활동하는 제법실상(諸法實相)이 바로 일체 만법과 불이(不二)의 경지에서 지혜 작용하는 진여 본성, 내 마음의 고향인 것이다.

2. 다실의 공간 문화 - 노지초암(露地草庵)

정원(庭園)을 가리켜 안쪽노지〔內露地〕 또는 바깥노지〔外露地〕라고 각각 말하는데, 그 의미는 매우 다르다. 원래 노지의 '노(露)'는 숨김없이 있는 그대로 모두 드러난다는 뜻이고, '지(地)'는 마음의 근본을 말하므로, 노지란 진여 자성(眞如 自性)의 지혜 작용을 남김없이 모두 드러낸다〔露〕는 뜻이다. 정리하면 일체의 번뇌 망념을 여의고 실상본성(實相本性)의 지혜가 드러나는 것을 노지(露地)라 할 수 있다. '백로지(白露地)'라는 말도 마찬가지인데, '백(白)'에서는 청정함이라는 뜻을 따 왔다. 텅 비어 막막하고〔廣莫〕 청결한 불모의 빈터와 같은 경지도 노지라고 한다.

『법화경』「비유품」에는 이러한 문구가 나온다. "모든 자식들을 삼계의 화택으로부터 밖으로 나오게 하여 안전하게 네거리의 노지(露地)에 앉히고, 모두 무사한 것을 보고 나서야 환희의 기쁨으로 넘쳤다." 이 문구의 의미는 '현실세계는 안심할 수 없는 불타는 집〔火宅〕과 같다, 중생심의 번뇌 망념으로 불타는 화택에서 벗어나 사방이 확 트여 위험이 없는 대 자유의 공간〔露地〕에 안좌(安坐)하면 일체의 번뇌 망념과 불안, 초조, 공포가 소멸하여 평안하게 된다는 뜻이다.

『법화경』을 주석한 책에서는 "네거리 도중은 사성제에 비유한 것으로, 그 사성제의 법문을 관찰하여 삼법인(三法印)의 진실을 깨닫고 정법의 안목을 구족(見諦)한 경지를 네거리의 도중에 있는 것과 같다고 하고 있다. 만약 불법의 진실을 올바르게 볼 수 있는 견해를 구족할지라도 번뇌 망념이 거듭 일어나면 노지(露地)에 있다고 할 수 없다. 중생심의 세계인 삼계(欲界, 色界, 無色界)의 모든 번뇌 망념이 다 소멸하여 비로소 진여 본성의 지혜가 여여하게 모두 드러난 경지를 노지라고 말할 수가 있다"[72]라고 한다.

또한 도량이라는 말도 보리(菩提; 깨달음)를 번역한 말로서 노지와 같은 뜻이다. 『마하지관(摩訶止觀)』[73]에서는 "도량이란 곧 청정한 경계이다. 오주지(五住地)[74] 번뇌 망념이 달콤한 유혹(糖)을 잘 치유하고 제법 실상의 쌀(米), 즉 진여의 지혜를 드러낸다. 이와 같이 삼계의 생각을

---

72) 『법화경』 2권, 「비유품」(『대정장』 9권, p.12c.) "四衢道中 譬四諦也 以其四諦觀同會見諦, 如交路頭 所以名四衢也 苦見惑雖除思惟猶在則 不名露地也 若三界思盡 方名露地耳 云云."

73) 『마하지관』은 천태지자의 저작이다. 이것을 천태종의 제9조이자 일종 중흥의 영장이라고 일컬어지고 있는 당의 담연(湛然, 711~782)이 주석한 것이 『마하지관보행(摩訶止觀補行)』이다. 여기에 인용된 시구에는 단지 『지관』에 라고 기록되어 있을 뿐인데, 『마하지관보행회본』 제2권의 2, 11정(丁)의 글이다. 도량(道場)이란 곧 청정한 경계이다. 오주(五住)에 당(糖)을 가라앉혀 실상의 미(米)를 드러낸다. 역시 이것이 정혜, 배려해서 법신을 장엄한다.

74) 오주지의 번뇌를 말하며, 견혹(지적인 착각; 사혹(思惑)-정의(情意)의 미혹), 무명(진리에 어두움)의 번뇌를 다섯 가지로 나눈 것으로서 다음과 같다. ①견일처주지(見一處住地)란, 견은 욕계, 색계, 무색계의 삼계의 현혹을 말하며 이것은 지적인 방황이므로 견도(見道)에 들 때 일시에 갑자기 끊어지기 때문에 견일처라 한다. 주지(住地)는 번뇌가 근본이 되어 모든 번뇌의 의지처가 되고, 또 그런 것들이 생겨나게 하므로 주지(住地)라 한다. ②욕애주지(欲愛住地)란, 욕은 욕계이고, 애는 탐애(貪愛), 즉 사혹(思惑)을 말한다. ③색애주지(色愛住地)란, 색은 색계, 애와 주지는 위와 같다. ④유애주지(有愛住地)란, 유는 무색계를 말하며, 무색계의 사혹을 가리킨다. ⑤무명주지(無明住地)란, 무명은 우치암(愚痴暗)의 심체이며, 모든 번뇌의 근본인 것이다.

모두 다 텅 비워 없어졌을 때 비로소 노지(露地)라고 한다"[75]라고 설하고 있다. 중생의 오주(五住)인 달콤한 번뇌 망념의 병을 치유하고, 제법 실상의 청정한 진여 본성의 진수(米)인 지혜 작용을 드러낸다는 뜻에서 노지(露地)라고도 하고, 도량이라고도 하는 것이다.

이상에서 보면 노지는 열반, 멸도, 정토 등 인간이 추구하는 궁극의 경지를 비유한다. 일체의 번뇌 망념을 여읜 인간 본연의 세계를 말하는 것이다. 이와 같이 노지는 인간의 본래면목을 확연히 드러내는 것이기 때문에 다도에서 그 중요함이 크다.

다실(茶室)은 지혜와 인격이 모두 드러나 본성의 지혜가 작용하는 깨달음의 세계, 깨달음의 도량이라는 의미에서 노지라고 한다. 여기에서 노지는 곧 다실을 향하는 청정한 길을 뜻한다.

또 다실을 별세계(別世界)라고 부르는 것도 진여 본성(自心)의 청정한 깨달음을 비유한 말이다. 여기서 말하는 자심(自心)의 '심(心)'은 본심, 본성 등으로 일컬어지는 심으로서 절대심을 말하며, 본래 지니고 있는 자성의 청정한 불심, 깨달음의 심체를 일컫는다. 일반적으로 이야기하는 '마음', 즉 자기중심적 사고로서 인식하는 자의적인 '마음'을 가리키는 말이 아니다. 다실에서는 『금강경』에서[76] "세계는 고정된

---

75) 『마하지관』 2권(『대정장』 46권, p.13c.) "道場卽淸淨境界也 治五住糖 顯實相米 云云 如是三界思盡 方名露地."

76) '語(어)'라고 되어 있는데, 이것은 『금강경』을 가리키고 있다. 하나는 『금강경』의 일합리상 분(一合理相 分; 한 뭉치의 이치의 모습) 30장에 나오는 어구이다. 여래가 말씀하신 '삼천대천세계는 세계가 아니다. 이것을 세계라 이름 짓는다'를 말한다. 또 하나는 『금강경』의 장엄정토 분(莊嚴淨土 分; 정토를 장엄 하는) 제10장에 있는 어구이다. "색·성·향·미·촉·법에 머무는 마음이 생기기 때문에, 응당 머무는 바 없이 그 마음을 낼지니라(應無所住而生其心)."

세계가 없고, 임시방편으로 세계라고 한다(世界非世界)"고 설했듯이, 마땅히 마음이 어느 한 경계에 머무름 없이 마음〔지혜 작용〕을 시절인연에 따라서 자유롭게 실행해야 한다.[77]

'백로지(白露地)에 대한 백우(白牛)'라는 말이 있다. '노지(露地)의 백우(白牛)'라고도 하는데 백로지는 백우가 있는 어떤 장소, 백우는 백로지 위에 있으면서 그것의 주체가 되는 것을 뜻한다고 일단 생각할 수 있다. 또 노지는 소위 법계, 부처의 세계, 곧 정토를 말하며, 백우는 정토에 지혜로운 보살도를 실행하는 부처라고 할 수 있다. 그러나 근원적으로 백로지와 백우는 다른 것이 아니다. 이러한 백로지와 백우의 관계는 산수, 초목, 초암, 주객, 모든 도구〔諸具〕 등 법칙이 엄연히 존재하면서 주체와 계합된 것으로 존재한다. 주체가 이것에 계합하는 것이 아니라 이것들이 주체에 계합하는 것이기 때문에, 실로 무사이며 안심이다.[78]

「다도잠(茶道箴)」의 '무사안심(無事安心)이 한결같은 백로지'라는 말에서 '무사안심'의 궁극이 이러한 모습일 것이라고 추측할 수 있으며, 임제 선사의 말 '무사(無事)한 경지가 귀인(貴人)'[79]에서 '무사'라는 말도 백우의 기풍이라고 말할 수 있는 것이다.

'무사(無事)'라는 말에서 일〔事〕이 없다는 것은 의식의 대상 경계로서 번뇌 망념의 일이 없다는 뜻이다. 많은 일〔事〕이 있는 중에, 그것이

---

77) 히사마츠 신이치 저, 『茶道の哲學』(講談社學術文庫, 1987), pp.69~83. 히사마츠 신이치 저, 정성본 옮김, 『다도의 철학』(세미나 자료, 2010), pp.32~37. 자쿠안 소다쿠 저, 정성본 옮김, 『선다록』(세미나 자료, 2009), pp.21~23.
78) 히사마츠 신이치, 「13백로지, 14차의 열 가지 덕」, 『월간 다도』 2013년 5월호, pp.82~83.
79) 『진주임제혜조선사어록』(『대정장』 47권, p.497c.) "無事是貴人."

전부 자신에게 적극적이고 긍정적인 의미를 지닐 때 무사가 된다. 그래서 흔히 "사물 하나하나가 빛을 발한다"고 표현하는 것은 진진삼매로서 일체의 모든 존재가 각자 본분사의 생명 활동으로 여법하게 작용하고 있는 제법여의를 뜻한다. 이런 상태에서는 더 이상 불안이 없다. 불안은 마음 밖에 뭔가 대립하는 것이 있어서 생겨나는 것인데, 백로지(白露地) 혹은 왕삼매(王三昧)에서 대립은 있을 수가 없기 때문이다. 왕삼매(王三昧)는 진여삼매로서 절대의 경지이기 때문에 자아의식과 의식의 대상 경계가 존재하지 않으므로 거기에는 일체의 불안과 근심 걱정이 있을 수 없다.

'안심(安心)'은 보편적으로 말하는 안심의 의미가 아니다. 여기에서는 안심과 불안이라는 상대적인 차별 의식까지 완전히 없어진 근원적인 안심, 본래 진여의 안심을 뜻한다. '한결같은 백로지(白露地)'에서 '한결 같다'라는 말은 '白(백)'이라는 글자와도 관련이 있는 것으로 유일평등하다는 의미이다. 예를 들어, 눈이 내려서 세상이 온통 하얗게 된 것을 보고 흔히 '흰 눈 일색(一色)'이라고 말하는데, 이렇게 '일색'이라는 것은 차별의 대상 경계를 떨쳐버린 주체의 본래 모습을 뜻한다.

『법화경』에서는 백로지를 화택에서 벗어난 세계에 비유하고 있다. [80] 즉 화택(火宅)이 백로지(白露地)로 바뀌는 것이다. 이러한 안심이 종교에서의 참된 안심이다. 안심은 마음이나 의식의 어떤 상태를 형용하는 말이 아니라, 우리들 주체의 본래 모습을 형용하는 말이다. 따라서 마음으로 깨닫는 '심오(心悟)'에는 반드시 안심이 성립하고 진정한 안심은 심오(心悟) 없이는 체득하지 못한다는 것이다. '선은 안심의 법

---

80) 『법화경』 2권, 「비유품」(『대정장』 9권, pp.12b~c.)

문(法門)이다'[81]라는 말에서의 '안심'도 진여 본성으로 되돌아간 무일물(無一物)의 경지를 뜻한다.

『조당집』 2권은 다음과 같은 대화를 전하고 있다. 2조 혜가 스님이 달마 스님께 "아무래도 마음을 진정시킬 수가 없습니다. 어떻게 제 마음을 좀 안심시켜 주십시오"라며 간절하게 청했다. 그러자 달마 스님은 "그 불안한 마음을 가져오라"고 재촉했다. 혜가 스님이 "불안한 마음을 찾아보았지만 끝내 찾을 수 없습니다"라고 하자 달마 스님은 "너는 그것으로 안심을 이루게 된 것이다" 하였다. 그 "불안한 마음을 찾았지만 결국은 찾을 수 없다"라는 것은 "일체의 번뇌 망념을 한꺼번에 떨쳐 버리고, 한 물건도 의식의 대상 경계에 남아 있는 것이 없다고 하는 것"[82]이다. 즉 자기의 주관적인 마음이라 할 수 있는 고정된 마음이 없을 뿐만 아니라, 의식의 대상 경계로 나타난 고정된 사물이 없는 것이 진정한 안심의 상태이다. 이러한 안심은 자기의 주관적인 사고로 인식하는 산수, 초목, 초암, 주객, 모든 다구(茶具), 다도의 법칙을 쫓아가는 자기의 마음 작용이나 자기의 몸과 마음에 대한 의식이 완전히 소멸되지 않는다면 도저히 도달할 수가 없다. 말하자면 깨달음의 경지

---

81) 「안심법문(安心法門)」은 달마와 혜가의 선문답 이야기로서, 구체적으로는 『조당집』 2권 (『고려대장경』 45권, pp.244a~245a)에 다음과 같이 실려 있다. "時大和十年十二月九日 爲求法故 立經于夜 雪乃齊腰 天明 師見 問曰 汝在雪中立 有如何所求耶 神光悲帝 啼 泣淚而言 唯願和尚開甘露門 廣度群品 師云 諸佛無上菩提 遠劫修行 汝以小意而求 大法 終不能得 神光聞是語已 則取利刀 自斷左臂 置於師前 師語神光云 諸佛菩薩求法 不以身爲身 不以命爲命 汝雖斷臂 求法亦可在 遂改神光名爲慧可 又問 請和尚安心 師 曰 將心來 與汝安心 進曰 覓心了不可得 師曰 覓得豈是汝心 與汝安心竟 達磨語慧可曰 爲汝安心竟 汝今見不 慧可言下大悟 慧可白和尚 今日乃知一切諸法本來空寂 今日乃知 菩提不遠 是故菩薩不動念而至薩般若海 不動念而登涅槃岸 師云 如是 如是."

82) 『조당집』 2권, 홍인화상전(『고려대장경』 45권, p.247a.)
『경덕전등록』 3권(『대정장』 51권, p.223a.) "本來無一物."

인 백척간두(百尺竿頭)에서 허공으로 한 걸음 더 나아가지 않으면 이룰 수가 없다는 뜻이다.

안심에 이르게 하는 방법은 결국 가르치는 것이지만, 기예를 익히고 수련하는 것처럼 항목과 방법이 조목조목 정해져 있는 것도 아니다. 소위 말하는 구전(口傳), 비전(秘傳)과도 완전히 본질이 달라 그러한 방법으로 가르칠 수 없을 뿐만 아니라 전할 수도 없다. 즉 안심에 이르게 하는 길은 전함이 없는 전법, 이심전심(以心傳心), 교외별전(敎外別傳)과 같이 불가사의하고 비밀스러운 일(秘事)이다. '무사안심 한결같은 백로지'는 스스로 자각하여 증득해야만 알 수 있다는 의미에서 비밀스러운 일(大秘事)이라고 하는 것이다. 안심은 '의식의 대상으로서 한 물건에도 망념이 없는 경지'이며, 『신심명』의 "차별 하나 때문에 존재하는 것이며, 진실 또한 지키려고 하지 마라. 일심(一心)이 되면 만법에 허물이 없다"[83]는 말과 같은 내용으로 이런 것이 '무사안심(無事安心) 한결같은 백로지'의 대도(大道)이다.[84]

초암(草庵)이란 원래 다석(茶席)이나 다실(茶室)이라고 불리는 것이었다. 다실에는 서원(書院)과 같은 넓은 공간과 좁은 다실이 있는데, 소위 일본의 와비스키(侘數奇) 다도가 생기기 이전의 차는 서원에서의 차가 전부였다. 다케노 조오, 센 리큐가 와비스키라는 다도를 이루었고 그 결과 와비차의 조건에 가장 잘 어울리는 좁은 다실을 만들었다. 따라서 좁은 다실은 와비차가 창조한 독특한 건축양식을 이루었다고 할 수

---

83) 『신심명』(『대정장』 48권) "二由一有 一亦莫守 一心不生 萬法無咎."
84) 히사마츠 신이치 저, 『茶道の哲學』(講談社學術文庫, 1987) pp.234~236. 히사마츠 신이치 저, 정성본 옮김, 『다도의 철학』(세미나 자료, 2010), pp.121~123.

있는데, 단순히 서원차의 다실을 좁게 만든 것이 아니라 그 뜻과 구조에서 서원의 다실과는 질적으로 다르다.

'초암'은 '초려(草廬; 오두막집)', '초당'이라는 말과 같은 뜻으로 예부터 존재했으며, 또 주자(朱子)의 말 '한루일초암(寒樓 一草庵)'이나 공명(孔明)을 '삼고초려(三顧草廬)'한다는 말에서 볼 수 있듯이 중국에도 예부터 존재해 왔다. 원래는 풀을 엮어서 만든 작은 집을 말하며, 『원평성쇠기(源平盛衰記)』 40권에서 "현인은 활짝 핀 꽃을 자랑하지 않고 초암을 삶의 터전으로 한다"라고 하고 있듯, 세상의 명리를 떠나 한적한 곳에서 적정을 즐기는 와비차인의 다실을 초암이라 부르게 된 것으로 추정된다.

일상의 생활이야말로 다도(茶道)에 있어서 가장 소중한 것으로, 그 속에서 차생활의 기본이 살아나지 않으면 다도의 삶이라 할 수 없다. 다실에서는 다실대로 그래야 하며, 그 밖의 모든 곳 또한 다실의 연장이라 생각하고 다도를 실천해야 한다. 그것이 바로 선다(禪茶)생활이다.

초암 역시 또한 노지와 마찬가지로, 속세의 먼지를 털어 버리고 청정하고 조용한 불심을 체득하고 실행하며 또 그것을 표현하는 데에 그 첫 번째 의미가 있다. 노지나 초암은 모두 차를 인연으로 불법, 즉 선법을 수행하는 새로운 형태의 도량이다. 『남방록』에서 자주 쓰인 '노지초암'이라는 말도 단순히 장소를 가리키는 것이 아니라 더욱 본질적으로 선풍체의 다도, 즉 와비스키의 다도를 의미한다고 할 수 있다. 선의 본지(本志)가 범부의 심정을 벗어나는 것은 두말할 필요도 없지만, 선의 본지는 나아가 탈속한 성(聖)에도 안주하지 않는 무성(無聖)에 있다.

이처럼 노지초암의 차 또한 오락이나 음식에 곁들이는 속세적인 차를 비판하고 부정하지만, 서원 차의 엄격한 격식에도 머물지 않아 '결국에는 고정된 법칙에서 벗어나 행다(行茶)의 기교를 잊고 심미로 돌아가는 출세간법'의 의미를 지닌다. 이것은 곧 부처의 경지를 깨달아 체득한 후에 부처의 세계에도 머물지 않는 자유로움과도 같은 것으로, 그러한 경지를 체득하는 것이 선의 세계이며 진실한 도(道)이다.

만약 다도가 단순히 개인의 주관적인 취향에 지나지 않는다면 객관성을 가진 도(道)라 할 수 없다. 그러므로 다도를 실행할 때에는 노지초암의 본의를 잘 이해하여 세속에 영합하는 차에 빠지지 말고, 다도의 진의(正風)를 숙지하여 일상생활의 심오한 지도(至道)의 원리를 체득하는 진실한 인간 형성에 정진해야 한다.[85] 따라서 다실의 분위기는 단순하고, 간결하며, 소박하고, 청정해야 한다. 산만하지 않아 주와 객이 편안하게 서로 무릎을 맞대고 진지하게 대화(道談, 法談)를 나눌 수 있도록 해야 한다. 십자가두(十字街頭)라 표현하는 노지는 모든 것을 드러낸 진공(空)의 세계이며, 초암은 묘유의 작용(不空)으로 안신입명의 지혜로운 삶을 사는 시절인연의 자신의 본분사를 실행하는 곳이다.

3. 다실의 환경

(1) 다실의 도구 문화-다구(茶具)

다도에 관심이 있는 사람은 아름다운 다구에도 관심을 갖게 된다.

---

85) 히사마츠 신이치 저, 『茶道の哲學』(講談社學術文庫, 1987), pp.77~81. 히사마츠 신이치 저, 정성본 옮김, 『다도의 철학』(세미나 자료, 2010), pp.39~41.

한편으로 다도는 기물을 보는 도(道), 기물을 사용하는 도(道)이기도 하다. 매일 누구나 각종의 기물들을 사용하지만 무엇을 사용하는지, 어떻게 사용하는지가 중요하다. 다구의 종류 또한 각양각색이고 사용하는 방법도 가지가지이다. 마땅히 사용해야 할 다구를 맞게 사용하고 있는지에 마음을 기울이는 이가 있는가 하면, 어떻게 사용하든 신경을 쓰지 않는 이도 있다. 다구는 선택과 사용에 따라 그 진가가 살아나기도 하고 무용지물이 되기도 한다. 잘못 사용하면 오히려 사용하지 않는 것만 못한 것이다. 사용할 만한 사람이 여법하게 사용할 때에 다구의 진가가 살아난다.

다구는 화려하지 않아 무난하고 평안해야 한다. 그저 평이하고 솔직하며, 검소하고, 간단·무사(無事)하며 조작과 기교의 작의성이 없는 것이어야 한다. 또한 공예적인 면을 떠난 다도는 다도라 할 수 없다. 공예에서 아름다움을 보고, 아름다움으로 공예를 보는 것에 다도의 특성이 있기에, 다도를 공예의 미학[86]이라 하고 아름다움[美]의 종교[87]라고 한다.

사계절의 추이, 조석의 변화, 다실의 구조, 기물의 특성, 손님의 성향, 모임의 성격 등 시절인연에 적합하게 다구를 선택해 예를 다한 다도, 아름다움의 법칙[88]으로 실행되는 다도가 되도록 해야 한다. 그러나 다도가 이러한 법식으로만 끝나는 것은 더욱 아니다. 그 법식의 정신이 궁극에 이르지 못하면 다도라 할 수 없다. 아무리 좋은 도구가 있

---

86) 야나기 무네요시 저, 김순희 역, 『다도와 일본의 미』(한림대학교 한림과학원 일본학연구소, 1995), p.36. 야나기 무네요시 저, 정성본 옮김, 『다도논집』(세미나 자료, 2009), pp.5~11.
87) 위의 책, p.38.
88) 위의 책, p.40. 야나기 무네요시 저, 정성본 옮김, 『다도논집』(세미나 자료, 2009), pp.52~58.

다 해도 그것만으로는 다기가 되지 못한다. 다도는 사물의 가르침으로부터 마음의 가르침으로 나아간다. 그런데 마음 없이 사물이 살아날 수는 없으므로, 좋은 사물을 가지고 있는 것과 좋은 마음을 가지고 있는 것이 하나를 이루어야 한다. [89]

『선다록』 4장은 '선다(禪茶)에서 사용하는 다기(茶器)'라는 제목으로 다구에 대해 다음과 같이 주장하고 있다.

> 선의 다도에서 사용되는 다구의 기물(器物)은 반드시 아름다운 다구(美器)도 아니고, 진귀한 다구(珍器)도 아니고, 값비싼 다구(寶器)도 아니며, 오래된 골동품의 다구(舊器)도 아니다.
> 일체의 번뇌 망념을 텅 비우고 걸림 없이 자성이 청정(圓虛淸淨)[90]한 일심을 다구의 용기로 삼는다. 이 일심 청정을 선다의 다기(茶器)로 삼아 다도를 실행하는 것이 선기(禪機)의 차(茶)가 된다.
> 유명한 다구(名物, 唐物 혹은 고려·조선의 다기 등)라고 세상에서 감상(賞玩)하는 다기는 그다지 존귀한 다기라고 할 수 없다. 왜냐하면 차 한잔을 마시는 데 값을 정할 수 없는 비싼 다기(茶器)[91]를 구입하여, 벽장 속에 소중히 간직하고 보물이라고 여기는 것은 다도를 실

---

89) 야나기 무네요시 저, 구마쿠라 이사오 엮음, 김순희 옮김, 『다도와 일본의 미』(한림대학교 한림과학원 일본학연구소, 1995), p.37. "마음이 진실하지 않으면 사물도 진실할 수 없으므로 마음과 사물이 하나가 되어야 한다."

90) 원허청정의 원허는 평안하고 공허하여 일체의 장애가 없는 것이며, 청정은 깨끗하여 더러움이 없고 일체의 번뇌 사심이 없는 것을 말한다. 여기서는 일심 즉 유일진심(唯一眞心), 미오(迷悟)를 초월한 절대심, 깨달음의 묘심의 내용을 형용한 말이다.

91) 가치 없는 다기. 여기서는 정신적·종교적으로 무의미하다는 뜻을 내포한다. 즉 세상에서 상완(賞玩)하는 입장과 다른 견해를 가지고 평가하고 있다.

행하는 일에는 전혀 이득이 없는 것이기 때문이다.

소인(小人)이 간직하는 보물과 보배[92]는 가끔 재해를 초래하는 매개가 되곤 한다. 『노자』에서는 "얻기 어려운 보물을 귀하게 여기지 말라. 서민들로 하여금 도둑이 되게 하지 말라(不貴難得之貨 使民不爲盜)"[93]라고 말한다.

대저 기물[다구]에 대하여 좋고 나쁨[善惡]을 논해서는 안 된다. 선악의 두 가지 사견(邪見)을 끊어 버리고, 본래 그대로의 진실한 본래 모습[實相, 眞如]인 청정한 그릇[94]을 자신의 마음에서 체득할 수가 있어야 한다.

무릇 일심의 다기[器]는 사람이 조작심을 가지고 작위적으로 억지로 만든 그릇[陶鑄]이나 물건이 아니며, 천지자연의 다기[器]라면 음양, 일월, 삼라만상(森羅萬象), 백계천여(百界千如)[95]도 똑같은 도리를 구족하여 밝고 밝게[亮朗] 비추는 달빛과 같다.

일심의 다기는 번뇌 망념이 텅 비어 신령스럽고 지혜 작용이 몽매

---

92) 소인이 지니는 보배[小人懷貨]에서 소인은 덕이 없는 자, 천한 자를 가리킨다. 덕이 없는 자가 보물을 지니면 기다리고 있었다는 듯이 재해가 닥치게 될 것이니, 도리어 몸에 지니지 말라는 격언이다. 좌전(左傳)에 "匹夫無罪, 懷璧其罪"라는 글이 있다.

93) 『노자』 상편 불상현 장(不尙賢 章) 제3에 나오는 어구이다. "얻기 힘든 보물은 애지중지하지 않는 것이 좋다. 윗자리에 있는 사람이 여러 가지 진귀한 보물을 진열하여 애완하는 것을 보고 서민들까지 배워서 그것을 탐내다가 마침내 손에 못 넣으면 도둑질까지 하게 된다"라는 노자일류의 사상이다.

94) 실상 청정(實相 淸淨)의 기(器). '실상'은 불교어로 생멸유전의 상을 여읜 만유의 진실상이라는 뜻이며, 또한 진여의 본체를 말한다. 그러므로 실상 청정의 기란 앞서 언급한 "원허청정의 일심으로서 기(器)를 삼는다"라는 옛말과 같은 뜻이다.

95) 백계천여에서 백계란, 천태종에서 지옥·아귀·축생·수라·인간·천상·성문·연각·보살·불의 십계는 고립되는 일 없이 각각 그 하나하나에 또한 십계를 갖고 있다고 하므로 십계에 십을 곱해서 백계라 한다. 더욱이 이 백계는 각 십여시(十如是)의 상을 가지고 있다고 하며 여기에 십을 곱해서 천여라 하는데 이를 우주만법의 총칭으로 삼는다.

하지 않은〔虛靈不昧〕[96] 불심이다. 그런데 각자 스스로 '나'라는 자아의
식의 아상에 사로잡혀서 번뇌〔煩惱〕[97] 망념의 구름을 일으켜 진여(眞
如)[98] 자성의 빛을 가리고, 색·성·향·미·촉의 다섯 가지 번뇌의 티끌
〔五塵〕[99]에 물들어 제멋대로 감정의 욕망〔情欲〕을 일으키며, 탐욕, 성
냄 어리석음〔貪瞋痴〕의 삼독심(三毒心)[100]이 발동하게 된다. 그러면 일
심의 청정이 마침내 변하여 삼독(三毒)의 그릇〔器〕이 되어 버린다.

그리하여 세속의 중생은 공겁[101] 이래로 다섯 가지의 혼탁한 더러
움〔五濁〕[102]에 더럽혀져〔穢着〕,[103] 자기 성품의 그릇이 거칠고 추악함

---

96) 허령불매(虛靈不昧)란 모양과 소리도 없이 공하고도 영묘한 지혜 작용을 확실히 갖추고 있
는 것이다. 고래부터 불심, 불성의 영묘성을 비유할 때 거울이나 옥의 명조성(明照性)이
사용되고 있다.

97) 번뇌는 모두 주아(主我)의 사정(私情)에 의해 일어나는 나쁜 경향의 마음 작용이다. 즉 목
전의 고락 속에서 헤매며 육욕〔貪〕, 격정〔瞋〕, 우치〔痴〕 등으로 마음의 동요가 찾아와 심
신을 혹란케 하는 작용을 말한다.

98) 진여란 우주의 만물에 편만해 있는 상주 불변의 본체를 가리킨다. 위망(僞妄)이 아닌 진실
이라는 뜻과 개변(改變) 없는 여상(如常)이라는 뜻을 합쳐서 진여라 하며, 주관적으로는
자성, 본성, 법성, 불심 등이라 한다. 내용상으로는 동의어로 보아야 한다.

99) 오진(五塵)이란 일체의 대상 경계를 말한다. 즉 색·성·향·미·촉의 5경을 말한다. 이 5종
의 의식의 대상 경계는 진여 자성〔眞性〕을 가려서 더럽히고 번뇌를 일으키게 하므로 진〔먼
지, 티끌〕이라 한다.

100) 탐〔육체적 욕망〕·진〔감정적 격동〕·치〔지성적 무명〕의 세 가지 번뇌를 삼독 또는 근본 번
뇌라 한다. 『법계차제(法界次第)』 상권에서는 "독은 짐독(鴆毒)을 말하며 혹은 출세의 선
심을 파괴하기 때문에"라고 주장하고 있다.

101) 겁은 무한 원대의 긴 세월〔長時〕을 말한다. 공겁(空劫)이란 성겁(成劫), 주겁(住劫), 괴
겁(壞劫), 공겁(空劫) 중의 하나로, 세계 괴멸기를 가리키는 괴겁의 뒤에 세계는 완전 공
무(空無)로 돌아가고 다시 다음 세계 성립기, 즉 성겁에 이르기까지의 중간의 20중겁(中
劫) 사이를 말한다.

102) 오탁(五濁)이란 오욕(五慾), 오재(五滓), 오혼(五渾)이라고도 하며 악세에서의 겁탁(劫
濁), 견탁(見濁), 번뇌탁(煩惱濁), 중생탁(衆生濁), 명탁(命濁)의 다섯 가지 오염된 것을
말한다.

103) 예착(穢着)이란 마음이 더러워지는 것이다. '착'은 여기서는 동작의 의미를 강하게 만드는
조사의 역할을 한다.

〔麤惡〕을 깨닫지 못하고 진실을 알지 못하는 무지(無知) 무명(無明)[104]에 사로잡히게 된다. 무지 무명으로, 좋다〔善〕고 하며 뽐내지만 진실로 좋은 것〔善〕이 아니다.

『노자』 제2장에서는 또 "천하의 모든 사람이 모두 아름다움〔美〕을 아름답다〔美〕고 인정하는 데서 아름답지 않다〔不美〕는 관념이 생기며, 마찬가지로 좋은 것〔善〕을 좋다〔善〕고 인정하는 거기에서 좋지 않다〔不善〕는 관념이 생긴다(天下皆 知美之爲美 斯惡已 知善之爲善 斯不善已)"[105]라고 했다.

이것은 비유하자면, 어떤 향의 향기에 젖어 있는 사람은 그 향의 향기를 정확하게 잘 분간하지 못하는 것과 같다. 마찬가지로 중생은 어디로 가든지 자신이 가는 곳이 모두 악취(惡趣)이기 때문에 오로지 선의 다도의 오묘한 지혜 작용〔巧用〕으로 오염된 중생심의 나쁜 그릇〔穢器〕은 버리고 본래 청정한 그릇〔器〕으로 바꾸어 활용해야 한다.

『법화경』에 "지혜 작용의 힘〔力〕은 바로 좋은 그릇을 잘 쓸 수 있는 능력에 있다(力是堪受善器也)"[106]라고 되어 있다. 그러므로 힘써

---

104) 무명이란 불교에서는 불법의 진실〔眞理〕을 깨달아 파악하는 지혜〔明智〕가 없음을 이르기도 하고, 또는 진리에 모순되어 무지함을 말하기도 한다.

105) 미(美)란 아름다운 것·어여쁜 것이며, 악(惡)이란 보기 흉한 것·더러운 것이다. 천하에 오직 아름다운 것만 있고 악이 없다면 아무도 미라는 말을 모를 것이다. 비교·대조되어야 비로소 미의 미다운 점을 알 수 있다. 즉 악이 작용해야 비로소 미의 미다운 점을 알 수 있다. 그와 마찬가지로 불선(不善)이 대조되어야 비로소 선(善)의 선다운 점이 모두에게 알려지는 것이다. 즉 무차별 속에 빠져 있으면 진실한 것을 알 수 없으므로 대조 없이 미추나 선·불선을 말해 봤자 의미가 없다는 뜻이다.

106) 『卍續藏經』, 第47套, 第1冊, 46丁. 『법화경』에서 인용한 글이라고 되어 있으나 『법화경』에 있는 말은 아닌 것 같다. 『법화경 입소(入疏)』(송, 도위, 입주), 『법화경』 「방편품」 제2 가운데 "唯佛與佛 乃能究盡 諸法實相 所謂諸法 如是相 如是性 如是體 如是力 如是作 如是因 如是緣 如是果 如是報 如是本末究竟等"이라는 본문이 있는데, '如是力'

수행하면 하근기(下根機)의 수행자도 반드시 좋은 그릇(善器)을 수용할 수 있을 것이며, 설사 성취하지 못한다고 할지라도 선다(禪茶)의 문에 들어서면 결국에는 좋은 그릇(善器)이 될 수 있는 것이다.

『공자가어』[107]에 "훌륭한 사람과 함께 동행하는 것은 안개나 이슬이 있는 길을 걷는 것과 같아서 비록 옷에 습기가 없을지라도 수시로 습기가 스며들게 되는 것과 같다. 무식한 사람과 함께 동행하는 것은 화장실에 앉아 있는 것과 같아서 비록 옷이 오염되지 않을지라도 때때로 악취가 나는 것이다. 나쁜 사람과 함께 동행하면 칼 위를 걸어가는 것과 같아서 비록 칼이 사람을 손상시키지는 않지만 때때로 두려운 공포심이 있는 것이다(與好人同行 如霧露中行 雖不濕衣 時時滋潤 與無識同行 如厠中居 雖不汚衣 時時聞臭 與惡人同行 如劍中行 雖不傷人 時驚恐)"[108]라고 되어 있다. 조금이라도 나쁜 길(惡道)에 의거해서는 안 된다.

원인(因)은 반드시 결과(果)에 이르게 되는 것이 습관적인 것이므로, 악을 따르면 나쁜 곳(惡所)으로 나아가고, 선을 좋아하면 좋은 곳(善所)으로 나아가는 것이 도리이다.

오로지 대도를 이루도록 용맹심(勇猛心)을 일으켜서[奮起] 간절하

의 구를 주석한 것 중에 "人天堪任善器受樂, 爲人天力也"라고 되어 있는 구절을 인용한 것이라고 생각한다.

107) 공자의 언행, 공자와 그 문인들이 문답한 이야기를 집록(輯錄)한 것이다. 10권으로 돼 있으며 저자는 불명이다.

108) 이 문장은 '가어(家語)에'라는 식으로 인용되어 있는데, 『공자가어』에 있는 문장과 문의는 내용이 같지만 어구는 다음과 같이 상당히 다른 것 같다. "선인과 함께 있는 것은 난초가 있는 방(芝蘭之室)에 들어간 것과 같아서 오래 지나면 그 난초의 향을 분간하지 못하고 곧바로 이에 동화된다. 불선인과 함께 있는 것은 생선가게에 들어간 것과 같아 오래 되면 그 냄새를 분간하지 못하고 역시 이에 동화된다. 붉은색 속에 넣어둔 것은 붉고, 검은색 속에 넣어둔 것은 검다. 이로써 군자는 반드시 더불어 있는 사람을 조심해야 한다."

게 선의 다도 공부를 수행해야 한다. 선의 다도를 성취하는 것은 천지와 하나 되어[同一] 지혜 광명을 원만하게 두루 비추[圓照]는 청정(淸淨)한[109] 일심을 보배로운 다기[寶器]로 삼아야 한다. 이 일심이 선다의 도구[器]이다. 오래된 옛날 명품 도자기 그릇[古甌陳器]이 대단히 진기하고 귀중한[奇玩] 것이라고 한다면 그것이 어찌 참된 보배가 될 수가 있겠는가.[110]

이상의 견해에 대해 야나기 무네요시는 다음과 같이 자신의 입장을 주장하고 있다.

자쿠안 소다쿠 선사는 이것을 '일심의 다기'라고 한다. 선승 또는 선의 다도 수행에 뜻을 둔 사람에게 도구란 '작위적으로 잘 만들어진 그릇[作爲陶鑄]'[111]이 아니라 '천지자연의 기(器)', '허령불매(虛靈不昧)[112]의 불심'을 말하는 것이다. 그는 "옛날의 진기한 주발을 완상한들 무슨 보물이 되겠는가?"라며 그릇은 물건이 아니라 자기의 본심이라고 강조하였다. 따라서 기물(器物)로서의 다구를 '예기(穢器; 번뇌 망념으로 오염된 다기)'라고도 했다. 오로지 선의 다도를 실행하는 데 필요한 것으로 "예기를 버리고 본래 청정한 그릇으로 바꾸고 싶다"고 하였으며

---

109) 천지동일은 천지와 뿌리를 같이하는 만물이 일체라는 뜻이며, 자타대소를 초월한 경지를 가리키고, 원조청정(圓照淸淨)은 원만하게 비추어 장애가 없고 청순 정백(淨白)한 더러움이 없는 경지를 말하는데, 이 모두가 유일 진심, 즉 묘오(妙悟)의 심지를 형용한 성어이다.
110) 자쿠안 소다쿠(寂庵宗澤) 저, 정성본 옮김, 『선다록』(세미나 자료, 2009), pp.11~14.
111) 다음과 같은 두 가지 뜻이 있다. ①금속을 불림. ②도기를 굽고 금속을 불리듯이 스승이 제자의 재능을 육성함. 도주. 도야(陶冶).
112) 주희의 「대학장구(大學章句)」에서 천(天)으로부터 받은 본체는 공적하여 욕심에 흐려지는 일 없이, 거울처럼 모든 사물을 밝게 비춘다.

또 "그러므로 열심히 수행하면 하근기(下根機) 수행자도 반드시 선기(善器)를 받을 수 있다"고 하였다. 여기서 선기(善器; 훌륭한 다기)란 본래 청정한 '일심의 그릇(器)'을 말하는 것이다. 이것이야말로 '보기(寶器; 보배의 그릇)' 또는 '선다의 기(器)'라 하였다.

다인이라 불리는 사람들이 소위 명기 진기를 자랑하고, 그것을 탐하고, 그것에 사로잡혀서 본래의 다도 정신을 잃어버렸을 때 자쿠안 소다쿠 선사의 이러한 말들은 다시 청정한 일심의 다도로 돌아가도록 하는 적절한 충고가 될 수 있다. 물건에 집착하여 마음을 잃어버린다면 그것은 본말이 전도된 것이다. 그런 방법으로는 다도(茶道)에 이를 수 없다. 그렇기 때문에 자쿠안 소다쿠 선사의 다음과 같은 말은 길이 빛난다.

> 그러므로 붓다의 가르침은 마음이 움직이는 것을 첫 번째 파계(破戒)로 삼기 때문에, (…) 선도(禪道)를 가지고 마음을 움직이기에 삿된 법(邪法)이 생긴다. 이처럼 이 마음을 움직이는 것은 모두 목적을 추구하는 나쁜 취향(惡趣)의 원인이다. [113]

선도(禪道)로써도 마음을 움직이게 하지 말라는 말에 천금의 무게가 있다. 물건에 집착하고 일에 집착하여 마음을 혼란스럽게 만드는 것은 선의 다도와 멀다. 다기의 좋고 나쁨에 집착하고 취향에 집착하는 다인이 많은 것을 한탄하며, 진정한 다기는 마음에 있는 것이지 물건에 있는 것이 아니라고 정면에서 설하고 있는 것은 그러한 의미에서이다.

---

113) 자쿠안 소다쿠(寂庵宗澤) 저, 정성본 옮김, 『선다록』(세미나 자료, 2009), p.9.

하지만 자쿠안 소다쿠 선사처럼 도구를 단지 마음 안에서만 추구하는 것이 바른 것일까? 청정한 일심으로 돌아가기만 하면 어떤 도구를 사용하든 상관없다는 것인가? 도구를 가리지 않고 단지 그것을 사용하여 삼매에 들기만 하면 그것으로 좋다는 말인가? 생각해 보면, 깨달음을 얻으면 행주좌와가 바로 선경(禪境)이고, 수석과 초목이 바로 선계(禪界)라고 할 수 있기 때문에 어떤 도구든 사용하여 삼매에 들기만 하면 선의 다도의 마음이 일어난다고도 할 수 있다. 이러한 의미에서 자쿠안 소다쿠 선사는 "대개 차의 본뜻은 도구의 좋고 나쁨을 가리지 않는다"라고 분명히 말하고 있다. 그렇다면 어떤 오염된 예기(穢器)라도 마음의 본성을 파악하기만 한다면 아름다운 다기(美器)가 된다는 것일까?

선(禪)과 선의 다도(禪茶)는 자연히 그 의미가 다르다. 말할 필요도 없이 후자는 선에 차를 결부시킨 것이다. 그러면 어디에 그 차이가 있는 것일까? 여러 가지가 있겠지만 반드시 다구를 매개로 한다는 점이 차의 큰 특색이라고 생각한다. 차는 다구를 매개로 하는 이상, 그 다구가 무엇이건 상관없다고는 할 수 없다. 자쿠안 소다쿠 선사의 말은 단지 마음을 잃어버리고 사물에 집착하는 것을 경계하기 위한 것이 아닐까? 마음의 청정을 추구하는 것처럼 다구에서도 청정을 추구해야 마땅하지 않겠는가? 다구 또한 마음을 나타내는 것이라 한다면, 다구가 무엇이든 상관없다는 말은 차마 할 수 없을 것이다.

단순히 즐겨 마시는 차가 다도로 발전하게 된 것은 다구의 아름다움이 그것을 다사(茶事)에 사용하고 싶은 마음을 일깨웠기 때문이라고 생각한다. 일반적으로 생각할 때 찻잔이란 단순히 차를 마시기 위해 필요한 물건이다. 그것은 물론 음다(飮茶)의 경우에 그러하다. 그러나 차를 마시기 위해 낸 찻잔의 아름다움은 다심(茶心)을 한층 북돋워 이것이 곧 다사를 초래하였을 것이다. 결국 다기에 대한 애정이 음다의 생활을 다도로 발전시킨 것이라고 해도 과언이 아니다.

다도에서 아름다운 다기를 요구하는 것은 불법에서 청정심과 아집이 서로 일치할 수 없다고 하는 것과 같은 이치이다. 즉 기물의 아름다움을 추구하는 것은 마음의 청정을 추구하는 것과 같다. 마음과 기물이 청정함(淨)과 아름다움(美)으로 상응할 때 비로소 진정한 선의 다도(禪茶)라 할 것이다. 그러므로 "단지 청정한 일심만 갖추어진다면 기물로서의 다기는 어떤 것이든 좋다"고는 말할 수 없다. 사람의 본분과 그릇의 본분이 하나가 되어야 하는 것이다.

선은 신심의 세계이고, 차는 미의 세계에 속한다. 신심과 미는 궁극적으로 불이(不二)이지만, 현상에서는 구별된다. 선과 차 또한 마찬가지다. 차가 미의 세계에 속하는 이상 모든 다기는 당연히 미기(美器; 성스러움의 가치가 포함된 품격 있는 그릇)여야 한다. 마음의 다기(心器)는 품격 있는 미기와 서로 상응하여야 더욱 심기가 될 수 있기 때문이다. 또한 미기는 심기와 불이가 되어야 더욱 미기가 된다.

다시 말해서 다도는 '선(禪)의 차(茶)'가 되어야 마땅하지만 동시에 '차(茶)의 선(禪)'이 되지 않으면 안 된다. 다인이 마음의 심오함을 추구하는 것처럼 사물에서도 깊이를 추구해야 하는 것은, 다도에서는 항상 사물을 매개로 하여 마음이 나타나고 마음을 통해서 사물이 살아 움직이기 때문이다. 그러므로 다도를 실행하는 일에서는 바른 그릇, 아름다운 그릇, 청정함을 지닌 그릇이 큰 역할을 한다.

『선다록』에서는 왜 일체를 마음의 문제로 취급하는 것일까? 어째서 마음이 사물에 즉응한다는 사실을 다루지 않는 것일까? 어째서 마음과 사물을 둘로 나누는 것일까? 왜 마음의 청정함을 사물의 아름다움으로 보지 않는 것일까? 또한 왜 사물의 아름다움을 마음의 청정함으로 느끼지 않는 것일까? 사물에 즉응한 마음, 마음에 즉응한 사물을 보지 않으면 차의 본연을 이해한다고 할 수 없다. 따라서 자쿠안 소다쿠 선사가 『선다록』에서 "선다의 기물은 아름다운 그릇에 있지 않다"고 하면서, 오로지 마음속에만 다기가 존재한다고 주장하는 것은 단지 한 면만 보고 있는 것이다. 모든 문제를 본심의 문제로 집약하는 것은 사물에 대한 견해와 안목이 약하기 때문이 아니겠는가? 아마도 그가 선(禪)적인 관점에서 다도를 보는 데에는 예리하지만, 다도의 관점에서 선을 보는 것에는 우둔한 것이 아닐까 싶다. 그러나 다도가 아름다운 그릇에 대한 놀라움에서 출발하고 있다는 점을 돌이켜 보면, 자쿠안 소다쿠 선사에게서 번득이는 안목을 볼 수 없다는 점은 자못 안타깝다.

이상에서 살펴본 것처럼, '선의 다도〔禪茶〕'인 이상 선은 신심, 다도는 미와 연결된다. 신즉미(信卽美; 신심이 바로 아름다움)야말로 다도의 진면목이라 할 수 있다. 그러면 다도에서 말하는 품격 있는 다기란 어떤 것인가? 다기에서 말하는 아름다움이란 어떤 성질을 말하는가? 그것은 반드시 선의 다기〔禪茶器〕라고 부를 만한 독특한 특질을 가지고 있어야 한다. 다기의 아름다움은 선(禪)을 구체적으로 표현한 아름다움이라 할 것이다.

다기에 구체적으로 표현된 선(禪)의 아름다움이란 무엇인가? 다기가 아름다워지는 때는, 인간의 경우와 마찬가지로 '본유의 미' 즉 본래 구족하고 있는 아름다움이 발현되는 때이다. '본유의 미'란 무엇인가?

어떤 경우에 본래 가지고 있는 아름다움이 나타나게 되는 것인가? 작자의 마음이 주객이나 자타, 선악과 같은 이원적인 사고에 얽매이지 않은 상태에서 만들어진 물건은, 작자의 근원적인 마음의 지혜 작용을 통해 본유(本有)의 아름다움으로 빛나게 된다. 그릇에 이러한 본유의 아름다움이 나타날 때 우리들은 거기서 다기로서의 품위를 발견한다. 이러한 것을 '자유의 미', '무애(無碍)의 미', '무잡(無雜)의 미' 또는 '무사(無事)의 미'라 불러도 좋다. 또한 '본분(本分)의 미' 또는 '자성(自性)의 미'라고 이름 붙일 수도 있다. 사물의 미추는 이 본성을 얼마만큼 살리고 있는가에 따라 결정된다. 추한 것은 필경, 이원적 개념의 갈등에 사로잡힌 부자유를 드러낸 것이라 할 수 있다.

아름다운 다기의 성질을 예를 통해 음미해 보자. 아름다운 다기란 말할 필요도 없이 '본유의 미'로 빛나는 다기를 가리킨다. 여기서 누구나 잘 알고 있는 '이도(井戸)'다완[114]을 예로 드는 것이 편리할 것이다.

---

114) 일본의 국보인 이도다완(井戸茶碗)은 15세기 말에서 16세기 초 청자에서 백자로 넘어가는 과도기에 등장한 찻그릇으로서, 조선 초기 경상남도 지방에서 생산되었던 분청사기의 백가쟁명 시기에 피워낸 꽃이라 할 수 있는 담금분청발(鉢)이다. 임진왜란 당시 왜군들이 우리나라의 도공들과 함께 많은 찻사발을 약탈해 갔다. '이도'라는 명칭은 형태적으로 그릇 안쪽 중앙에 옴폭 파인 부분이 차를 타서 마실 때 깊은 우물을 연상시킨다고 하여 1578년 10월 25일 야부노우치 종화회(籔內宗和會)에서 그렇게 칭했으며, 사발이 있던 동네 앞에 우물이 있었다고 해서 정호라 했다거나 처음 이 사발을 가지고 있었던 사람의 성씨(姓氏)가 이도(井戸)여서 정호다완(井戸茶碗)이라고 했다고도 하는 등 일본인들에 의해 붙여진 이름이다. 하야시 세이조의 제기설(祭器說), 야나기 무네요시의 잡기설(雜器說) 등이 있다. 우리나라에서는 막사발, 찻사발, 제기, 불기(佛器) 등 용도에 따라 다른 명칭으로 불리는데, 전에도 다기로 만들었다는 견해가 있었지만 요즘 들어 만들어진 당시부터 가루차용 찻사발이었다는 주장으로 더욱 기울고 있다. 이러한 사발은 일본으로 건너가, 1588년 센 리큐의 수제자인 야마노우 에쇼지(山上宗二)는 "이도다완은 천하제일의 고려다완이다(井戸茶碗是天下一之高麗茶碗)"라고 극찬했으며 국보로 지정되어 현대에 이르기까지 와비차 최고의 차 도구로 꼽히며 지금까지도 많은 이들의 사랑을 받고 있다.

이도다완(井戸茶碗)은 어째서 아름다운가? 어떻게 해서 아름답게 만들어졌는가? 왜 그것이 아름다운 그릇의 다기로 선택된 것인가?

첫째, 본래부터 무엇이 진정으로 깊은 아름다움인가를 꿰뚫어 보는 안목이 다인들에게 있었던 것이다. 그것도 이름난 물건에서 아름다움을 확인한 것이 아니라 이름도 없는 물건에서 아름다움을 발견했다. 더구나 회화나 조각의 아름다움을 확인한 것이 아니고, 실용품이라는 이유로 하찮게 보는 공예품, 그중에서도 일반 서민들이 사용하는 가장 싸고 흔한 그릇(民器) 중에서 품격 있는 다기를 발견한 것이다. 말하자면 가장 낮은 계층인 서민들의 공예품 중에서 가장 높은 품격의 그릇을 찾아낸 것이니, 가히 다인의 안목이라 하지 않을 수 없다. 여기에서 다례의 현저한 발전이 있었고, 마침내 이것이 다도의 문화로까지 성숙하게 되었다.

안목이 있는 다인들은 이도다완에서 무엇을 보았으며, 어떤 아름다움을 느꼈던 것일까? 어쩌면 그들은 그 아름다움을 분명히 의식하지는 않았을지도 모른다. 정면에서 직관했기 때문이다. 그 직관으로 무엇을 예리하게 보았던 것일까? 우리는 다음과 같은 것을 알 수 있다.

원래 이도다완은 조선에서 서민들이 밥그릇으로 쓰기 위해 만들었던 값싼 잡기이다. 이 그릇을 만든 사람은 당시의 천민으로서 밥그릇에 특별한 가치 따위는 느끼지도 않았을 것이다. 감상하기 위한 것도 아니고, 전시를 하기 위한 것도 아니었으며, 명예를 얻기 위한 물건은 더욱 아니었다. 귀중한 것도 희유(稀有)한 것도 아닌 지극히 평범하고 흔한 그릇(기물)에 지나지 않았다. 그러나 이도다완은 아름다움에 집착해 본 경험이 전혀 없던 사람들이 의식의 번뇌 없이 만든 물건, 즉 만드는 자의 마음과 만들어지는 물건이라는 이원적인 개념으로부터 벗어나 있는 물건이라는 점에 그 의의가 있다. 빨리, 많이 만들어야 하는 값싼 그릇〔기물〕이었기 때문에 이도다완은 언제나 조작 없이 만들어졌다.

그러니 이도다완에 어떤 아름다움이 있다고 하더라도 그것은 자연히 그렇게 된 것으로, 작위(作爲)와는 거리가 멀었다. 그릇에서 아무리 풍취가 넘쳐흐른다 해도 그것은 결코 취향 따위에서 의도된 것이 아니었으며, 추함을 염려하며 만들어진 물건도 아니었다. 따라서 이도다완의 미란, 이를테면 '무조작(無造作)'의 미라 할 수 있다. '무조작'이라는 말에는 조작을 하지 않는다는 의미만 있는 것이 아니다. 실로 그 무조작에도 집착하지 않는다는 의미이다. 이도다완은 무조작이 좋은 것이라고 생각해서 만들어진 것이 아니다. 만약 그렇게 생각한다면 그 무조작 또한 새로운 조작이 되어 버린다. 진정한 무조작이 '조작'과 '무조작'이라는 개념을 초월한 곳에 있는 것처럼, 이도다완의 의미 또한 그러하다.

볼 만한 이도다완으로는 카이라기(梅花皮; 鹹)[115]를 들 수 있는데, 카이라기는 그저 깎은 흔적이 그렇게 된 것일 뿐, 일부러 궁리하여 그렇게 깎은 것이 아니다. 그러한 아름답고 추함(美醜)의 문제 따위는 처음부터 존재하지 않는다. 바로 이러한 사실 때문에 다기에서 볼거리가 생겨나고 무한한 아취(雅趣)가 풍겨지는 것이다. '작위인가 자연인가', 이것이 아름다운 찻잔이 되느냐 마느냐의 기준이 된다. 거기에 나타나는 아름다움은 '추함'에 대립하는 아름다움이 아니다. 아름다운 다기

---

115) 카이라기는 본래 도검의 자루나 칼집을 장식하는 울퉁불퉁한 용상어〔鹹〕의 가죽처럼 다완의 유약이 뭉쳐지면서 그 주위에는 유약이 엷거나 묻어 있지 않아 도자기의 살이 광택이 줄거나 거칠게 되고 혹은 주름이 진 것을 말한다. 매화나무 껍질과 비슷하다고 해서 매화피라고도 한다.

는 미추 이전의 것, 미추라는 분별심이 생기기 전의 것이다.

이도다완의 미는 세간에서 말하는 미·추의 상대적인 '미(美)'가 아니라 절대적인 미이다. 지극히 있는 그대로의 것, 솔직한 것, 자연스러운 것, 당연한 것, 보통인 것, 평범한 것, 무사(無事)인 것이 절대적인 미의 특성이다. 아름다움에 집착한 흔적도 없고, 추함을 꺼려한 흔적도 없다. 즉 이원적인 대립이 어디에도 없다. 그러한 분별심이 생기기도 전에 이미 만들어져 버린 것이다. 이것이 바로 이도다완의 본성이다. 불가사의하고 묘한 일은 이름도 없는 가난한 조선의 도공이 볼품없는 밥그릇을 만들었을 때, 그 도공의 마음이 절로 자아의식과 번뇌 망념의 일이 없이 무심(無心)·무사(無事)이고, 무애(無碍) 자재한 경지였다는 사실이다. 그것은 자아의식과 의식의 대상 경계를 텅 비운 '무(無)', 즉 무의식의 지혜 작용이 그들의 작업세계에 생생하게 살아 있었기 때문이다.

여기까지의 설명으로도 이도다완이 얼마나 자연스럽게 만들어진 그릇인가를 알 수 있다. 거기에는 무애(無碍)의 미가 있다. 이 이상의 깊이를 지닌 아름다움이 있을 수 있겠는가? 바로 이러한 사실을 직관으로 꿰뚫어 보고 다기로 선택한 것이 다인들이었다. 이도다완은 다인들에게 가까이 두고 직접 그것과 교류하고 싶은 희망을 불러일으켰다. 그리고 이것이 다도를 실행하는 일의 시작이었다. 안목을 가진 이 없이, 무애의 그릇 없이 어떻게 다도가 실행될 수 있었겠는가?

다만 무애의 그릇에 숨겨진 뜻을 이해한다면 다인 스스로도 또 무애의 마음을 체득하지 않으면 안 된다. 여기서 차가 선의 차(禪茶)가 되어야 함을 요구한다. 아무리 안목이 있고 좋은 다기가 있어도 그것만으로는 진정한 다도가 되지 않는다. 반대로 무애(無碍)의 마음을 체득하였다고 해도 무애의 다기가 없으면 이것 또한 진정한 다도가 될 수 없다. 그 둘이 상응할 때에만 다도(茶道)는 가능하다.

차의 아름다움을 말할 때에는 항상 시부사〔시부삽(澁)〕[116]나, 와비(侘)[117]라는 말이 쓰인다. 이도다완은 어떠한 면에서 시부사를 띠고 있을까? 알려진 바와 같이 모든 이도다완은 한 가지 색의 무지(無地)로서 무늬가 없다. 왜 무지로 만들어졌을까? 특별한 의미가 있어서가 아니라 그냥 값싼 물건이었기 때문에 그랬을 것이다. 무지는 가난함으로써 스스로 초래한 모습이다. 이것을 '청빈(淸貧)의 미'라 부를 수 있다. 어떻게 보면 이도다완은 값싼 물건이기 때문에 필연적으로 이러한 아름다움을 지니게 된 것이다. 아무것도 없는 그대로의 모습이 바로 무지(無地)이지만, 이 '무(無)'야말로 동양의 대단한 철학이 아닌가? 본래부터 여기서 말하는 무(無)는 단지 유(有)를 부정하는 무가 아니며, 무에 집착하는 무도 결코 아니다. 그러므로 유에 대한 무와는 완전히 다를 뿐만 아니라 오히려 일체를 포함하는 무라고 할 수 있다. 이도다완을 알아보는 자라면 바로 그 무지에서 무한한 경치가 나타나는 것을 잘 알고 있을 것이다. 만약 무지가 아니었다면 이렇게 많은 유(有)를 포함할 수는 없다. 소동파의 백지찬(白紙讚)에서 그림 없는 하얀 비단은 무궁무진한 일체의 그림을 다 지니고 있다는 의미로, "아무 것도 없이 텅 빈 가운데 무진장 많은 것이 내장되어 있다(無一物中無盡藏)"고 읊고 있

---

116) '떫다', '떫은 맛'이라는 뜻 외에 '수수하면서도 깊은 맛이 있다', '차분하다', '구성지다'라는 뜻이 있다.
117) 이런저런 걱정이나 수심을 뜻한다. 또한 조용한 생활의 정취를 즐긴다는 뜻과 함께 미적 이념의 한 가지로서 간소함 속에서 발견되는 맑고 한적한 정취라는 뜻도 있다.

듯, 무지는 자체의 고정된 색깔을 지니고 있지 않을 뿐만 아니라, 일체의 색깔의 근원이며 근본이다. 본래의 근원은 일체의 색깔과 빛을 포용함과 동시에 일체의 색깔과 빛을 무한하게 전개하며 자유자재로 변화하고 작용할 수 있다. 바로 이점이 미의 극치가 무지에 나타나는 연유이다.

'와비'란 무엇인가? 『선다록』에서는 와비를 '뭔가 부족한 상태'라고 설하고 있다. 이 설명은 이도다완의 모습을 떠올리기에 충분하다. 그것은 무조작으로 만든 잡기이기에 '만족한 상태'를 추구하면서 만들 필요나 이유가 없었다. 그릇공[陶工]이 물레를 거칠게 돌리거나, 다기에서 유약이 지워지거나, 형태가 뒤틀리거나 한 것은 모두 '충족'이나 완전한 형태를 추구하기 위해 주의를 기울이는 행위와는 거리가 멀다. 그래서 오히려 완전함에 사로잡히지 않고 완전으로부터 해방되어 저절로 '부족한 상태' 즉, '와비'의 모습으로 나타나게 된 것이다. 따라서 이것을 '불완전의 미'라고 말할 수 있다. 이러한 와비의 정취를 다도에서는 '추상(醜相; 거친 모양의 다구)'이라 명명하여 찬탄했다.

차를 좋아하는 이들은 '스키(數寄)'를 논한다. 이 말은 사물의 '모습[物相]'이 온전히 갖춰지지 않은 상태', '여의치 않은 모습', 즉 '파형' 또는 부정형(不定形; 不整形)을 말한다. '키(奇)'와 '스키(數寄)'는 나누어 떨어지지 않는 것의 깊이를 나타내는 것인데, 근래에 현대인들이 추구하는 '파격(破格)의 미', 또는 짝수를 기피한 '기수(奇數)의 미'와도 그 뜻이 같다고 할 수 있다.

또한 스키(數寄)는 모양이나 모습의 손상, 기형, 변형, 뒤틀림을 뜻하는 'deformation'이나 불균형이나 부조화를 뜻하는 'asymmetry'와 비슷한 의미로 짝수가 아니라 홀수, 또는 뭔가 부족한 것을 암시한다.

오카쿠라 텐신(岡倉天心)은 이것을 '불완전의 미'라 하였으며, 히사마츠 신이치(久松眞)는 '완전에 대한 부정'이라고 표현했다. 따라서 스키 또한 와비와 마찬가지로 청빈을 즐기는 것을 뜻한다. 부족함에서 만족함을 아는 것이 스키이다. 다도에서는 차가 부(富)와 결합하여 호사스러워지면 스키의 차가 될 수 없으므로, 항상 청빈의 마음이 있어야 한다고 말하기도 한다.

이미 이 세상에는 무수히 많은 다완이 만들어져 있다. 하지만 그 아름다움과 깊이에서 이도다완을 능가하는 것이 드문 이유는 무엇일까? 그것은 이도다완과 같이 무사(無事)의 경지에서 만들어진 다기가 적기 때문이다. '무사(無事)'란 임제 선사가 말했듯이 '조작이 없는' 것이다. 취미와 기호에 빠지는 것은 유사(有事)를 추구하는 것에 지나지 않는다. 다도는 무사(無事)를 추구하므로 다기의 아름다움은 유사(有事)가 일어나기 이전의 미(美)가 담겨 있는 것이라야 한다.

이름 있는 '라쿠(樂)'다완이라고 해도 그 깊이에서 이도다완을 능가하는 것은 아직 없다. 라쿠다완은 작위(作爲)에서 시작되는 것으로, 유사에 빠져 있기 때문이다. 그 나타난 모습〔형태, 모양, 형상〕은 온갖 의도로 인해 수수함을 추구하고 있지만, 결국 그렇게 추구했던 수수함은 화려함으로 끝난다. 반면에 이도다완은 애초부터 만든 이가 미상인 무명의 물건이다. 명물이라는 것과는 처음부터 거리가 멀며 풍류를 의도한 기물도 아닌, 그저 잡기일 뿐이다. 그리하여 무한한 아치(雅致)를 풍기게 된다. 이에 비해 라쿠다완은 이미 본유의 아름다움이 흐려져 있어 매우 탁하다. 그 발단부터 죄업을 짊어진 신세로, 어떤 아름다움으로 포장하더라도 조작의 흔적에서 좀처럼 탈피할 수 없을 것이다.

라쿠다완이라고 해서 원래부터 이도다완을 쫓아갈 수 없다고는 할 수 없다. 어려운 과정이라고 기피하고 좌절해 버려서는 안 된다. 하지만 이도다완은 누가 만들어도 쉽게 무사(無事)의 미가 살아난다. 이도다완에서 수수한 아름다움이란 이렇듯 필연적인 것이다. 그러나 물론 사치스런 그릇, 유명한 그릇이 반드시 다기의 자격이 아닌 것처럼, 단지 가난한 그릇, 보잘것없는 그릇이라는 사실만으로 다기가 될 수는 없다. 무애의 아름다움을 풍겨야만 비로소 자격을 얻는다.

만약 이도다완이 없었더라면 차가 선의 다도(禪茶)로 심화를 이룰수 있었을까 싶을 만큼 선의 다도는 그 구체적인 모습을 이도다완에서 드러낸다. 차가 선의 다도로 깊어질 때, 그것은 차가 이미 미(美)의 법문으로 바뀐 것이다. 다도는 구경 절대의 미(美)를 실행하는 생활의 종교라고도 할 수 있다. 또한 차는 선과 결합됨에 따라 점점 그 성격이 명료해졌다. 즉 차를 마시는 문화가 선의 사상과 결합됨으로써 점점 다도의 성격이 명료해진 것이다. 다기의 수수함이든, 와비든, 풍류든 모두 선(禪)을 벗어날 수는 없다. 다도를 익히는 것은 불법을 익히는 것과 같으며, 차삼매(茶三昧)와 선삼매(禪三昧)는 둘이면서 둘이 아니다.

알려진 바와 같이 선은 자력(自力; 自覺)의 도라 한다. 그러므로 선의 다도에서 설하는 모든 진리는 자력적인 견해에 의거한다. 선의 의미〔禪意〕에 맞는 다기라고 하면 마치 자력의 도를 철저하게 실현한 것처럼 보일 것이다. 하지만 흥미롭게도 선수행(禪修行)을 하는 사람들이 좋아하고 존중하는 다기를 살펴보면 전혀 자력의 도를 밟지 않고 있다. 사실 앞에서 예로 들었지만 이도다완은 전형적인 타력의 작품이라고 해야 할 것이다. 이도다완의 미(美)는 순전히 타력의 미인 것이다. 이도다완을 만든 이들은 배우지 못하고 신분이 낮은 사람들로서 스스로의 역량에 의존할 수 있는 사람들이 아니었다. 게다가 수없이 만든 그 그릇들은 모두 관례적으로 만든 물건으로, 거기에는 개인적인 취향을 반영하는 형태나 색깔 따위가 아무것도 없다. 관습에 대한 솔직한 의존만이 이 일을 가능하게 하였다.

구워지는 가마에 따라 또는 만드는 사람에 따라 어느 정도의 차이는 나타날 수 있겠지만, 그 차이가 특색이 된 경우는 없다. 그러므로 결코 자력의 도(道)에 이 일을 맡긴 것이 아니다. 재료 또한 마찬가지로 자연으로부터 부여받은 혜택을 솔직하게 사용한 것일 뿐, 그 외의 특별한 가공을 한 것이 아니기 때문에 이 또한 타력에 내맡긴 것이다. 그리고 많이 만들지 않으면 생계를 꾸릴 수 없었기 때문에 똑같은 것을 엄청나게 많이 만들었을 것이며, 평생 동안 이 일을 하면서도 이마 그것을 만든다는 의식조차 하지 않고 그냥 만들었을 것이다. 이렇게 이도다완의 아름다움은 타력의 일도(一道)를 통해 피어난 꽃이라 할 수 있다.

흥미로운 점은 이러한 이도다완의 타력의 미가 타력교의 불교도의 주의는 끌지 못하고 반대로 자력종교의 입장인 선가(禪家)에서 먼저 높이 평가받고 사랑받게 되었던 점이다. 자력종교에 속해 있는 선승이 타력의 기물에서 선의 의미[禪意]를 발견하였다. 그러므로 일찍이 '대명물'이라 우러러보았던 다기에서 타력의 미를 설명한 적은 결코 없었다. 그들에게는 어떻게 해서 이도다완이 만들어졌는지 알 수 있는 방법도 없었고, 또 처음부터 그런 것을 알려 하지도 않았을 것이다. 그런데도 와비(佗)의 미, 스키(數寄)의 미를 충분히 선적인 표현으로 설명할수가 있었다. 아마 그들 자신도 스스로 높이 평가한 다기가 타력적인 성격을 띤다는 것을 생각하지 못했을 것이며, 이도다완을 견본으로 하여 라쿠다완을 만들었지만 결코 그것을 타력의 도(道)로 만들려고 한 것이 아니다. 라쿠다완은 이도다완이라는 모방의 대상이 있었고, 명품을 만들어야 한다는 작위적인 마음이 있었기 때문에 자력적인 도자기였다. 그러나 이를 두고 타력적인 것을 자력적인 것으로 받아들인 데에 오류와 착오가 있다고 해석해서는 안 된다. 이 점이 중요한데, 사실 가장 타력적인 것은 자력적인 것과 일치하는 묘취(妙趣)를 나타낸다고 말할 수 있다.

이도다완은 순전히 타력의 성질을 통해서 불이(不二)의 아름다움으로 승화되어, 자타의 구별이 없는 경지로 나아간 것이다. 그러므로 자력을 중시하는 선(禪)의 입장에서 보아도 충분히 아름답다. 그것은 모든 선적인 언어의 표현을 받아들이는 것이라 할 수 있다.[118]

여기서 내가 말하고자 하는 것은 적어도 선의 다도〔禪茶〕에 사용되는 기물은 마음과 마찬가지로 청정한 기물, 무애 자재한 기물이어야 한다는 것이다. 탁한 물건이 어떻게 다기의 품격을 얻을 것인가? 다인(茶人)은 선수행을 하는 것과 동시에 아름다움을 감상하는 사람이어야 한다. 즉 심력〔信心〕이 있으면서〔깨달음의 신심이 확고한 사람, 선수행의 힘과 정법의 안목을 갖춘 사람〕동시에 안목도 갖춘 사람이어야 한다. 청정하지 않은 마음이 다도를 다도답게 하지 못하는 것처럼, 보잘것 없는 다구 또한 다도를 다도답게 하지 못한다. 설령 깨끗하지 못한 다구〔器物〕를 매개로 하여 선삼매에 들었다 하더라도, 그것은 신심과 미(美)가 서로를 등지기 때문에 다도삼매라고 할 수는 없다. 주체적인 마음과 대상

---

118) 임제 선사가 주장한 평상심의 무사(無事)한 경지나, 남전(南泉)이 강조한 평상심의 지혜로운 선의 세계는 중생심의 분별심과 조작을 초월한 진여 본심으로서, 무사의 미(美)를 출현하게 하는 모체(母體)가 된다.

이 되는 사물이 아직 상응되지 않았기 때문이다. 반복해서 말하지만 그릇은 청정한 일심에만 있고 사물에 있는 것이 아니라고 한다면, 그 것은 선(禪)이기는 해도 다도(茶道)가 될 수는 없다.

오늘날과 같이 아름다운 그릇(美器)과 보잘것없는 그릇(醜器)의 구 분이 허물어지고, 명기의 본질이 잊힌 때에, 누군가는 나와서 무엇이 올바른 다구인지를 제시해야만 한다. 명기와 명물을 다도에서 중요시 하는 것은 결코 그 의미가 작지 않다. 어째서 명기가 본분의 구체적인 모습이라고 봐 주지 않는 것인가? 이도다완은 명기 또한 청정한 일심 을 떠나서는 있을 수 없다는 점을 우리에게 보여 주고 있다.

『선다록』에서는 진정한 풍류인과 다도를 취미로 좋아하는 사람은 다르다고 경고하고 있다. 기물(도구, 다구)이 보이고 마음이 보이지 않 으면 취향에 빠져서 취미로 흘러가 버린다. 오늘날의 다도에서 이런 타락이 얼마나 현저하게 나타나는가? 다도는 사람들로 하여금 차에 '빠지게' 한다. 온갖 궁리를 짜내어 다도를 취미의 차로 빠지게 하는 것이다. 취미나 사치에 빠지면 마음이 부자유스럽게 된다. 그런데 마 음의 해방이야말로 다도의 본지(本旨)가 아니겠는가?

그러나 도구를 매개로 한 자성의 깨달음이 없다면 어디에 다도의 진 면목이 있겠는가? 마음의 청정함과 사물의 아름다움이 불이(不二)가 되는 찰나에 다도는 저절로 이루어져서 스스로 깨달아 요달하는 것이 다(自了).[119] 야나기 무네요시는 아쉬워하다 못해 슬퍼하며 오늘날 안 목 없는 다인, 또한 마음이 탁한 다인이 많음을 개탄하고 있다.

---

119) 야나기 무네요시 저, 정성본 역, 『다도논집』(세미나 자료, 2009), pp.53~63.

(2) 다실의 꽃 - 선다화(禪茶花)

다실의 꽃을 다화(茶花), 다석화(茶席花), 다정화(茶筵花), 찻자리 꽃 등으로 부른다. 다화의 소재로 많은 종류의 꽃이 쓰이지만, 꽃이라고 해서 모두 다화의 소재로 쓰이는 것은 아니다. 꽃은 화려하고 복잡하지 않아야 한다. 또 산에서 피는 것, 나무에서 피는 것, 들에서 피는 것, 집안의 뜰에서 피는 것 등 꽃의 특성을 고려해야 한다. 다구와 마찬가지로 사계절의 추이와 조석의 변화, 손님의 취향, 다실의 구조와 도구, 모임의 성격 등에 따라 시절인연에 맞는 적절한 소재를 선택하여, 마치 산이나 들에 꽃이 피어 있는 것처럼 꾸미는 것이 좋다. 아늑하고 정갈하며 단아하게 하여 다실의 분위기를 한층 부드럽게 해서, 손님들에게 계절감을 느끼게 하고 꽃을 감상하면서 안정감 있게 차회를 진행할 수 있도록 하는 것이 다화의 일차적인 의의이다.

그러나 진의를 살펴보면 다화는 오감을 초월한 본래심으로 진여의 지혜를 나누기 위한 하나의 방편법문이라고 할 수 있다. 꽃은 시각적인 아름다움과 후각적인 향으로 사람들을 감동시켜 긴장을 풀어 주며 분위기를 정감 있고 아늑하게 하지만, 선다화(禪茶花)의 생명은 오감의 작용을 초월하는 아름다움의 향이다. 바로 진여 법신의 '지혜의 아름다움'이자 '지혜의 향'으로 탐·진·치 삼독심의 불속에 살고 있는 중생의 세계에서 부처의 지혜를 이루는 것을 의미한다. 마치 진흙땅에서 연꽃이 피지만 연꽃은 진흙탕물에 오염되지 않고 청정함을 유지하는 것[處染常淨]처럼, 불꽃 속에서 연꽃이 피는[火中蓮][120] 것처럼, 불가사

---

120) 『유마경』.

의한 묘용이 이루어지는 것이다.

센 리큐는 대나무로 만든 화기(花器; 竹花入)[121]에 꽃 한 가지〔一枝〕를 꽂아 다실에 두었다고 한다. 원래 대나무는 일생에 딱 한 번 꽃을 피우며, 꽃이 피고 나면 죽어 버린다. 꽃이 잘 피지 않는 대나무화기〔竹花入〕에 꽃 한 가지를 꽂은 '죽화(竹花)'를 매번 대나무가 꽃을 피우는 시절에 볼 수 있도록 하는 것은 불가사의함을 나타낸 것이다. 그리고 일지화(一枝花)의 '일(一)'은 근본으로 돌아간 일심의 세계를 상징화한 것이다. 또한 대나무 속에서 꽃이 핀다는 것은 중생심의 상식으로는 도저히 이해할 수 없는 경지〔不可思議〕로서, 다실에서 만난 인연이 불이(不二)의 경지에서 불가사의하게 이루어진다는 사실을 나타내고 있다.

야나기 무네요시(柳宗悅)는 중생 제도를 위하여 아미타 부처님이 되기 전 법장 비구가 세운 48대원 중에서 제4원 무유호추(無有好醜)의 원(願)〔좋아하고 싫어함이 없는 경지를 이루도록 함〕을 읽고 그 원(願)에 근본〔宗〕을 두어 미의 종문을 열어서 '불이미(不二美)의 원(願)'[122]으로 표현했다.

　　미학은 그 학문의 바탕을 불이의 이념에 두어야 합니다. 또한 인
　　간이 참으로 찾아 구하려고 하는 것도 불이미(不二美)라고 생각합

---

121) 화병의 한 종류로 두절(頭切), 일중절(一重切), 이중절(二重切), 개(筒), 주괘(柱掛), 주형(舟形) 등의 형태가 있다. 리큐가 천정 18년(1590) 오다와라(小田原) 진중에서 니라야마 대나무를 사용하여 샤쿠하치〔尺八; 頭切, 대나무를 통으로 잘라 뿌리 부분을 위로 하여 역죽(逆竹)으로 사용하며 화창(花窓)은 없다〕, 원성사〔園城寺(온죠오지, 일중절, 이치쥬기리); 대나무 통모양의 전면에 꽃을 꽂을 수 있는 창이 하나 뚫린 형태를 말한다〕, 야장〔夜長(요나가, 이중절, 니쥬기리); 대나무 통 상하 2단에 창을 내서 꽃을 꽂는 형태〕세 개의 대나무 화병을 만들어서 관동 전장의 후루타 오리베(古田織部)에게 이를 보냈다고 한다. 원래 청자의 대나무꽃병, 고동(古銅)의 죽순꽃병 등이 있었지만, 와비 물건으로는 당시 처음이었다.

122) 야나기 무네요시 저, 최재목·기정희 옮김, 『미의 법문』(이학사, 2005), p.59.

니다.[123)]

『신심명(信心銘)』의 '지도무난(至道無難)'이라는 말의 의미는 매우 중요합니다. '지도(至道)'는 지미(至美)라고 바꿔 말해도 좋습니다. 그것은 바로 구경미(究竟美)를 가리킵니다. 그러한 절대미가 무난(無難)의 미임을 말하고 있는 것입니다.[124)]

『무량수경(無量壽經)』에 기록된 제4원이 요청하고 있는 것은 정토미(淨土美), 즉 불이미(不二美)이지 단순히 추(醜)가 아닌 미(美)와 같은 이원(二元)의 미가 아닙니다.[125)]

이것은 종교적인 입장에서 대승불교 공(空) 사상의 실천 언어에 '미'를 붙여 미학을 표현한 것이라고 생각한다. 무심미(無心美), 무사미(無事美), 무소구(無所求)의 미, 무소득(無所得)의 미, 무애미(無碍美), 무상미(無相美), 무박미(無縛美), 평상심시도의 미, 무(無)의 미, 즉(卽)의 미, 중(中)의 미, 원(圓)의 미, 여(如)의 미, 적(寂)의 미 등으로 표현할 수 있다. 이것은 '절대'라는 의미와도 통하여 진여의 근본에서만 사용할 수 있는 언어이다. 이러한 언어들은 성구(聖句)로서, 다도에서 '미(美)'란 바로 성스러움을 뜻한다고 할 수 있다. 불교의 관점에서가 아니라 종교를 떠난 입장에서 보더라도 이러한 표현들은 성스럽다고 하지 않을 수 없다. 이렇듯 '죽화(竹花)'나 '화중련(火中蓮)'의 의미는 시각적인 아

123) 위의 책, p.81.
124) 위의 책, p.70.
125) 위의 책, p.80.

름다움을 초월한 자연법이의 생명실상이며 불가사의한 경계, 생명의 정상(頂上), 구경(究竟), 극치(極致)를 나타내는 최상의 '미의 법문'이다. 후각적으로도 향은 그 종류에 따라 여러 가지 심리 작용을 유발하지만, 선의 다화(禪茶花)는 그 자체가 향으로서 후각으로 느낄 수 있는 향이 아닌 진여 지혜의 향, 불가사의한 해탈 법신의 향이다.

우리는 흔히 어떤 사람의 인격이나 인품·언행이 타인에게 본보기가 되는 것에 감동을 받는다. 그러한 사람을 보면 마음이 편안해지고 맑아져서 존경스러운 마음에 그를 닮아 가고 싶다는 생각을 할 때가 있다. 또는 지극히 인간적인 사람을 볼 때 그 사람을 두고 '인간미가 풍긴다'고 하거나 '향이 느껴지는 사람', '향기로운 사람'이라고도 하고, '사람 냄새가 난다'는 등의 표현을 하기도 하는데, 이런 경우에 '인간미'라든가 '향', '향기', '냄새'라는 말이 함축하는 바가 바로 이런 의미가 아닐까 생각한다. 야나기 무네요시가 미학을 종교적인 입장에서 '미(美)의 법문'이라 한다면, 다화(茶花)도 진여 본심의 지혜로 작용하게 하는 '향(香)의 법문'이라 할 수 있지 않을까?

(3) 선묵(禪墨)과 선구(禪句)

편안한 다실에 기교 없이 소박하게 만들어진 불이미(不二美)의 품격 있는 다구, 죽화(竹花)와 화중련(火中蓮)의 상징인 다화(茶花)가 있다. 여기에 화룡점정(畵龍點睛)이라 할 수 있는 선묵(禪墨)이나 선구(禪句)가 더해지면 다실이 청정 도량이라는 점이 더욱더 잘 나타나게 된다.

묵적(墨跡), 즉 선화(禪畵)나 선구(禪句)는 선승(禪僧)의 그림이나 글씨면 더욱 좋다. 가식과 꾸밈이 없는 한산습득도(寒山拾得圖)와 같은 선화를 대할 때 우리는 저절로 일체의 번뇌 망념에서 벗어나 천진난만한 마음으로 되돌아갈 수 있다. 또한 시공을 초월하여 한산습득과 같은 깨달음을 얻고 본래심으로 동화된다. 선화로는 혜가(慧可)의 조심도(調心圖)와 추사 김정희의 세한도(歲寒圖) 등을 들 수 있다.

묵적(墨跡)의 내용에는 선 사상이 담겨 있는데, 차를 마시면서 주제에 대해 대화하며 주인과 객이 서로 지혜와 덕, 자비와 인격을 나누는 것이다. 이것은 중생심에서 청정한 불심으로 전환하도록 하는 방편으로서 선화나 선구 등의 묵적을 '묵(墨)의 법문'이라고 할 수 있다.

많은 선묵(禪墨)과 선시(禪詩), 선구(禪句)가 있지만 대표적으로 추사의 '불이선란(不二禪蘭)'을 살펴보고자 한다. 선구의 구체적인 사례와 그 내용은 후장(Ⅳ. 다도의 정신) '4. 선구(禪句)로 보는 선 사상'에서 다루기로 한다.

추사(秋史, 阮堂)의 '불이선란(不二禪蘭)'이라는 난초 그림에 다음과 같은 게송이 있다.

> 난초 그림 20년, 마음에 드는 그림을 못 그렸는데,
> 우연히 그린 그림, 내 마음에 꼭 맞는 그림이 되었네!
> 의식의 문을 닫고, 그 까닭을 곰곰이 참구해 보니,
> 유마 불이선(不二禪)의 경지임을 깨달았네.
> 不作蘭畵二十年　偶然寫出性中天
> 閉門覓覓尋尋處　此是維摩不二禪

이 시는 『완당전집』 제10권에 '제란(題蘭)'이라는 제목으로 수록되어 있다.[126] 추사의 이 시를 번역하는 거의 모든 책에서 '不作蘭畵二十年(부작난화이십년)'이라는 말을 '20년 동안 난초 그림을 그리지 않았다'는 의미로 해석하고 있다.[127] 추사는 평생 난초 그림을 그리는 데 몰입하여 독자적인 경지를 이룬 사람이다. 추사가 난초 그림을 20년 동안이나 안 그렸다고 하는 것은 이치에도 맞지 않고, 이 시로 자신의 심경을 표현하고자 했던 내용이나 감격적인 분위기와도 맞지 않다. 오히려 역설적인 표현으로서 20년 이상 난초 그림에 온 힘을 기울였지만, 마음속으로 생각하는 이상적인 난초 그림을 한 번도 제대로 그려보지 못했다는 말로 해석해야 한다.

그러던 어느 날 우연히 붓을 잡고 무심(無心)하게 난초 그림을 그렸는데, 뜻하지 않게도 자신이 평생 마음속으로 그리고 싶었던 난초 그림이 그려졌다는 사실을 확인하고 읊은 시이다. 진여삼매인 불이선(不二禪)의 경지에서 그려진 난초 그림을 보고 '아! 『유마경』에서 유마가 침묵으로 불이법문을 설한 것처럼 진여 본성의 무심한 지혜 작용이 불이의 묘용(妙用)으로 난초 그림이 그려졌구나!'라고 생각한 것이다. 추사는 자신도 놀랍고 감격스러워 어찌된 영문인지 멱멱(覓覓), 심심(尋尋)하다고 읊고 있다. 스스로 그러한 까닭을 거듭 자문자답하며 곰곰이 사유하는 참선 수행이 바로 멱멱(覓覓), 심심(尋尋)이다.

---

126) 신호열 편역, 『국역 완당전집』 3권(민족문화추진회, 1988), p.256.
127) 한편 이 해석에 대한 기존의 연구는 다음과 같다. 신호열(『국역완당전집』 3권, 민족문화추진회, 1988, p.256)과 유홍준(『김정희』, 학고재, 2006)은 '난초를 안 그린 지 스무 해인데'라고 하였으며, 정후수(『추사 김정희 시 전집』, 풀빛, 1999)는 '난초 안 그린 지 벌써 이십 년'이라고 하였다. 그러나 이 책에서는 '난초 그림 이십 년, 마음에 드는 그림을 못 그렸네'라고 해석한다.

앞[128]에서 인용한 것처럼 초의 선사도 "의식의 문을 닫고 일로향실(一爐香室)에서 진여 법신(본래인)과 함께한다(閉門共對一爐香)"라고 읊고 있다. 추사가 난초 그림을 그릴 때마다 '이번에는 정말 난초 그림을 잘 그려보겠다'는 목적적인 생각(趣向心)이나 조작된 마음, 작위성의 망심이 사라지지 않았었다. 그러한 중생심이 진여 본성의 지혜 작용인 천진성(天眞性)을 가로막고 있어서, 본래면목의 불가사의한 묘용이 나타날 수 없었던 것이다. 그런데 우연히 그러한 난초 그림을 그리게 됐을 때에는, 제대로 된 난(蘭)을 그려보겠다는 조작심과 작위성, 자아의식과 대상, 그림에 대한 의식, 미추(美醜) 등의 상대적인 차별·분별심이 없었기 때문에 그것이 가능했다는 사실을 깨달은 것이다.

'성중천(性中天)'이라는 말은 불이선(不二禪)의 경지에서 자연스럽게 그림이 그려진 것을 말한다. 즉 세속적인 중생심의 일체 망념을 초월한 탈속(脫俗)과 진여 본성이 자연법이(自然法爾)로 생명 활동하는 천진성을 표현한 말이라고 할 수 있다. 진공묘유(眞空妙有)의 경지에서 그려진 난초 그림이 불이선란(不二禪蘭)인 것이다. 『채근담』 후집(66)에서는 "심지(心地)에 번뇌 망념의 바람과 파도가 없으면, 시절인연에 따라서 언제 어디서나 청산과 녹수의 아름다운 경지에 사는 심경이며, 본성 중(性天中)에 만물을 생육(化育)한다는 묘용(작용)을 자각한다면 언제 어디서든 물고기가 물속에서 자유롭게 놀고, 솔개가 하늘을 마음대로 나는 것처럼, 자유자재한 경지를 이루리라"[129]고 했다.[130]

---

128) 같은 장의 1. 선의 다실-일로향실(一爐香室) 참조.
129) 『채근담』. "心地上無風濤 隨在皆靑山綠樹 性天中有化育 觸處見魚躍鳶飛."
130) "물고기는 물속에서 놀고, 솔개는 하늘을 난다(魚躍鳶飛)"라는 말은 『시경』 대아(大雅)의 말로, 『중용』 12장에서도 설명하고 있는 것처럼 도(道)가 시절인연에 따라 여법하고

『중용』 제1장에서 "천명(天命)을 성이라 하고, 본성에 따르는 것을 도라 하며, 도를 닦는 것을 교(敎)라고 한다"[131]고 하는 것처럼 성천(性天)은 천성(天性)이며, 불교에서 말하는 진여 본성과 같은 말이다. 진여 본성의 지혜 작용인 불이선의 경지를 추사는 성중천(性中天)[132]이라고 표현한 것이다.

여실하게 작용하는 제법의 실상을 비유하고 있다. 물고기가 물 밖에 나오면 죽게 되고, 새가 물속에 들어가면 죽는 것처럼, 모든 존재는 각각 본성의 생명 활동이 불변의 법칙성에 의거하고 있다는 지극히 평범하고 당연한 사실을 말한다.

131) 『중용』 1장. "天命之謂性 率性之謂道 修道之謂敎."
132) 추사의 시에 나타난 성중천이라는 말은 『채근담』의 성천중(性天中)과 같은 의미라고 할 수 있다.

IV

다도의 정신

1. 선의 다도〔禪茶〕 정신

『선다록(禪茶錄)』에서는 차의 정신을 다음과 같이 기록하고 있다.

차(茶)의 참된 정신은 기물(器物)의 좋고 나쁨을 선택하지 않고, 차를 끓일 적의 용태(容態; 자세)도 문제 삼지 않는다. 오직 다기(茶器)를 취급하는 삼매(三昧)에 들어 본성을 관찰(觀)하는 수행인 것이다. (…) 말하자면 그대로 좌선공부(坐禪工夫)의 가르침이다. 차의 정신은 선(禪)의 정신이며, 선의 정신 이외에 차의 정신은 없다. 선의 맛을 모르면 차의 맛을 알 수가 없는 것이다. 선다의 기물(器物)은 아름다운 기물이 아니며, 진귀한 것도 아니며, 귀중한 보물도 아니며, 또한 특별히 오래된 물건도 아니다. 원허청정(圓虛淸淨)한 일심이야말로 진정한 기물이다. 이 일심청정(一心淸淨)을 다기로 취급하는 것이 선의 지혜 작용으로 실행하는 다도〔禪茶〕인 것이다.[133]

다도의 정신이라고 말하고 있는 '화경청적(和敬淸寂)'도 선의 정신이라고 할 수 있다. 다도를 배우는 것은 온화함으로 진여와 하나가 되는 조화(和)를 이루며, 일체의 모든 존재에 대한 경의와 존경심(敬), 사물에 집착하지 않는 청정한 마음(淸), 흩어지지 않는 열반적정의 고요한 마음(寂)이 되도록 하는 것이다. 이것은 선의 수행을 통해 인격을 형성하는 일이자 깨달음의 세계이다. 단순히 앉아서 차를 마시는 행위로는 이러한 경지를 체득할 수 없다. 도(道)는 마음으로 깨닫는 지혜 작용(由心悟道)이지 형상이나 행동으로 이룰 수 있는 것이 아니다.

다음은 일본 명치 시대의 난닌 선사에 얽힌 이야기다.

하루는 어떤 저명한 대학교수가 선을 배우고자 선사를 찾아왔다. 교수는 자기의 철학적인 지식을 모두 털어놓으면서 스스로의 견해로 선(禪)을 분석하고 해석해서 떠들어댔다. 선사는 잠자코 듣고 있으면서 그 교수에게 "먼저 차부터 한잔 하시오"라며 찻잔에 차를 따랐다. 찻물이 찻잔에 가득 차 넘쳐흐르는데도 선사는 계속 차를 따르고 있었다. 그 교수는 더 이상 참을 수가 없어서 "스님! 차가 넘치고 있습니다. 그만 따르시지요!" 했다. 그러자 선사는 말했다. "당신은 꼭 이 찻잔을 닮았소. 당신은 당신의 생각과 견해로 가득 차 있단 말이오. 당신의 생각과 견해를 버리고 마음을 비우기 전에는 내가 무슨 이야기를 한들 그게 어디 먹혀들 틈이라도 있겠소?"

다도의 지식과 지혜의 차이점은 무엇인가? 지식은 머릿속에서 분별심으로 작용하는 것이고, 지혜는 구체적인 일상생활 속에서 시절인연에 따라 지혜로운 삶으로써 이루어지는 것이다. 선이나 다도는 머릿속

---

133) 정성본, 『선문화』(세미나 자료, 2009), pp.72~73.

의 분별 작용이 아니라 생활 속에서 작용하는 지혜다. 지식으로 익힌 중생의 분별심과 번뇌 망심이 없어야 지금, 여기에서 평안한 마음으로 지혜로운 삶을 살 수 있다.

새로운 것을 받아들이기 위해서는 먼저 자기의 생각을 비워야만 한다. 그래야 새로운 것을 넣을 공간이 생기는 법이다. 마음을 비운다는 것은 일체의 분별과 차별, 선입관에서 벗어나 무심(無心) 속에서 살아가는 것으로서, 선의 정신을 반영한다. 무심(無心)의 다기(茶器)에 차를 마시는 것처럼 무심의 경지에서 매사 깨달으며 살아가는 정신을 차(茶)생활을 통해서 전개할 수 있다. 바로 그때에 선의 다도(禪茶) 정신을 체득할 수가 있는 것이다.

따라서 다도의 정신은 선의 사상과 실천 정신을 체득해야만 이루어질 수 있다. 무심의 경지에서 차를 마실 때, 지금 여기에서 마시는 차의 참맛을 그대로 순수하게 자각할 수 있다. 즉 지금의 진실 그대로를 깨닫는 자기가 될 수 있다는 말이다. '지금, 여기'의 자기를 자각하지 않고서는 자기라는 존재는 존재하지 않는다.[134]

2. 선의 다도 사상-진공묘유(眞空妙有)

선의 다도(禪茶)는 인간 본래의 불성을 깨달아 지금, 여기에서 차를 마시는 생활 속에서 이루어진다. 시간과 공간에 절대 가치성(一期一會)을 두고 시절인연에 맞는 다실의 환경 속에서 주객이 하나 되어 대화

---

134) 정성본, 『선문화』(세미나 자료, 2009), pp.72~73.

함으로써 지혜와 인격, 자비와 덕을 나누는 것을 말한다. 다도(茶道)는 철저한 확신으로 선(禪; 불법)의 사상을 완전히 자기화하여 올바르고 참된 인생관을 확립하고 인격을 구족하여, 언제 어디서나 자유자재하게 활용할 수 있는 지혜와 안목〔법력〕을 갖추어야 한다. 그래야만 선다인(禪茶人)으로서 보살도를 실천할 수 있다.

선의 다도 사상은 대승불교에서 강조하는 불성의 자각과 공(空) 사상 실천이 근본이 된다. 근원적인 불성〔본래심〕을 단번에 깨닫는 돈오견성(頓悟見性)과 부처를 이루는 견성성불(見性成佛)의 선 사상에 의거하여 각자가 본래 구족하고 있는 청정한 불성을 깨닫고, 만법의 근원인 주체를 저마다 자각해야 한다. 그리하여 자각된 불성을 가지고 지금 여기에서, 무애 자재하게 살 수 있도록 하는 것이다. 즉 선의 근본정신을 깨달아 각자의 인생관을 혁신하는 것인데, 명예나 지위, 권위나 형식, 일체의 불안〔苦〕을 초월한 경지에서 깨어 있는 반야의 지혜로 일상생활을 전개함으로써 창조적인 삶을 활발발하게 살아가는 것이 현실성의 선의 다도생활이다.

본래심을 상실하거나 망각하지도 않고, 언제 어디서나 자신이 주인이 되어 지혜로운 삶을 살아가는 것이 선다(禪茶)의 생활인 것이다. 공의 실천이란 중생심인 번뇌 망념을 텅 비우는 것을 말하는데, 번뇌 망념을 모두 비울 때에 근원적인 본래심〔佛性〕의 지혜 작용이 전개되기 때문이다.

공(空)은 진공〔空; 體〕과 묘유〔不空; 用〕의 불이의 작용이다. 중생의 진여 본성〔불성〕에는 번뇌 망념을 텅 비운 공(空)의 경지에서 부처의 지혜가 여법하고 여실하게 작용하는 불공(不空)의 묘용이 있다. 불교에서는 이러한 진여 본성의 지혜 작용을 진공묘유(眞空妙有)라고 한다.

즉 중생심의 번뇌 망념을 텅 비운 진여 본성은 반야의 지혜를 작용하게 하는 본체(體)이며, 시절인연에 따라 여법하고 여실하게 지혜가 작용하는 것을 반야의 지혜 작용(用)이라고 한다. 진여법이 완전한 부처의 지혜, 최상의 깨달음(아뇩다라삼먁삼보리)으로 지혜 작용하는 구조를 진여 본체(體)와 진여지의 작용(用)으로 제시하고 있다.

좀 더 자세히 살펴보면, 진공(眞空; 體)이란 중생심의 자아의식(我空)과 의식의 대상 경계(法)를 비우는 것(法空)이며, 의식의 대상 경계를 텅 비우는 것은 일체개공(一切皆空), 본래무일물(本來無一物)의 경지인 진여 본성으로 되돌아가는 것이다. 『화엄경』에서 "초발심을 일으킨 그때가 곧 정각(初發心時便成正覺)"이라고 설하는 것처럼, 중생심의 번뇌 망념을 자각하여 성스러운 부처의 지혜를 실행하도록 하는 것이다. 중생심의 번뇌 망념에서 진여 본성의 근본으로 되돌아가는 수행을 범어로 'bhavana(바와나)'라고 하는데, '본래의 상태가 되도록 한다'는 뜻이다. 진여 본성은 언제나 청정한 지혜 작용을 하지만 중생은 번뇌 망념이 본성의 지혜 작용을 방해하고 있기 때문에, 번뇌 망념을 자각하고 본래의 진여 본성으로 되돌아가도록 하는 것이다.[135]

중생의 번뇌 망심을 본래의 진여 본심(佛心)으로 전환하도록 하는 방편법문은 단번에 진여 본성을 깨달아 체득하는 돈오견성(頓悟見性), 진여 본성을 깨달아 체득하여 부처의 지혜를 이루는 견성성불(見性成

---

135) 이와 관련하여 「십우도(十牛圖, 尋牛圖)」라는 선화가 있다. 「십우도」의 그림은 본래 집에서 기르다 갑자기 집을 나간 소를 찾으러 동자가 숲으로 나갔다가 소의 발자국을 발견하고 소를 찾아 다시 본래의 집으로 되돌아가는(歸家) 환원성의 종교를 그림으로 표현한 것인데, 중생심의 번뇌 망념을 자각하는 초발심이 진여의 지혜 작용이기 때문에 중생의 번뇌 망념을 텅 비우는 것과 동시에 자각성지(自覺聖智)로서 여래가 되고 부처가 되는 것이다.

佛), 본래의 진여 본심의 근본 당처로 되돌아가는 환귀본처(還歸本處), 본래의 집으로 되돌아가서 평안하게 앉는다는 귀가온좌(歸家穩坐), 중생심을 본래의 본심으로 회복시켜 부처의 지혜를 이루도록 하는 회심작불(回心作佛), 몸과 마음이 평안한 경지에서 지혜로운 삶을 창조하는 안신입명(安身立命) 등으로 표현한다.

묘유(妙有; 用)는 진여 본성의 지혜(眞如智) 작용이다. 중생 구제의 힘은 진여의 지혜 작용으로 이루어진다. 번뇌 망념으로 이루어진 중생의 다양한 심병(心病)을 여법하게 판단할 수 있는 지혜는 불지견(佛知見)이며, 오직 부처의 지혜만이 전도몽상, 착각으로 인하여 생사의 고해에서 허덕이는 중생의 심병을 진단하고, 처방하여, 치료하며, 재발을 방지할 수 있기 때문이다. 선승들의 법문을 법률용어로 공안(公案)이라고 하는 이유도 중생심의 심병(心病)과 번뇌 망념의 문제를 부처의 지혜로 여법하게 판단하여 해결한 판례에 비유한 말이다.

진여 본성의 지혜로 경전과 어록에서 제시한 방편법문을 여법하고 여실하게 참구하여 불법의 진실(불법대의, 공과 불공)을 깨달아 자각하는 수행을 불법 수행이라고 한다. 『금강경』에서 설하는 '여시아문(如是我聞)'[136], '응여시주(應如是住), 여시항복기심(如是降伏其心)'[137], '응무소주 행어보시(應無所住 行於布施)'[138], '여래(如來)'[139] 등과 같은 언어 문자를 불법 사상으로 참구하고 사유하며, 자문자답으로 반추(反芻)하면서

---

136) 『금강반야바라밀경』(『대정장』 8권, p.748c.) "如是我聞."
137) 『금강반야바라밀경』(『대정장』 8권, p.748c.) "應如是住 如是降伏其心."
138) 『금강반야바라밀경』(『대정장』 8권, p.749a.) "應無所住 行於布施."
139) 『금강반야바라밀경』(『대정장』 8권, p.749a.) "凡所有相 皆是虛妄 若見諸相非相 則見如來."

불법의 지혜를 깨달아 체득하는 공부이다. 사실 참선 수행은 8만 4천 방편법문을 경전과 어록을 통해서 배우고 익혀서, 언제 어디서나 활용할 수 있는 능력을 구족하는 공부이다.

하나의 문제를 중심으로 하나의 지혜가 체득되는 것〔一事一智〕이며, 그에 따라서 법문을 자신의 지혜로 활용할 수 있다. 수학 문제를 공식으로 푸는 것처럼 정답은 하나인데, 문제가 발생하기 이전의 본래 그것이다. 이것은 마치 조각그림 맞추기와 같은 구조라고 할 수 있으며, 구체적인 방법은 다양하지만 본래의 상태가 되도록 하는 것은 같다. 본래의 지혜 작용이 되도록 하는 공부는 불법의 방편법문을 활용하여 중생심의 미로인 숲길을 헤쳐 나갈 수 있도록 하는 이정표이다.

선지식(善知識)은 정법과 사법을 판단할 수 있는 지혜의 안목을 구족하였기 때문에 중생심의 망념과 보살도의 정념을 판단할 수 있다. 이것을 『금강경』에서는 '실지 실견(悉知 悉見)'이라고 하며, 『법화경』에서는 '불지견(佛智見)'[140], 『대승기신론』에서는 '유불능지(唯佛能知)', 즉 '오직 부처만이 중생의 망념을 알 수가 있다'[141]고 한다.[142]

『금강경』에서는 여래가 "깨달아 체득한 법은 최상의 깨달음이며, 무실(無實) 무허(無虛)"라고 설하였는데, 이 말은 진여삼매인 진공묘유(眞空妙有; 공과 불공)를 논리적으로 설명하고 있다. 무실(無實)은 공(空; 眞空)이며, 중생심의 번뇌 망념을 비우는 것으로 선정〔止〕을 말하며, 무허(無虛)는 불공(不空; 妙有)으로서 관(觀), 즉 지혜 작용을 말한다. 말

---

140) 『대정장』 9권, p.7a. "佛智見."
141) 『대정장』 32권, p.577b. "唯佛能知."
142) 정성본 강설, 『금강경』(민족사, 2012), pp.432~439.

하자면 진여삼매로서 지관쌍수(止觀雙修), 정혜일치(定慧一致)를 이루는 것이다. 『대승기신론』에서는 신심을 수행하는 것은 불(佛)·법(法)·승(僧) 삼보와 진여 본성의 사신(四信)을 철저히 깨달아 확신하는 수행이며, 방편 수행이란 경전과 어록에서 설한 방편법문을 불법의 사상으로 참구하여 수많은 방편의 지혜를 체득하는 것이라고 하고 있다. 신심을 수행하는 구체적인 방법은 중생심을 진여 본성으로 되돌아가게 하는 것, 즉 진여 본성을 깨닫는 견성성불(見性成佛)로 철저한 확신을 체득하여 불퇴전의 신심을 확립하는 것이다.

그리고 방편을 수행하는 것은 경전의 법문을 듣거나 읽고, 법문의 언어 문자를 진여의 지혜로서 이해하는 문자반야(방편반야), 언어 문자의 방편법문을 불법 사상으로 여법하게 관찰하여 반야의 지혜를 체득하는 관조반야, 반야의 지혜로 일체 제법의 실상을 여법하고 여실하게 깨달아 체득하는 실상반야로 설명한다.

자각의 종교인 불법 수행에 대해서는, 법문을 듣고(聞慧) 깊이 불법의 대의로 사유하고(思慧), 보살도의 정신으로 실천 수행(修慧)하는 세 가지로 설명하기도 하고, 불·법·승 삼보와 진여 본성을 확신(信)하고, 법문을 이해(解)하고, 실천 수행(行)하며, 자각으로 깨달아 증득(證)하는 네 단계로도 설명한다.

참선 수행의 방법은 경전과 어록에서 제시한 방편법문의 언어 문자를 통해서 사유하는 것이다. 불법의 진실을 여법하게 이해하지 못한 사람은 방편법문으로 설하는 부처의 설법이나 경전의 법문을 듣고 불국토, 정토, 반야바라밀, 부처, 중생, 보살, 열반, 깨달음 등이 실재하는 존재나 사물, 인물이라고 착각할 수가 있다. 그러나 방편법문(速諦)의 언어가 없으면 불법의 진실(眞諦)을 깨달아 체득할 수가 없기 때문에 부득이 언어 문자라는 임시방편의 도구로 사용하는 것이다. 언어는 독자적인 자성이 없으며, 실체로서 존재하는 것이 아니다. 이를테면 인간의 생각이나 의식의 내용 또한 언어 문자이다. 방편의 언어 그 자체에 실체가 있다고 생각하는 것은 불법의 진실을 알지 못하는 중생의 어리석음 때문이다. 그래서 금강경은 즉비(卽非)의 논리로서 일체의 언어나 명상(名相), 자아의식과 의식의 대상 경계는 모두 실체로 존재하지 않는다는 의미로 언어의 실체를 부정하고 의식의 대상 경계에서 텅 비우도록 설하는 것이다.[143]

그러므로 불법을 지식으로 잘 이해하는 수행자라 해도 진여 본성의 지혜로 불법을 자각하지 못하면 무명불각(無明不覺)의 중생이다. 즉 지금 여기 자신의 본분사의 일에서 불법을 자각하지 못하면 중생이며, 진여 본성의 지혜로 여법하게 자각하면 그때 지혜로운 삶을 이루는 참선 수행이 된다.

『금강경』에서 설한 무실(無實)은 일체개공이다. 그러나 중생심의 모든 유위법(有爲法)은 자아의식과 의식의 대상 경계로 의식의 스크린에 환영으로 나타난 것이기 때문에 마치 거울에 비친 영상과 같아서 고정된 자체의 존재나 실체가 없다. 그래서 무자성(無自性)이고, 무아(無我)이며 공(空)한 것이라고 한다. 또한 무허(無虛)란 진여 본성의 지혜 작용은 허망한 것이 아니라는 말이다. 경전과 어록에 설하는 거의 모든 법문도 진여법에 의거한 논리적인 구조 체계에 의하여 방편법문으로 개시하고 있는 것이다. 예를 들면 『금강경』에 다음과 같이 설한다.

---

143) 『대승기신론』에서는 경전에서 설하는 방편법문의 언설과 제불보살과 부처의 세계에 대한 명칭과 자아의식과 의식의 대상 경계를 텅 비워야 진여 본성의 지혜가 실행된다고 한다.

일체 현성은 무위법〔空〕으로 시절인연에 따라서 부처의 방편지혜〔차별〕로 본분사의 일을 한다(一切賢聖 無爲法 而有差別).

보살은 반드시 자아의식과 의식의 대상 경계에 집착하지 말고〔無所住; 空〕 시절인연에 따라 부처의 마음으로 지혜로운 보살도를 실행해야 한다〔不空〕(應無所住 而生其心).

설법은 진여 본성의 지혜〔無法; 空〕로 설법해야 한다(說法者卽 無法 可說).

『유마경』도 "자아의식과 의식의 대상 경계에 집착하지 않고 진여 본성의 근본 당체〔空〕에서 시절인연에 따라 지혜로운 보살도의 삶을 건립〔창조〕해야 한다(無住本上 立一切法)"고 설한다. 선승들의 설법에서도 다음과 같이 설하고 있다.

진여 본심〔空〕의 여법한 지혜 작용이 부처〔不空〕이다(卽心是佛).

번뇌 망심이 없는 청정한 진여 본심〔空〕이 부처의 지혜 작용〔不空〕이다(無心是道).

한 생각의 번뇌 망념이 없는 진여 본성〔空〕에서 무진장한 부처의 지혜가 작용한다〔不空〕(無一物中 無盡藏).

이와 같이 진여의 이법(理法)과 현상(事象), 진여 법성(法性)과 제법의 실상〔法相〕 등이 정확한 논리 체계로 구성되어 있다. 반야의 지혜를 작용하게 하는 근본 당체인 진여 본성〔體〕과 무애 자재한 부처의 지혜 작용〔用〕, 즉 체(體)와 용(用), 이(理)와 사(事), 성(性)과 상(相) 등이 불이의 묘용으로 정확하고 분명한 논리 체계를 이루고 있다. 이것은 진여법은 진여의 지혜가 여법하고 여실하게 작용하는 불변의 법칙에 의거하기 때문이다. 중생심의 자아로서 주객·자타·선악 등 이원적인 개념을 통해 사물을 인식하고 사량 분별하는 번뇌 망념을 텅 비운〔禪定〕, 진여 본성인 진공(眞空)의 경지에서 실행되는 부처의 불가사의한 지혜 작용인 묘유(妙有)와 묘용(妙用)이 진여 본체와 작용의 논리이다.

대승불교의 선정은 중생심의 번뇌 망념을 소멸하고 제거하는 선정의 수행이 아니라 진여 본성을 자각하고, 불이법문을 체득하는 진여삼매의 선정이다. '입정(入定)', '입불이법문(入不二法門)'은 선정에 속한다. 만약 불이법문에 들어가는 말로 해석하면 선정과 불이법문이 수행의 목적이 되고 자기중심적으로 대상 경계를 추구하여 집착하게 되기 때문에, 진정한 선정과 불이법문을 체득할 수가 없는 것이다. 여기서 '입(入)'은 진여 본성의 자각적인 지혜로 진여삼매를 체득한다는 득입(得入)이며, 진여 본성과 하나된 불이를 이룬다는 말이다.

위의 설법들은 불법의 수행과 깨달음도 불이(不二)의 법문〔진여법〕에 의거하여 이루어진다는 사실을 논리 체계를 통해서 제시하고 있다. 즉 불법은 진여 본성의 여법한 지혜 작용으로 이루어진 것이기 때문에 자아의식에 의한 자기주장은 물론 희로애락의 감정과 같은 중생심이 개입할 수가 없다. 『금강경』 등 대승 경전에서 한결같이 주장하고 있는 것처럼, 여래는 자신의 개인적인 깨달음을 주장한 일이 없다. 선승의 법문이나 선시에서 자아의식과 중생심의 사량 분별이 나타나지 않는 것도 마찬가지이다. 또한 경전이나 어록, 선시 등은 모두 진여법에 의거하여 설법하고 읊은 것이기 때문에 반야의 본체(진여 본성)와 그 지혜 작용인 체와 용의 논리 체계를 갖추고 있다.

　세간에서 통용되는 종교의 가르침이나 동서양의 고전·사상서·시문집에서는 신과 인간, 구원자와 구원받는 사람, 지옥과 천당과 같은 대립적 개념을 사용하여 목적을 설정하고 있는 것을 흔히 목격할 수 있다. 이렇게 목적지를 향해 나아가려는 이원론적 사고로는 주관적이고 상대적인 가치와 차별성에서 탈피할 수 없다. 영원히 자아의식의 중생심에서 벗어날 수가 없는 것이다. 불교에서는 이러한 세간의 가치관에 젖어 있는 중생들을 구제하기 위해 제불이 진여법, 불이법에 의거하여 방편법문을 설한 것이다. 과거·현재·미래의 제불(諸佛)을 진여법의 지혜로 설법한 것이 여시설법(如是說法)이며, 진여법의 지혜로 청법하는 것이 여시아문(如是我聞)이다.

　이렇게 지혜와 불법의 대의를 체득한 선의 정신을 토대로 하는 차생활은 말 그대로 '다반사(茶飯事)'의 일상생활이다. 그밖에 무심(無心), 무사(無事), 무념(無念), 무소유(無所有), 무소구(無所求), 조도(鳥道)[144], 몰종적(沒蹤迹) 등의 표현도 모두 선의 사상을 나타내는 말로서, 중생심의 아상과 인상을 초월한 진여 본심의 지혜를 말한다.

---

144) 진여 본심의 지혜 작용이 자취나 흔적이 없이 완전하게 실행되는 것을 새가 허공을 날아다니지만 발자국을 남기지 않는 것으로 비유한 것이다. '몰종적'도 같은 의미이다.

3. 선다일여(禪茶一如)의 세계

일반적으로 선다일여(禪茶一如), 다선일여(茶禪一如), 혹은 선다일미(禪茶一味), 다선일미(茶禪一味)라는 말이 사용되고 있다. 차를 마시고 차의 생활을 하는 다도(茶道)가 이와 같이 선의 생활, 혹은 선의 경지와 같다고 하는 선다일여, 다선일여라는 말은 선승들이 주장한 것이 아니라 다인들이 주장한 것이다. 중국 선종의 문헌에서 선다일여나 다선일여라는 말을 찾아볼 수가 없다는 점에서도 그러한 사실을 알 수 있다. 사실 선다일여, 다선일여라는 말은 선불교의 정신인 만법일여(萬法一如)의 사상을 토대로 다도의 문화를 발전시킨 일본의 다인들에 의해 일반화된 말이라고 할 수 있다. 말하자면 차를 마시는 일상의 문화를 도(道)의 경지로 승화시키는 차원에서, 차와 선이 같은 차원에 있다고 주장하고 있는 것이다.

'선다일여(禪茶一如)'라는 말은 원래 일본의 아시카가 요시마사(足利義政, 1435~1490)가 통치하던 시대에 남도(南都) 출신인 무라타 주코(村田珠光, 1422~1502)[145]가 새로운 다법(茶法)을 제시하면서 주장한 말이다. 후대에 '일본의 다도삼전(茶湯三傳)'이라 칭해지고 있는 무라타 주코, 다케노 조오(武野紹鷗, 1502~1555), 센 리큐(千利休, 1522~1591)는 차의 형식보다는 참된 다도의 정신을 강조하여 마음의 문제를 제기하면서 다도를 대성시켰다. 이들은 하나같이 선승들과 깊은 교류를 하며

---

145) 『茶道辭典』(淡交社, 1978), p.752. 이큐 소준 선사를 만나 선불교에 눈을 뜬 무라타 주코는 호화로운 투차(鬪茶) 문화 대신 차와 선이 하나인 검소한 끽다(喫茶) 풍습을 주장했다. 주코의 주장은 다케노 조오를 거쳐 센 리큐에 의해 완성되는데 세 사람은 모두 선불교에 귀의한 사람들이었다.

선의 정신을 토대로 새로운 다도의 세계를 열었다.

무라타 주코가 초암차(草庵茶)를 창시함으로써 일본 다도의 세계는 일변하였다. 초암차라고 하는 그의 다법은 후에 센 리큐에 의해서 와비차(佗茶, わび茶)로 대성되었는데, 와비차란 한거(閑居), 즉 한적함을 즐기는 다도의 극치로서 간단하고 간소·간결하며, 차분한 아취, 유한(幽閑)의 정취에서 유한적적(幽閑寂寂)의 경지를 체득하는 선의 다도 정신을 나타낸다.

초암차는 도보 노아미(同朋能阿彌, 1397~1471)[146]의 투다(鬪茶)[147]의 끽다정과 다회 장소의 장식 방법[唐物臺子莊嚴][148] 등과 같은 유희로서의 차생활과는 달리, 도구를 간소화하고 특히 정신을 중요시한 다법이다. 말하자면 노아미의 차는 외형적인 아름다움[美]과 형식의 완성은 있었지만 아직 내면적인 정신성이 결여된 것이었다.

오늘날 일반적으로 '다도(茶道)'라는 말을 사용하고 있지만, 처음에는 다탕(茶湯) 혹은 차스키(茶數寄)라고 불리었다. 이 '다탕'이라는 말은 선종의 보급과 더불어 선원의 다례가 민간에 유포되는 과정에서 선원에서의 '점다탕(點茶湯)'이라는 말을 생략하여 '다탕'이라고 칭하게 된

---

146) 『茶道辭典』(淡交社, 1978), p.602. 무사의 우두머리로서 당나라의 물건과 그림을 감정·평가하고 표구와 출납의 관리 등을 맡았다.

147) 『茶道辭典』(淡交社, 1978), p.548. 카마쿠라 시대 말부터 무로마치 시대에 성행했던 다회(茶會)의 일종. 음다(飮茶)승부라고도 한다. 차 상품의 다양화에 의한 것으로, 다회 중간에 차의 종류와 맛을 구별하는 경기의 형태를 가지고 있지만 그 행사에 투기가 많았기 때문에 『건무식목(建武式目)』에 보여지듯 금지의 대상이었다.

148) 무로마치 시대에 중국(당·송·원대의 제품)에서 유입된 다도구를 사용하여 다이스(台子; 말차를 내는 점다용 다도구의 한 종류. 다도의 규준과 작법의 근본을 이루는 도구로서 서원처럼 넓은 다실에서 사용된다)·나가이타(長板)·점다반(点茶盤)에 장식하는 후로·차솥·물항아리·히샤쿠꽂이·퇴수기·개반 등을 모두 일식(一式)으로 갖추어 장식하는 것을 말한다.

것이다. 이것을 다인들 사이에서는 '오차노유(茶の湯, 茶道)'라고 부르게 되었는데, 다도(茶道) 혹은 다사(茶事)를 의미한다.

무라타 주코(村田珠光)는 잇큐(一休) 선사[149]의 제자로서 참선을 하였는데, 선서(禪書)를 읽고 좌선을 하는 도중 잠이 와서 견딜 수가 없었다. 그래서 어느 날 명의를 찾아가 문의하자, 그 의사는 "지금 대망의 뜻이 있는 분이라면 육신을 잘 보양하고 목숨을 보전하시오. 차를 마시어 심장을 튼튼히 하며 몸(身)을 보존하면 졸음도 저절로 없어질 것이오"라고 하였다. 무라타 주코(村田珠光)는 크게 기뻐하며 차를 구하여 마시니, 그 의사의 말이 거짓이 아니었음을 알게 되었다고 전한다.

잇큐(一休) 선사는 무라타 주코의 참선을 인가하고 그 증명으로 비장하고 있던 송대(宋代) 원오극근 선사(圜悟克勤 禪師)[150]의 묵적을 주었다고 한다. 『산상종이기(山上宗二記)』라는 책에 의하면 무라타 주코는 잇큐 선사로부터 받은 원오극근 선사의 묵적을 암자에 걸어 두고 항상 다도를 즐겼다. 교토(京都) 대덕사(大德寺)의 잇큐 선사의 문하에서 참선을 하면서 "불법(佛法)도 다탕(茶湯; 茶道), 이 가운데 있다"라고 주장하였는데, '불도 수행과 다탕(茶道)의 정진에 어느 정도 정신적인 차이

---

149) 『茶道辭典』(淡交社, 1978), p.54. 잇큐(1394~1481) 선사는 일본 불교사에서 가장 두드러진 인물로 14세기 일본의 대표적인 선승이자 일본 다도의 창시자이다. 그는 불교 교리에 충실한 승려이면서, 다른 한편으로는 모든 교리를 뒤엎은 선승이었다. 일본 100번째 왕의 왕자로 20세에 승려가 되어 81세에 한 절의 주지승이 된 것 말고는 공직 생활을 하지 않았으며 87세에 세상을 떠났다.

150) 원오극근(圜悟克勤, 1063~1135) 선사. 속성은 낙(駱) 씨이고, 이름은 무착(無着)이다. 당오대(唐五代), 이전 여러 선승들의 선문답과 경전의 중요한 말씀들을 두루 집록하여 게송을 붙이고, 선문답의 진의를 수행자들에게 강의한 선문답 강의록인 『종문제일서원오벽암집(宗門第一書圜悟碧巖集)』을 저술하였다.

가 있을까' 하는 생각을 하게 되어, 그는 불도 수행의 각오로 다탕〔茶道〕을 시작하게 되었다. 그리하여 그는 '다미·선미 동일미(茶味·禪味同一味)'라는 사실을 깨닫게 되었다고 한다.

『주코문답(珠光問答)』[151]을 보면 장군 아시카가(足利義政)가 이러한 무라타 주코의 명성을 듣고 그를 불러 "도대체 그대가 실행하고 있는 다도란 어떤 것이오? 그 깊은 정신은 무엇이오?"라고 질문했을 때 무라타 주코가 다음과 같이 대답했다고 전하고 있다.

> 차(茶)는 일미청정(一味淸淨), 선열법희(禪悅法喜)인 것이다. 조주(趙州)가 이 경지에 뛰어났고, 육우도 이 아름다운 경지〔佳境〕에 이르지 않았는가? 이 다도실(茶道室)의 경지를 깨달은 자는 밖으로는 아상·인상을 여의고 안으로는 유화(柔和)의 덕을 쌓으며, 교류 상견(相見)의 경우에는 근엄〔謹〕하고 공경〔敬〕하고, 청정〔淸〕, 고요〔寂〕하여 궁극에는 천하태평하게 된다.

그러자 장군 아시카가는 만남이 늦었음을 한탄하였다고 전하고 있다.

무라타 주코로부터 새롭게 전개된 다선일여(茶禪一如), 선다일여(禪茶一如)의 다도는 이때부터 신분에 관계없이 행해져 널리 일반화되었다고 한다. 특히 그의 다도를 통해 도박과 술을 추방하였는데, 형식보다는 마음의 문제에 주안을 두었고 선 사상을 토대로 하여 다도를 인간 교양의 도(道)라 하였다. 그리고 장식·장엄의 형식을 간소화하여 한적한 '와비(わび; 寂)'차의 도를 이뤄냈으며, 일반 서민층에도 다도 문화를 널리

---

151) 『茶道辭典』(淡交社, 1978), p.367. 일본 다도의 창시자인 잇큐 소준(一休宗純)의 저서이다.

보급한 공적은 위대했다. 그래서 일본에서는 그를 다도(茶道; 茶湯)의 명인으로 간주하며 다도의 개산조(開山祖)라고 숭상하고 있는 것이다.

한편 다케노 조오(武野紹鷗)가 다이린 소토(大林宗套) 선사 밑에서 참선을 하고 '잇칸(一閑)'이라는 거사호(居士號)를 받은 것이 천문 18년(1549), 48세 때라고 한다. 그의 참선은 무라타보다 연대적으로 앞서는데, 그의 초상화[畵像]에 '요지(料知)하건대 선미(禪味)·다미(茶味)는 같은 것임'이라고 찬문(贊文)을 기록하고 있는 것으로 보아 이 시기에 선다일미(禪茶一味)의 의식이 고양되었음을 알 수 있다. 『산상종이기』[152]에서 그의 다풍(茶風)에 대해 "모든 다도[茶湯]는 선(禪)이다"라고 말하고 있듯이 다케노는 다도의 성격을 선이라고 평하고 있다. 또한 자쿠안 소다쿠(寂庵宗澤)의 저술로 알려지고 있는 『선다록(禪茶錄)』은 다선일미의 대요(大要)를 논하는 책으로서 '다도의 모든 것은 선도(禪道)를 근본[宗]으로 할 것'이라고 설하고 있다.

당대 조사선에서 말하는 선(禪)이란 단순히 번뇌를 퇴치하기 위해 한적한 곳에 조용히 앉아 마음을 닦는 좌선이나 명상을 말하는 것이 아니다. 조사선에서 말하는 선(禪)은 한마디로 인간 각자의 근원적인 본래심을 자각하고, 자각된 본래심[평상심]으로 일체의 경계에 끄달리지 않으며, 차별심이나 분별심의 번뇌 망념 없이, 일상생활의 매사를 걸림 없이 무애 자재한 지혜로 살아가는 것을 말한다. 『열반경』 등의 경전에서 말하는 본래심의 자각이란 불성의 깨달음(自覺聖智)으로서 공의 실천을 의미한다. 자기[我相, 人相]를 비우고 공의 실천으로 살아가는

---

152) 『茶道辭典』(淡交社, 1978), p.777. 명물 목록으로, 1588년에 간행된 리큐 다탕에 대한 저서이다.

것은, 그대로 반야의 지혜로 각자의 평범한 일상생활 매사를 진실되고 창조적인 삶으로 만들어 가면서 살아가는 것이다.

　말하자면, 선은 각자의 불성인 본래심을 자각하고, 자각된 본래심으로 일체의 경계에 무애 자재하게 반야의 지혜로 전개하는 공의 실천으로서 불성 사상과 반야 사상을 통합하여 각자의 일상생활을 지혜롭게 전개하는 것이다. 그래서 조사선의 대성자인 마조도일은 평상심으로 살아가는 것이 바로 진실한 도의 세계라고 하면서 조사선의 도를 '평상심시도(平常心是道)'라고 새로이 정의했다. 임제 선사도 언제 어디서나 각자의 본래심을 잃어버리지 않고 자각한 본래심과 자신이 주인이 되어 살아갈 때, 자신이 서 있는 그곳이 바로 진실한 깨달음의 경지(道)가 된다고 하는 '수처작주 입처개진(隨處作主 立處皆眞)'이라는 명구를 토하고 있다.

　초의 선사는 특별히 선다일여(禪茶一如)나 다선일여(茶禪一如)라는 말을 사용하지는 않았지만, 다도에 대해 질문하는 어떤 납자(衲子)에게 대답하는 다음과 같은 게송에서 선다일여의 경지를 단적으로 제시하고 있다.

　　고상함, 속됨, 청정함과 티끌(더러움)의 세계가 원래 하나인 것인데,
　　매미소리와 까마귀 우는 소리를 구별하지 말라.
　　雅俗淸塵元一致 不別鳴蟬與噪鴉

　고상함과 속됨, 청정함과 더러움은 인간들의 차별심과 분별심에서 기인한 번뇌의 소산이지 근원적인 본래의 세계에는 존재하지 않는다.

그래서 초의 선사는 이러한 차이들이 본래는 하나라고 말하고 있다. 그래서 근원적인 본래심으로 되돌아갈 때, 매미소리나 까마귀 울음소리에도 끄달리지 않게 된다는 말이다. 즉 일체의 분별과 차별의 세계를 떠나 근원적인 본래심으로 차를 달이고 마시는 것이 바로 다도라는 것을 단적으로 설하고 있다.

선다일여의 정신은 『신심명』에서 주장하는 다음의 게송을 통해서도 살펴볼 수가 있다.

> 마음에 차별 분별이 없으면,
> 만법은 한결같다.
> 한결같음은 본체가 현묘하여
> 무심하게 일체의 반연을 잊는다.[153]
> 心若不二 萬法一如
> 一如體玄 兀爾忘緣

근원적인 본래심에서 만법과 하나가 된 것을 만법일여(萬法一如)라고 한다. 우리들 인간이 행주좌와(行住坐臥)의 일상생활을 다양하게 전개할지라도 일체의 주위 경계나 현실에 매몰되지 않고, 언제나 근원적인 본래심으로 살아가는 것이 선생활이다.

『증도가』에서도 "인간의 행위가 모두 선이요, 앉아 있는 것도 또한 선이다. 말을 할 때나, 묵묵히 있을 때나, 움직일 때나, 조용히 있을 때나, 본래심으로 언제나 편안하게 살고 있는 것이다(行亦禪 坐亦禪 語

---

153) 『경덕전등록』 30권(『대정장』 51권, p.457b.)

默動靜 體安然)"154)라고 읊고 있는 것처럼 인간의 모든 행위가 모두 선이 되기 때문에, 언제나 일체의 근심 걱정이 없는 편안한 생활이 될 수 있는 것이다. 『유마경』「보살품」에서도 "일체의 행동이나 발을 들고 발을 놓는 행위는 마땅히 깨달음의 경지에서 불법에 의거한 보살도의 삶이라는 사실을 알아야 한다(諸有所作 擧足下足 當知皆從道場來 住於佛法矣)"155)라고 설하고 있다. 임제는 '수처작주 입처개진(隨處作主 立處皆眞)'이라고 하면서, 경계를 자유자재로 활용하는 무의도인(無依道人)이 되어야 한다고 강조하고 있다. 말하자면 지금 여기 자신의 일〔一事〕에서 깨달음의 세계를 실행하는 것이라고 하겠다.

다양한 인간의 행위가 불이의 경지로서 하나〔一如〕가 될 수 있는 것은 육체적인 행동이나 행위 그 자체 때문이 아니라, 근원적인 마음의 주체인 진여 본심에서 전개된 것이라는 사실을 잊어서는 안 된다. 따라서 한적한 곳에 조용히 앉아서 참선을 하는 좌선(坐禪)의 이미지와 차분한 자세로 조용히 차를 마시는 외관상의 행위를 같은 것〔一如〕으로 간주하고 다선일여(茶禪一如) 혹은 선다일여(禪茶一如)를 주장해서는 안 된다. 이것은 좌선과 차를 마시는 행위를 억지로 일체화하려는 것으로서, 오히려 분별심과 조작심이 증대될 뿐이다. 차를 마시든 좌선을 하든 일체의 행위와 분별에 떨어지지 않아야 한다. 다선일여(茶禪一如)는 일상삼매(日常三昧)를 통해 이루어지는 것이다.

차를 마실 때나 식사를 할 때 모두 불법의 세계에 주(住)하고 있듯이, 평상의 일상생활 그 모두는 본래심으로 불법을 전개하는 것이다. '평

---

154) 『경덕전등록』 30권(『대정장』 51권, p.460b.)
155) 『대정장』 14권, p.542c.

상심(本來心)이 바로 도'라는 조사선의 도의 정의는 바로 이러한 정신을 단적으로 제시한 것이다. 선불교는 이렇듯 평상심으로 전개하는 일체의 모든 행위와 의용(儀容)을 불법의 작용으로 보는 생활종교이다.

선다일여(禪茶一如)와 같은 의미로 선다일미(禪茶一味)라는 말이 있다. 『화엄경』 「십지품」에서는 대해(大海)의 특징 가운데 하나로 바닷물이 짠맛 일미(一味)라는 사실을 제시하고 있다. 『대지도론』 19권에서는 "향기롭고 청정한 물이나 백천(百川)의 강물이 대해에 흘러 들어가면 모두 짠맛으로 변하게 된다"[156]라고 말하고 있다. 바닷물이 항상 짠맛으로 일미[157][同一鹽味]의 특성이 있다고 하는 것은, 진여 본성은 시방 삼세의 법계와 둘이 아닌 하나라는 의미로 법계일여(法界一如), 일체 만법과 하나라는 의미에서 만법일여(萬法一如)의 경지를 비유한 것이다. 『금강삼매경』에도 "대자대비하신 부처님은 지혜로 무애 자재한 경지를 통달하여 널리 중생을 제도하심에, 근본적인 깨달음의 경지[一諦義]에서 모두 일미의 지혜[道]로 설법하신다"[158]라고 하고 있다. 대해의 소금, 즉 짠맛은 언제나 일미인 것처럼 부처님이 중생을 위하여 팔만사천법문으로 다종다양(多種多樣)하게 설법하지만, 언제나 중생 모두가 구경의 깨달음의 세계[一味]를 체득하도록 설한다.

『조당집』에서는 일미를 다음과 같이 표현하고 있다.

---

156) 『대지도론』 19권(『대정장』 25권, p.199b.) "如香美淨水 隨百川流 기入大海 變成鹹苦."
157) 일미(一味)는 깨달음의 경지로서 진여 본성이 청정하며 순일무잡(純一無雜)한 평등·일여·동등·불이(不二)의 세계를 의미한다. 반면 이미(二味)는 분별적·차별적인 번뇌 망념에 떨어진 중생심을 뜻한다.
158) 『금강삼매경』, 「序品」(『대정장』 9권, p.366a.) "大慈滿足尊 智慧通無礙 廣度衆生故 說於一諦義 皆以一味道."

선사는 일미의 법우(法雨)를 두루 학도들에게 뿌리셨다(師以一味法
雨普潤學徒).[159]

일미 제호(醍醐)의 약으로 만병을 모두 치료하여 편안케 하다(一味
醍醐藥 萬病悉皆'安).'[160]

오직 나산(羅山)의 불법은 바로 일미의 백반(白飯)이군(唯有羅山是
一味白飯).[161]

작은 시냇물이 모두 바다로 돌아가니 오로지 한 맛(小川歸海全同一
味).[162]

그리고 송대의 명승 진정극문(眞淨克文) 선사는 다음과 같이 읊고 있다.

열 개의 불단 가운데 하나의 해인.

삼종〔욕계, 색계, 무색계〕의 세간도 모두 여기에 있네.

다함이 없는 자성의 바다는 한 맛이나,

한 맛도 끊어진 것 이것이 나의 선(禪).[163]

十佛壇中一海印　　三種世間總在焉

無盡性海含一味　　一味相沈是我禪

159) 『조당집』 2권, 혜능화상전(『고려대장경』 45권, p.248a.)
160) 『조당집』 11권, 운문화상전(『고려대장경』 45권, p.305a.)
161) 『조당집』 12권, 용회화상전(『고려대장경』 45권, p.312c.)
162) 『조당집』 20권, 오관산서운사화상전(五冠山瑞雲寺和尙傳)〔『고려대장경』 45권, p.359c.〕
163) 『선문보장록』 上권(『卍신찬속장경』 64권, p.808b.)

자성의 바다 전체가 한 맛으로, 일미는 일진법계(一眞法界), 무애법계(無碍法界)라는 의미이다. 그러나 진정한 의미에서 그 일미(一味)의 맛에 빠지거나 그 세계에 떨어져 있으면 제대로 활동할 수가 없다. 선(禪)의 관점에서 보면 깨달음의 경지인 일미의 세계조차도 초월해야 자유자재한 지혜로운 생활을 할 수 있는 것이다. 『유마경』「문수사리문질품」에는 "선미에 탐착하는 것은 보살의 속박이며 방편으로 중생 구제를 하는 것이 보살의 해탈이다(貪着禪味 是菩薩縛 以方便生 是菩薩解)"[164]라는 말이 있으며, "이승의 수행자는 선미에 탐착하고, 이승의 수행자는 열반의 경지에 떨어진다(二乘人貪着禪味 墮二乘涅槃)"[165]라고도 설하고 있다. 선미(禪味)란 선정의 평안함과 선정의 즐거움, 즉 번뇌 망념을 탈피한 깨달음의 경지에 안주하는 것을 말한다. 『유마경』에서는 또한 이를, 사리불이 나무 밑에서 선정에 들어 있는 모습을 보고 유마힐이 비판하는 이야기로 엮고 있다. 보살은 깨달음의 경지에 안주하지 말고, 다시 중생의 사바세계로 나아가 지혜와 방편으로 중생을 구제하는 이타 정신을 발휘해야 한다. 마치 연꽃이 진흙땅에서 피지만 더러운 흙탕물에 물들지 않는 것처럼, 중생이 사는 사바세계의 현실에서 중생과 더불어 살면서 보살행을 하지만 거기에 집착하거나 물들지 않는 깨달음의 삶을 살아야 한다는 것이다. 이러한 보살행이 현실성을 초월한 중도의 실천이다.

『정법념경(正法念經)』 제3권에서도 다음과 같이 설하고 있다.

일식〔한 맛〕으로 번뇌를 여의고,
여러 가지 맛에 탐착하지 않으며,

---

164) 『유마경』(『대정장』 14권, p.545a.)
165) 『대승무생방편문』(『대정장』 85권, p.1274c.)

능히 일체의 번뇌를 버리고 도(道)를 행하는,

이와 같은 사람을 비구라고 한다.[166]

一食而離垢 　 不貪着諸味

能捨於利養 　 如是名比丘

　바닷물을 짠맛 일미라고 말하는 것처럼, 근원적인 본래심으로 되돌아갈 때 깨달음의 경지를 체득하게 된다. 곧 선다일미(禪茶一味)도 선다일여(禪茶一如)와 마찬가지로, 차를 마시는 행위와 참선하는 행위가 둘로 나누어지지 않고 각자의 근원으로 되돌아간 본래심에서 전개될 때 도달할 수 있는 깨달음의 경지인 것이다.[167]

4. 선구(禪句)로 보는 선 사상

　여기에서는 중국 송대의 선승인 천동여정(天童如淨) 선사의 '풍령송', 추사 김정희의 '석범(石帆)이 그린 위당의 삿갓 쓴 작은 초상화에 화답한 혼허(混虛) 선사를 위해 지은 시', 그리고 '우사(초의)가 등을 밝히다(芋社燃燈)'에서 언급한 몇몇 선구와 선어(禪語)를 살펴보기로 한다.

　중국 송대의 천동여정 선사는 『천동여정화상어록(天童如淨和尙語錄)』 하권에서 다음과 같이 '풍령송(風鈴頌)'을 읊고 있다.

---

166) 『정법념처경』 3권(『대정장』 17권, p.16a.)
167) 정성본, 『선문화』(세미나 자료, 2009), pp.70~72.

온 몸이 입이 되어 허공에 걸려 있네.

동서남북 어떤 바람도 개의치 않고,

한결같이 무심하게 반야의 법문을 설한다.

땡그랑 땡, 땡그랑 땡(찌리링 찡, 찌리링 찡).[168]

渾身似口掛虛空　不管東西南北風

一等與渠談般若　滴丁東了滴丁東

　처마 끝에 매달려 있는 풍령이 어떤 바람도 분별하거나 가리지 않고, 무심하게 받아들여 자신의 본분사의 일을 '땡그랑 땡, 땡그랑 땡'하는 자연법이(自然法爾)의 법음(法音)으로 자신의 진여 법신에게 반야의 법문을 설한다고 읊었다. '거(渠)'는 진여 법신을 지칭하는 지시대명사이다. 풍령이 시절인연의 바람에 따라 무심하게 울리는 것은 누구를 위해서 울리는 것이 아니라 자기 본분사의 일이다. 무심하게 울리는 풍령 소리를 듣고 자각하도록 자신의 진여 법신에게 반야의 법문을 설하는 것이다.

　『완당전집』 10권 '석범(石帆)이 그린 위당의 삿갓 쓴 작은 초상화에 화답한 시'에서 추사는 다음과 같이 읊고 있다.

　　직선·곡선에만 익숙한 줄 알았는데,

　　홀연히 화엄의 누각에 바람이 넘치네.

　　굳이 설명하자면 유마의 불이(不二)법문과 같은 뜻이니,

---

168) 『여정화상어록』 하권(『대정장』 48권, p.132b.)

고개 돌려 곰곰이 자가(自家)의 본분에서 찾아보게.[169]
曾於句步倨行工　忽漫華嚴樓閣風
强說維摩非二義　回頭覓覓自家中

'구(句)'는 직선으로 긋는 선으로 구보(句步)이며, '거(倨)'는 곡선으로 긋는 선으로 거행(倨行)이다. 직선(句步)과 곡선(倨行)의 화법으로 여법하게 그린 초상화를 칭찬하고 있는 말이다. 석범이 그린 초상화 그림이 여법하고 훌륭한 그림이기에, 무심하게도 홀연히 수많은 꽃으로 장엄된 화엄정토의 누각에서 맑고 시원한 청풍이 불어와 우주 법계를 가득 채우고 있는 것과 같다고 하였다. 이 초상화에서 어떻게 그러한 진여 법계의 화엄세계와 청풍의 불가사의한 묘용이 일어나고 있다고 느꼈을까?

'화엄법계의 불가사의한 지혜 작용의 세계는 언어 문자로 설명할 수가 없지만, 군이 설명한다면 유마의 불이법문과 같은 뜻으로 나도 침묵으로 설명할 수밖에 없다. 그대가 이러한 사실을 알고자 한다면 마음 밖에서 진실과 깨달음을 찾으려는 생각을 자기 본성으로 되돌려, 진여 본성의 지혜 작용인 자기 본분의 살림살이에서 곰곰이 참선하여 관찰하고, 깨달아 체득해 보라'는 내용이다.

유마의 불이법문(不二法門)은 일체의 상대적인 분별과 차별을 초월한 근원적인 본래심의 경지를 말한다. 불이선(不二禪)은 자타·주객의 대립이 없어진 무심의 세계이며, 만법일여(萬法一如)의 경지이다. 추사는 『유마경』에서 설한 불이법문을 완전히 체득하여, 불이의 경지에서 반야

---

169) 신호열 편역, 『국역 완당전집』 3권(민족문화추진회, 1988), p.253.

의 지혜로 난초 그림을 그렸다는 사실을 자각하고 확신한 경지에서 이 게송을 쓴 것이다. 그것은 다음과 같은 일절을 진솔하게 기술하고 있다.

> 만약 어떤 사람이 어떻게 이러한 불이선란을 그리게 된 것인가, 그 이유를 설명하라고 강요한다면, 비야리 성의 유마 거사가 보살들에게 불이법문을 침묵으로 대답한 것처럼, 나 역시 침묵으로 대답하겠다. 향기가 두루 나네.
> 若有人 強要爲口實 又當以毘耶 無言謝之 曼香.

불이선으로 그려진 난초 그림을 방편의 언어 문자로 설명할 수가 없는 것이다. 자타(自他)·선악(善惡)·미추(美醜) 등 일체의 상대적인 중생심의 차별과 분별을 초월한 진여 본성의 불가사의한 지혜의 묘용을 어떻게 언어 문자로 설명할 수가 있겠는가?[170] 그래서 유마가 침묵으로 대응했고, 추사도 유마와 같이 침묵으로 대응한다고 한 것이다. 마지막의 '만향(曼香)'은 향기가 널리 퍼져서 '일체처에 두루하다'라는 뜻인데, 의식의 대상으로서 인식되는 난초 향기를 뜻하지는 않는다. 난초 그림에서 난초의 향기가 널리 풍길 수는 없다. 만향은 추사가 불이법문의 침묵으로 대답한 진여 법신의 지혜 작용이 법향(法香)과 묘향(妙香)이 되어, 불이(不二)의 묘용으로 법계에 두루한다는 의미로서 만법일여(萬法一如)를 나타내고 있다.

---

170) 『대승기신론』에서는 이를 언어를 여읜 진여[離言眞如]라고 한다. 이언진여는 불이의 경지로서 진제(眞諦), 혹은 제일의제(第一義諦)라고 하며, 언어를 초월한다는 점에서 또한 불립문자(不立文字), 언전불급(言詮不及), 언어도단(言語道斷)이라고 한다. 중생심의 사량 분별이나 지식을 통해 표현·이해되거나 파악할 수 없기 때문에 심행처멸(心行處滅)이라고도 한다.

초의 선사가 차를 만들어 선물하자, 추사는 '명선(茗禪)'이라는 글씨를 써서 보답하면서 자신을 '병거사(病居士)'라고 자칭하고 있다. 또 '직심도량(直心道場)'이라는 글씨에도 '서기 우사선범 병거사(書寄 芋社 禪凡 病居士)'라고 썼는데, 이 글 역시 초의(芋社) 선사를 위해 쓴 글임을 알 수 있다.[171] '병거사'라는 말은 『유마경』에 유마 거사가 병으로 앓고 있는 것은 중생의 병이 있기 때문이라고 설한 것에서 연유한다. 중생들이 번뇌 망념의 심병(心病)을 앓고 있기 때문에 유마 거사는 세속의 거사로서 중생들과 함께 심병의 고뇌를 극복하면서 대승 보살도를 실행하고 있다. 말하자면 재가의 보살인 유마 거사가 사바세계의 중생들을 위한 동사섭(同事攝)이며 화광동진(和光同塵)의 보살도를 실행하고 있는 것이다.

당대의 시인 왕유(王維, 699~759)도 왕마힐(王摩詰)이라고 하여 유마 거사로 자칭했고, 송대의 소동파(蘇東坡, 1036~1101), 추사 김정희도 재가의 유마 거사임을 자칭하였다. 왕유나 소동파가 유마 거사와 같이 불이법문을 깨달아 독자적인 반야의 지혜로 선시를 읊고 있는 것처럼, 추사 역시 불이선란의 난초 그림과 게송을 같은 경지에서 읊고 있다.

선(禪)의 경지는 신(身)·구(口)·의(意) 삼업(三業)이 청정하여 생사에 윤회하는 업장(業障)을 남기지 않는다. 연꽃이 진흙탕에서 피지만, 진흙탕 물에 오염되지 않는다고 하여 처염상정(處染常淨)이라고 하며, 자아의식과 의식의 대상 경계에 자취나 흔적을 남기지 않는다고 하여 몰종적(沒蹤跡)이라고 하는 것처럼, 진여 본성의 지혜로 무심하고 무사(無事)한 본분사의 삶을 살아가는 것이다.

---

171) 고월용운·진월 공저, 『초의 선사의 차 향기』(도서출판 초의, 2009), p.15 사진·도록 참조.

이러한 선의 세계를 두고 무법(진여 본성)의 경지에서 여법한 지혜로운 삶을 실행한다고 하는데, 선의 예술이나 선묵(禪墨)도 이러한 경지에서 표현된 것이다. 중생심의 사량 분별과 자아의식의 조작과 작위성이 없이 무작(無作)의 묘용(妙用)을 실행하고, 무작위(無作爲)의 지혜 작용으로 운행하는 것이 선묵(禪墨)이며, 선화(禪畵)·선시(禪詩)·선다(禪茶)·선문답이다. 말하자면 선 문학이나 선 문화는 세속적인 가치관을 초월한 진여 본성의 지혜인 것이다. 따라서 선(禪)이라는 말은 도(道)·법(法)·불(佛)·여래(如來)와 같은 의미로, 시절인연에 따라서 진여 본성이 여법하고 여실하게 자연법이(自然法爾)로 생명 활동을 하는 지혜 작용을 말한다. 자아의식의 중생심과 이원적(二元的)인 사고로 사량 분별하여 선(禪)을 이해하면, 선의 본령(本領)인 지혜 작용의 생명을 죽인다.

주객·자타·선악·범부와 성인·아름다움(美)과 추함(醜) 등 상대적이고 윤리·도덕적인 가치관, 자아의식의 중생심과 의식의 대상 경계를 수반하는 세속에서는 의식의 틀에 속박된 서법(書法)에 의해 글씨를 쓰지만, 불이선(無心是道)은 무법이 실행되는 경지이기에 선 문학과 선 문화에는 그러한 의식의 틀이 없다. 그러나 한편으로는 선묵(禪墨)이나 선화(禪畵) 혹은 다기(茶器)를 만드는 사람들의 마음가짐과 행동은 많은 세월 이어 온 수행과 몸에 익은 숙달을 통해 무심(無心)·무작(無作)의 묘용(妙用)으로 만들어진다. 이것을 일본의 학자 야나기 무네요시(柳宗悅)는 여여미(如如美), 혹은 불이미(不二美)의 예술이라고 주장하고 있다.[172]

진여 법신을 제법실상이라는 의미에서 진상(眞相)이라고 하고, 법신의 자취나 흔적을 진영(眞影)이라고 한다. 즉 진영은 진여 법신의 자취

---

172) 야나기 무네요시 저, 『미의 법문』(岩波文庫, 1995).

나 흔적을 그림으로 그린 초상화를 말한다. 그 사람의 몸과 초상화의 그림은 꿈과 같이 실체가 없지만, 생전에 불이선의 경지에서 지혜 작용으로 쓴 글씨는 진여 법신이기에 참된 진영(眞影)이라고 하는 것이다. 추사는『완당전집』제6권 소당(小棠) 김석준(金奭準, 1831~1915)에 관한 '소당의 작은 영정에 제한다'라는 글에서 "꿈과 몸은 모두 거품처럼 소멸하겠지만, 글씨만은 홀로 진여 법신이 될 것이니, 만약 소당을 찾고자 한다면 그의 꿈과 몸에서가 아니라, 글씨에서 찾아야 한다"[173]라고 하였다.『금강경』32단에서 "일체의 모든 존재[有爲法]는 꿈, 환화(幻化), 물거품, 그림자와 같이 실체가 없이 무상한 것"[174]이라고 설한 것처럼, 꿈과 몸은 고정된 실체가 없다. 그러나 진여삼매의 경지에서 쓴 글씨는― 진여 본성의 생명 활동인 지혜 작용은― 진여 법신이기 때문에 진여 법신을 소당의 글씨에서 찾아볼 수 있어야 한다는 것이다.

『완당전집』제10권에서 추사는 '우사[초의]가 연등을 밝히다(芋社燃燈)'라는 제목으로 다음과 같은 시를 지었으며 그의 글씨도 전하고 있다.[175]

초의라는 노승은 붓으로 참선하네.
등불 그림자 한 마음 한 마음 붓으로 그리네.

---

173) 최완수, 『추사집』(현암사, 1976), p.181. "夢與身 皆漚幻 書獨爲 眞如法身 如求小棠 不於其身夢 而在於書."
174) 『금강반야바라밀경』(『대정장』8권, p.752b.) "一體有爲法 如夢幻泡影 如露亦如電."
175) 유홍준, 『완당평전』(학고재, 2002), p.375, 『김정희』(학고재, 2006), p.213에서 이 시는 초의가 제주도를 방문했을 때의 작품이라고 하며, 추사의 글씨까지 사진으로 수록하고 있다.

등의 불꽃 꺼질세라 일심의 지혜를 작용하니,

천연스럽게 불속에서 연꽃이 피어나네.[176]

草衣老衲墨參禪　燃影心心墨影圓

不剪燈花留一轉　天然擎出火中蓮

　초의 선사가 붓으로 연등을 그리는 것을 보고 추사가 읊은 시라고 생각한다. 초의 선사는 단순히 대상으로서 밝게 비추는 연등을 그린 것이 아니다. 초의 선사의 모습을 묵참선(墨參禪)이라고 표현하는 데서 알 수 있듯, 초의 선사는 한 마음, 한 마음 진여삼매의 경지에서 자신의 마음속에 비친 등불을 붓으로 여실하게 그리고 있는 것이다(燃影心心墨影圓). 『화엄경』에서 "일체의 모든 것은 마음으로 만들어 조작한다"[177]라고 설하는 것처럼, 연등의 불빛이 비치는 사물은 마음속에 나타난 영상의 모습이며, 의식의 대상 경계에 나타난 현상이기 때문에 그러한 등불 그림을 한 마음 한 마음의 지혜 작용으로 원만하게 그린다고 표현한 것이다.

　연등 그림을 그리고 마지막에 불꽃을 그린 장면을 '부전등화유일전(不剪燈花留一轉)'이라고 읊고 있는데, 이는 등불의 불꽃이 꺼지지 않도록 마지막에 붓으로 한 획의 불꽃을 그리는 일전(一轉)의 지혜 작용으로 표현한 것이다. 일전은 심기일전(心機一轉)이라는 말처럼, 전심전력을 다하여 더 높은 생명 활동으로 전향하는 지혜 작용을 말한다. 선에서 일전어(一轉語), 일구(一句) 등도 마찬가지로 미혹에서 깨달음으로,

176) 신호열 편역, 『국역 완당전집』 3권(민족문화추진회, 1988년), p.200.
177) 『대방광불화엄경』(『대정장』 8권, p.102a.) "一切唯心造."

중생심에서 불심으로 전환하도록 하는 자각적인 지혜 작용을 뜻하는데, 이것은 돈오견성·견성성불과 같은 말로서 자각성지(自覺聖智)를 이루게 하는 방편의 언어이다. 추사는 여기에서 붓으로 그린 등불의 불꽃이 바로 초의 선사의 지혜 작용으로 빛나는 불꽃이 되어 진여 법신의 지혜 광명으로 꺼지지 않고 있다는 사실을 표현하고 있다.

화중련(火中蓮)은 『유마경』 「불도품」에 "불속에서 연꽃이 피는 일은 진정 희유한 일이다. 중생심의 욕망 속에서 참선 수행을 하는 일도 역시 희유한 일이다"[178]라고 설한다. 불 속에서 연꽃이 핀다는 것은 탐·진·치 삼독의 불속에 살고 있는 중생의 세계에서 부처의 지혜를 이루는 것을 비유한 것으로, 진흙땅에서 피는 연꽃의 비유와도 같다. 시의 마지막 구절에서 초의 선사는 중생의 사바세계에서 부처의 지혜를 전개하는 것이 마치 불 속에서 연꽃이 핀 것과 같다고 비유하고 있다.[179]

5. 추사 김정희의 선다시(禪茶詩)

(1) 추사 김정희와 선다(禪茶) 사상

『완당전집』 제10권에 '만허(晩虛)에게 희증하다'라는 시에서 추사 김정희(金正喜, 1786~1856)는 다음과 같이 서문을 쓰고 있다.

---

178) 『유마경』 「불도품」(『대정장』 14권, p.550b.) "火中生蓮華 是可謂希有 在欲而行禪 希有亦如是."

179) 정성본, 「추사 김정희와 초의 선사의 교유」, 『추사연구』(과천문화원 추사학회 발표, 2012), pp.73~82.

만허가 쌍계사 육조탑(六祖塔) 아래 거주하는데, 차를 만드는 솜씨가 절묘하였다. 그가 만든 차를 가져와 맛보이는데, 비록 용정(龍井)의 두강(頭綱)차라도 이보다 더 좋을 수 없으며, 향적찬을 만드는 부엌에도 이러한 묘미는 없을 듯하다. 그래서 찻잔 한 벌을 주어 그로 하여금 육조탑(六祖塔)에 차 공양을 올리게 하고, 아울러 석란산(錫蘭山)[180]의 여래금신의 진상이 육조의 금신과 서로 같다는 것을 말해 주면서, 『열반경(涅槃經)』에서 설하는 일곱으로 엉키고 여덟으로 얽힌 갈등(七藤八葛)의 번뇌 망념에서 벗어날 수 있도록 하였다.

최근에 어떤 정법의 안목이 없는 선승(一瞎師)이 석가세존이 입적한 후 두 발을 관 밖으로 내보여, 가섭에게 법을 전한 쌍부(雙趺)의 인연을 사실로 고집(堅持)하고, 심지어 이심전심(以心傳心)으로 법을 전한 것을 사실로 여기고 있어, 나도 모르게 큰 웃음이 터져 마시던 차를 내뿜고 말았다. 이러한 상황을 만허 선사가 목격하고 갔다. 승련노인(勝蓮老人)이 기별(記莂)하다.

열반이라는 마설(魔說)에 사로잡혀 헛되이 세월을 보낸다.
선사는 안목이 올바른 참선 수행을 바랄 뿐이다.
차 만들고 마시는 일과 함께 불법의 삼학(三學)을 참구해서,
사람들에게 불탑의 광명을 원만히 체득하도록 권하오. [181]
涅槃魔說送驢年 只貴於師眼正禪
茶事更兼參學事 勸人人喫塔光圓

---

180) 스리랑카.
181) 신호열 편역, 『국역 완당전집』 3권(민족문화추진회, 1988), p.294.

출가 수행자로서 정법의 안목을 구족하지 못한 많은 선사들은, 부처님이 입적할 때 가섭에게 두 발을 관 밖으로 내보여 이심전심(以心傳心)으로 정법을 전한 방편의 이야기를 진실로 알고 착각하고 있다고 하면서, 어리석은 선승의 안목을 비판하고 있다. 선불교에서 주장하는 이심전심이나 교외별전(敎外別傳)이라는 방편의 말을 제대로 알지 못하는 무지한 선승들의 말을 들을 때마다, 추사는 한심한 웃음이 나와 차도 제대로 마실 수가 없다는 심정을 토로하면서 읊고 있는 것이다. 불법에 의거하여 참선 수행을 해야 정법의 안목을 갖추고 열반에 들 수 있다. 부처·여래·보리·열반·해탈 등은 고정된 실체가 없는 방편법문의 언어일 뿐이므로, 이를 깨달음이나 한 소식을 얻을 목적으로 삼고 그릇된 참선 수행을 하고 있는 것을 추사는 안타까워하고 있다.

선승들이 사람들에게 차를 권하여 마시도록 하는 것은, 지금 여기에서 차를 마시는 주인공을 깨달아 자각하고 시절인연에 따라 자기 본분사의 삶을 깨달음의 지혜로 실행하는 인연을 제시하는 것이다. 곧 그것은, 지금 여기에서 불법을 깨달아 정법의 안목을 구족하여 부처의 지혜 광명으로 보살도를 실행하는 불탑을 건립하고, 원만한 진여 법신의 지혜 광명을 법계에 두루 비추어 일체 중생들이 무명 무지의 몽매함에서 벗어나도록 하는 일이다.

조주 선사가 처음 총림에 오는 수행자에게 '차를 마시게(喫茶去)'라고 하는 것은 차를 마시면서 차의 맛과 찻물이 따뜻하고 차가운 것을 자각하여, 번뇌 망념을 텅 비우고 진여 본성의 지혜를 체득하도록 한 방편법문이다. 즉 스스로 차를 마시면서 찻물의 차고 더운 맛을 자각[冷暖自知]하고 진여 본성을 자각하여 부처의 성스러운 지혜[自覺聖智]를 이루어 부처가 되고 여래가 되도록 지시한 법문이다. 그런데 출가

승은 차를 만들고 차를 마시는 일만을 본분으로 삼고, 정법의 안목을 구족하는 일을 하지 않는다고 추사는 비판하고 있다. 외도 마구니의 주장[魔說]에 사로잡힌 사람 또한 헛되이 세월만 보내는 것이라고 한다. "사람들에게 불법의 지혜 광명을 원만히 체득하도록 하시오[勸人人 喫塔光圓]"라는 결언의 일절은 불법을 체득하여 사람들에게 설법함으로써 그들이 불법을 깨닫도록 하는 보살도를 강조하는 말이다.

『금강경』 12단에서 설하는 다음과 같은 법문에 의거한 것이다.

> 또한 수보리여! 이 경전의 법문을 설하고 있는 곳이거나, 이 경전에서 설한 법문의 대의를 네 구절의 게송[四句偈]으로 설법하는 곳에는 어디든지 일체 세간의 천(天)·인(人)·아수라가 모두 부처님과 부처님의 탑[사리탑]에 공양하고 있다는 사실을 잘 알아야 한다. 그런데 하물며 어떤 사람이 이 경전의 법문을 깨달아 체득[受持]하고 독송하며, 다른 사람에게 설법하여 불법을 깨닫도록 한다면, 그 수승한 공덕은 더 말할 필요도 없지 않겠는가! 수보리여! 이 사람은 최상의 불법과 제일 희유(希有)한 경전의 법문을 깨달아 성취하게 된 사실을 잘 알아야 한다. 만약에 이 경전의 법문이 설해지고 있는 곳이라면 부처님이 상주하고 계시거나, 혹은 존경받는 훌륭한 부처님의 제자들이 불법을 설하고 있는 곳이라 하겠다.

『법화경』「법사품」에서도 다음과 같이 설한다.

> 약왕이여! 어디서나 이 경전의 법문을 설하거나 독송(讀誦)하거나

사경하거나 이 경전을 설하는 곳에는 반드시 칠보탑이 건립되는 것이다. 지극히 높고 넓게, 장엄하게 장식하며, 사리를 봉안할 필요도 없다. 왜냐하면 이 경전을 설하는 이 사람〔칠보탑〕은 여래의 전신(法身)이기 때문이다. 이 탑에는 온갖 꽃과 향과 영락과 비단, 일산과 당기, 번기와 풍류와 노래로 공양하고 공경하고 찬탄해야 한다.

　『법화경』「분별공덕품」에도 같은 내용의 법문이 있는데, 경전의 수지 독송과 타인에게 설법하는 일이 여래가 되고 부처가 되며, 불탑을 건립하는 일이다. 대승 경전의 수지(受持)·독(讀)·송(誦)·해설(解說)·서사(書寫)의 다섯 가지를 수행이라고 하며, 수지는 의업(意業)이고, 독송(讀誦)·해설은 구업(口業), 서사(書寫)는 신업(身業)에 해당되는데, 경전의 방편법문을 수행하는 사람을 자행(自行)의 법사(法師)라고 하고, 타인에게 설법하여 깨닫도록 하는 것을 타화(他化)의 법사라고 한다. 『금강경』15단에서도 "이 경전이 설해지는 곳에는 일체의 세간 천·인·아수라가 마땅히 공양하게 되며, 탑이 되고, 이 경전의 탑과 주위를 돌면서 여러 꽃과 향으로 공양을 올리게 된다"라고 설한다. 『금강경』을 설하는 곳에 부처의 탑이 있다는 말은 『법화경』「법사품」에서 설하는 법문에서와 같이 이 경전을 수지 독송하고 설하는 사람이 여래이며, 부처이고, 불탑을 건립하는 일이며, 여래 법신〔全身〕의 지혜 작용이기 때문이다.

　『전등록』5권에서는 '남양혜충국사전'에 혜충 국사가 입적하려고 할 때 대종(代宗) 황제에게 이음새가 없는 무봉탑(無縫塔)을 건립하도록 지시하고 있는데, 무봉탑이란 진여 법신의 지혜로 부처가 되는 불탑을

건립하도록 지시하는 법문이다.[182]

　다도는 단지 차를 음료수로 마시기 위한 것이 아니며, 참선은 열반의 경지에 이르는 것을 목적으로 하는 수행이 아니다. 이 일단의 시 (pp.155~156 '만허에게 희증하다' 참조)는 차를 잘 만들고 잘 마시는 일도 중요하지만, 열반의 경지를 깨달아 체득하여 부처의 지혜 광명을 원만히 이루며 정법의 안목을 구족하는 수행도 함께 겸해야 한다는 사실을 강조하고 있다.[183]

　추사는 진실을 확인하는 방법으로 '멱멱 심심(覓覓 尋尋)'이라는 말을 가끔 사용하고 있다. 예를 들면, 『완당전집』 제10권 '혼허(混虛) 선사를 위해 지은 시'에서도 다음과 같이 보인다.

> 비사문(毘沙門)은 법문을 듣고, 진실을 대상으로 찾고 또 찾네.
> 보살의 살림살이(지혜) 원래 고정된 주처가 없기에,
> 만물이 여법하게 생명 활동하는 모습도 듣고,
> 어떤 때는 무심하게 울리는 풍령 소리도 듣는다오.[184]
> 毗沙覓覓復尋尋　菩薩元來住處深
> 聞說萬靑千翠裏　有時自發鍾魚音

---

182) 『경덕전등록』 5권, 남양혜충장(『대정장』 51권, p.245a.) 『선문염송』 30권, 1458칙에도 수록되어 있다.
183) 정성본, 「추사 김정희와 초의 선사의 교유」, 『추사연구』(과천문화원 추사학회 발표, 2012), pp.67~73.
184) 신호열 편역, 『국역 완당전집』 3권(민족문화추진회, 1988), p.291.

비사(毘沙)는 비사문천(毘沙門天, Vaisravana)을 말하며, 사천왕(四天王)의 하나로 수미산(須彌山) 북쪽을 수호하는 천신이다. 불법을 수호하며 많은 법문을 듣기에 다문천(多聞天)이라고 한다. 아무리 법문 듣기를 좋아하는 다문천이라도 자아의식과 의식의 대상 경계에 집착하여 불법을 참구한다면, 진정한 불법 수행의 보살이 될 수가 없다는 내용의 시이다. 이것을 아난 존자가 석가불의 많은 설법을 들어 다문(多聞) 제일이지만, 불법의 대의를 깨달아 정법의 안목을 갖춘 가섭 존자에 미치지 못하는 것에 비유하고 있다.

『금강경』에서는 "보살은 의식의 대상 경계에 집착하지 않는 진여 본성의 지혜로운 삶을 살아야 한다(應無所住 以生其心)"고 설한다. 이러한 보살도의 묘용을 대승불교에서는 제법실상(諸法實相)의 열반이라고 하는데, 추사는 삼라만상이 모두 시절인연에 따라 본분사의 생명 활동으로 보살도의 삶을 살고 있는 경지를 만청천취(萬青千翠)라고 표현하고 있다. 그리고 마지막에 부분에서는 처마 끝에 걸려 있는 풍령이 시절인연과 함께 바람에 흔들려 무심히 법음(法音)을 법계에 울리고 있는 것과 같다고 비유했다.

(2) 추사 김정희의 시에 나타나는 선다(禪茶) 사상

추사 김정희는 진공묘유(眞空妙有)의 경지에서 독자적인 안목으로 다선일여(茶禪一如)의 선다시(禪茶詩)를 여럿 읊었다. 추사의 선다시를 하나 꼽아 선의 다도 정신이라는 면에서 살펴보고, 그가 쓴 선어(禪語)들의 의미를 고찰해 보겠다. 다음은 추사의 선다(禪茶) 사상을 선(禪)의 안목으로 읊은 명구의 게송이며, 그의 친필도 전하고 있다.

선정의 다도삼매, 법향(法香)은 여여(如如)하고,

진여의 지혜 묘용, 물 흐르고 꽃이 피네.

靜坐處茶半香初　妙用時水流花開

　이 게송은 진여법(眞如法)이 시절인연에 따라서 여법(如法)하고 여실(如實)하게 생명 활동하는 진여 법신의 지혜 작용을 본체[體]와 작용[用]의 논리로 읊고 있다.[185] 정좌처(靜坐處)는 중생심의 번뇌 망념이 텅 비워진 선정(禪定)의 경지[眞空], 즉 진여 본성의 당체(當體)를 공간적으로 표현한 것이며, 묘용시(妙用時)란 진여 본성의 지혜 작용[妙有]을 시간적으로 표현한 말이다. 다도삼매에서 진여의 본체와 작용으로 시절인연과 함께 이루어지고 있는 수연(隨緣)의 묘용을 노래한 아름다운 선다시이다.

　정좌처(靜坐處)란 중생심의 번뇌 망념이 완전히 텅 비워진 진공(眞空)이며, 진여 본성의 근본 당처를 말한다. 『법화경』 「화성유품」에서 "대통지승불이 10겁(劫)이라는 긴 세월을 좌도량(坐道場)하고 있다"고 하는 것은 경전과 어록에서 설하는 좌도량(坐道場), 단좌(端坐), 정좌(靜

---

185) 『완당전집』 제7권 '태허 스님에게 보이다(示太虛)'라는 글에서는 다음과 같이 불법의 체용(體用)에 대한 법문을 설한다. "화엄의 정토는 곧 자심[진여 본심]의 정토라는 사실을 모른다. 비로자나불과 아미타불이 서로 서로 주반(主伴)이 되고, 또 중중(重重)으로 주반이 되어 제석천의 인드라망[因陀羅網] 그물의 구슬이 서로가 서로를 비추는 것과 같다. 이것이 곧 화엄에서 설한 중중(重重) 무진법계(無盡法界)에 원융 무애한 화엄의 대의이며, 태허(太虛)와 본체(體)를 같이하고, 천지와 작용(用)을 함께하는 불법의 대의인데, 지혜가 없는 사람들은 생각할 수도 없는 것이다." 추사는 불법의 체용(體用)을 완전히 체득하여 태허 스님에게 여러 가지 자료를 인용하며 설법하고 있다.(성본 스님 강설, 『금강경』(민족사, 2012), p.189 무실무허(無實無虛) 참조.)

坐), 정려(靜慮), 안좌(安坐), 연좌(宴坐)와 같은 뜻으로, 진공묘유의 진여삼매에 안좌(安坐)하는 부처의 본분사를 말한다.

『유마경』「불국품」의 "청정한 본심이 곧 정토〔直心是淨土, 직심이 도량〕"라는 설법도 마찬가지로 진여삼매의 선정을 말한다. 대승의 선정은 번뇌 망념을 떨쳐 버리려고 애쓰는 어리석은 좌선이 아니라, 본래 청정한 진여 본성을 자각하는 깨달음으로서, 진여의 지혜 작용이 현재 진행하도록 하는 일이다.

『전등록』30권「증도가」에서도 "한가히 노닐며 야승의 본가에 정좌(靜坐)하니, 고요 적적하며 평안히 안거하여 마음이 산뜻하다"라고 읊고 있으며,[186] 『법원주림』71권에서는 '선정좌처(禪靜坐處)'라고 했다.[187]

『완당전집』제5권, 추사가 초의에게 보내는 서른세 번째, 서른다섯 번째 서신에서 "『법원주림』100권과 『종경록』100권 및 신편 어록을 구해서 읽고 있는데, 한번 와서 논의하지 않겠느냐"고 권유하고 있는 것에서도 알 수 있듯, 추사는 대승 경전과 선어록 등 불교의 많은 문헌을 읽고 섭렵하여 불교의 전문 용어를 자유롭게 활용하고 있다. 『완당전집』제7권 '정게(靜偈)를 초의 스님에게 주다(靜偈贈草衣師)'라는 시에서 추사는 "그대 마음이 고요할 때 저자거리도 역시 산과 같고, 그대 마음이 번거로우면 산이라도 저자거리와 같으리(你心靜時 雖闤亦山, 你心鬧時 雖山亦闤)"라고 읊고 있다.[188]『반야심경』의 '색즉시공 공즉시색(色卽是空, 空卽是色)'이라는 반야의 공 사상의 법문을 통달한 추사는 정

---

186)『전등록』30권,「영가진각대사 증도가」(『대정장』51권, p.460b.) "優遊靜坐野僧家 閴寂安居實蕭灑."
187)『법원주림』71권(『대정장』53권, p.827a.)
188) 신호열 편역,『국역 완당전집』3권(민족문화추진회, 1988), p.277.

법의 안목에서 대승 선정의 수행 방향과 방법을 분명하게 터득한 것이다. 입정(入定)이나 입불이법문(入不二法門)이라는 말도, 번뇌 망념의 숲에서 진여 본성의 집(근본)으로 되돌아가는 귀가(歸家)나, 진여 본성의 지혜로운 생명을 되살리는 귀명(歸命)도 같은 내용이다. 선에서 강조하는 견성성불이나, 정토교의 즉득왕생(卽得往生)도 모두 같다.

『완당전집』 제10권에서는 '증풍선(贈豊禪)'이라는 제목의 시에서 다음과 같이 읊고 있다.

> 붉은 깃발 번득번득 대나무에 나부끼네,
> 참된 선의 종풍은 옷이나 깃발에 있는 것이 아니다.
> 천 칠백 공안의 화두(갈등)를 타파해 보면,
> 그 가운데 응당히 본집으로 돌아가는 경지를 체득하리.[189]
> 紅旗閃爍一節飛　眞的宗風不在衣
> 掃破葛藤千七百　個中應得本家歸

붉은 깃발은 사찰에서 법회가 실행되고 있다는 사실을 알리는 상징이다. 그러나 진정한 불법의 종지를 드날리는 종풍은 깃발이나 출가승을 상징하는 옷에 있는 것이 아니다. 그것은 선가에서 천 칠백 공안으로 제시하는 선문답의 갈등을 참구하고 타파해서 정법의 안목을 구족할 때만 가능한 일이다. 추사는 선가에서 종풍을 드날리는 종지의 핵심은 각자의 본가(本家; 本來面目)로 되돌아갈 때 체득할 수 있는 것이라고 불법의 대의를 분명히 제시하고 있다.

---

189) 위의 책, p.277.

다반향초(茶半香初)라는 말은 추사가 만들어 처음 사용한 독창적인 선다어(禪茶語)이며, 그의 명필도 전하고 있다.[190] 다반향초는 진여 본성의 지혜로 차를 마시며 법담(法談)과 도담(道談)을 나누는 다도삼매의 법향(法香)을 말한다. 이 게송의 '향'을 차의 향기(茶香)로 해석한다면 육체의 감각기관인 코로 차의 향기를 맡게 되는 것이 되므로 중생심으로 차의 향기라는 대상 경계를 인식하는 것이어서 다도라고 할 수가 없다. 그것은 곧 선정과 지혜를 함께 수행하는 쌍수도인(雙修道人) 추사의 선 사상과 선다시의 생명인 진여의 지혜 작용을 중생심으로 죽이는 일이 되고 만다.

다반(茶半)이란 다도삼매(眞如三昧)에 몰입하고 있는 상태를 표현한 말이다. 야반(夜半)이라는 비슷한 표현이 있는데, 야반삼경(夜半三更)과 같이 깊은 한밤중을 말한다.[191],[192] 즉 밝음(明)의 차별세계를 초월하여 어둠(暗)의 절대 평등의 경지에 몰입한 상태를 뜻한다. 향을 피우면 향훈(香薰)이 자연스럽게 모든 법계에 두루 퍼지는 것처럼, 무심의 지혜 작용은 상구보리 하화중생의 묘용으로 작용한다.

정좌처(靜坐處)가 진여 본성의 본체이고, 묘용시(妙用時)가 진여 본성의 지혜 작용을 표현하고 있는 다도삼매(茶道三昧)의 세계를 의미하기

---

190) 유홍준, 『완당평전』(학고재, 2002), p.564.
191) 당대의 시인 장계(張繼)가 한산사에서 읊은 시의 "한밤중에 들리는 한산사의 종소리 나그네의 마음을 울린다(夜半鐘聲到客船)"에 보인다.
192) 추사와 같은 시대의 인물 신위(申緯, 1769~847)는 초의의순(草衣意恂, 1786~1856)의 시집 『초의시고(草衣詩藁)』의 서문 끝에 "신묘(1831) 4월 자하 신위(紫霞 申緯)가 북선원 다반향초지실(北禪院 茶半香初之室)에서 서문을 쓰다"라고 기록하고 있다. (『한국불교전서』 제10권, p.831.)

때문에, 다반향초(茶半香初)의 향(香)은 다향(茶香)이 아니라, 진여 법신의 지혜 작용인 법향(法香)이며 묘향(妙香)이다. 향을 피우면 향훈(香薰)이 자연스럽게 모든 법계에 두루하는 것처럼, 무심의 지혜 작용은 상구보리 하화중생의 묘용으로 작용한다. 즉 다반(茶半)은 야반(夜半)과 같이 밝음(明)의 차별세계를 초월하여 어둠(暗)의 절대 평등의 경지에 몰입한 다도삼매를 말한다.

진여 본성(本體)의 본래심으로 차를 마시는 다도삼매이기 때문에 차의 향기나 맛, 즉 자아의식이나 의식의 대상 경계, 육근의 인식과 중생심의 감정에 끌려 진여 본체의 근본(初)을 상실하지 않은 선다일여(禪茶一如)의 경지를 읊고 있다.

불교의 의식집인 『석문의범(釋門儀範)』의 '청정한 계율의 법신향(戒香), 선정의 법신향(定香), 지혜의 법신향(慧香), 해탈의 법신향(解脫香), 해탈지견의 법신향(解脫知見香)이 지혜 광명의 구름이 되어 법계에 두루하여, 시방의 무량한 불법승께 공양 올립니다(光明雲臺 周邊法界 供養十方無量佛法僧)'에서 보이는 '향'도 법신의 지혜 작용이 시방삼세의 법계를 두루 장엄하는 법향을 말한다.

또 『석문의범』에서는 향공양을 올리는 찬문(擧香讚)을 다음과 같이 읊고 있다.

원하건대 미묘한 법신 지혜의 향운(香雲)이,
시방 법계에 원만하게 두루하며,
하나하나의 제불의 정토에,
무량한 법신의 향으로 장엄하며,
상구보리 하화중생의 보살도를 구족하고,

여래향(如來香)을 성취하기를 원합니다.

願此妙香雲　遍滿十方界

一一諸佛土　無量香莊嚴

具足菩薩道　成就如來香

　여기서 말하는 향운(香雲)이나 여래향(如來香)은 여래의 지혜인 법신
향으로 진여 법신의 지혜 작용 또는 지혜 광명을 말한다. 진여 법신의
지혜 광명이 법계에 두루 원만하고, 여래법신의 지혜 작용의 향(妙香)
이 시방 법계에 두루 퍼지기를 기원하는 발원에서도 알 수가 있다.

　『완당전집』 제7권 '견향게를 향훈 스님에게 주다(見香偈 贈香薰衲)'라
는 제목의 시에서는 다음과 같이 읊고 있다.

넓고 아늑한 생사윤회하는 중생의 대지,

비린내 혼탁하여 코를 찌른다.

정법의 안목은 미묘한 향기,

누가 그 신비의 작용을 발휘하는가?

목서화 꽃향기는 숨김없이 풍기고,

천화의 꽃향기는 진여 법신의 지혜 작용.

지혜 광명과 법음(法音)은 서로 함께 작용하니,

문수의 지혜는 불이(不二)의 경지로다. [193)]

茫茫大地　腥濁逆鼻

眼中妙香　誰發其秘

---

193) 신호열 편역, 『국역 완당전집』 2권(민족문화추진회, 1988), p.352.

木犀無隱　天花如意
光音互用　文殊不二

　이 견향게(見香偈)는 추사가 향훈 스님에게 지어 준 게송으로 진여
법신의 지혜 작용인 법향(法香)을 이루도록 하는 선시(禪詩)이다. 앞의
두 구절은 육체의 코로 대상 경계의 냄새를 맡는 것이고, 안중(眼中)의
묘향은 진여 법신의 지혜 작용으로 정법의 안목에서 미묘한 법신의 법
향(法香)을 느낄 수 있어야 한다는 말이다. 미묘한 법향과 묘향(妙香)을
깨달아 체득하여 불가사의한 경지를 이루는 사람은 누구인가?
　자기의식으로 눈과 귀로 보고 듣는 것은 중생심의 분별이다. 그러나
눈으로 향기를 맡는 것은 온몸이 코가 되고, 온몸이 눈이 되고, 온몸이
귀가 되어 정법의 안목을 구족한 진여 법신의 지혜 작용을 말한다. 선
에서는 정법의 안목을 '온 몸이 지혜의 눈'이라는 의미로 '통신병귀안
(通身迸鬼眼)'이라고 표현하고 있다.[194]
　목서화(木犀)는 물푸레나뭇과에 속하는 꽃으로 노란색 꽃은 금목서,
흰색 꽃은 은목서라 하며, 꽃의 향기가 만 리까지 풍긴다고 하여 만리
향이라고도 한다. 이러한 목서화 꽃향기는 온 천지에 여실하게 가득
풍기고 있기에 숨길 수도 없고, 감출 수도 없는 제법실상이다.[195] 목서
화는 외부의 힘에 의해 꽃을 피우며, 자신의 존재를 알리기 위해 향기
를 풍기지도 않는다. 자타(自他)나 주객(主客)의 대상 경계에 대한 의식
과 목적의식 없이 그냥 시절인연에 따라 무심하게 자기 본분사의 생명

---

194) 정성본 역주, 『무문관』(한국선문화연구원, 2004) 제5칙 향엄상수의 송 참조.
195) 이는 『법화경』에서 설하는 일체 제법의 진실된 생명 활동이기에 절대 평등한 법계의 실상
　　(實相)이다. 그래서 일체처에서 누구라도 목서화 꽃향기를 무심하게 맡을 수가 있다.

활동을 할 뿐이어서 자연법이(自然法爾)와 진여법(眞如法)의 작용을 나타낸다. 천화(天花)의 꽃향기는 중생의 코나 귀나 눈으로 맡을 수가 없다. 단지 진여 본심의 여법하고 여여한 지혜 작용으로, 천화의 법향(法香)과 묘향(妙香)을 토할 수 있고 느낄 수 있을 뿐이다. 여기서 여의(如意)란 진여의 지혜가 여법하고 여실하게 부처의 지혜로 작용한다는 뜻이다.[196]

추사가 목서화(木犀)를 제시한 것은 『보등록』 23권, 황정견(黃庭堅; 黃山谷, 1045~1105) 거사전에 의거한 것이다. 송대의 황정견이 회당조심(晦堂祖心) 선사를 찾아가 참선하면서 깨달음을 이룬, 아래와 같은 고사가 있다.

황산곡 거사는 회당조심 선사를 찾아가 "불법의 대의를 깨닫는 핵심처를 지시해 주십시오"라고 법문을 청했다. 회당조심 선사는 "나는 단지 공자가 제자들에게 '나는 조금도 숨김이 없다'라고 말한 것처럼, 나도 숨김없이 모두 다 제시했다"라고 말했다.

황산곡 거사는 항상 선사와 불법의 대의를 논의하고 그에게 자신의 견해를 제시하였지만, 선사는 "옳지 않다(不是)"라고 말해서 미혹한 마음으로 고뇌에 빠졌다.

어느 날 하루 회당조심 선사를 시봉하면서 산행을 하는 도중에,

---

196) 『금강경』의 "여래란 진여 본성이 여법하게 부처의 지혜로 작용하고 있는 것(諸法如義)"과 그 뜻이 같다. 법(法)은 진여법이며, 의(義)는 진여법이 불이의 경지에서 여법하고 여실하게 일체 만법과 생명 활동하는 지혜 작용을 말한다. 『대승기신론』에서는 진여법이 체(體)·상(相)·용(用) 삼대(三大), 즉 법신·보신·화신으로서 지혜와 자비가 상구보리 하화중생의 공덕으로 작용한다고 설명한다.

바위 계곡을 무심하게 지나면서 목서화 꽃이 만발하여 꽃향기가 물씬 풍기고 있을 때, 회당조심 선사가 "그대는 목서화 꽃향기를 맡는가?"라고 묻자, 황산곡(黃山谷) 거사는 "맡고 있습니다(聞心)"라고 대답했다. 회당조심 선사가 "나는 그대에게 숨김이 없이 모두 다 제시했다"라고 말하자, 황산곡 거사는 불법의 대의를 분명히 깨닫고 곧 절을 올리며 말했다. "화상께서 이렇게도 간절한 노파심으로 지도해 주셨습니다." 회당조심 선사는 웃으며 말했다. "단지 그대 스스로가 본가에 이른 것뿐이다(只要公到家耳)."[197]

무심한 경지에서 천지에 가득한 목서화 꽃향기를 맡고 있는 주인공이 진여 본성의 지혜 작용이라는 사실을 깨달아 체득하고 있는 법문이다. 광음(光音)은 진여 법신의 지혜 작용인 광명(光明)과 법음(法音)을 말한다. 『완당전집』 제7권 '가야산해인사중건 상량문'에 "진심(瞋心)을 녹이고 어리석음(痴)을 없애니 지혜의 불꽃이 활활 타고, 삿됨(邪)을 녹이고 악함(惡)을 제거하니 광음(光音)의 지혜가 널리 펼쳐진다"라고 쓰고 있다.[198] 말하자면 제법실상(諸法實相)을 깨닫는 진여 본성의 지혜 작용을 시각적으로 표현한 말이 광명이며, 청각적인 깨달음의 불가사의한 묘용을 묘음(妙音), 법음(法音), 범음(梵音) 등으로 표현한 것이다. 광명과 법음은 진여 법신의 지혜 작용으로 동시에 불이의 묘용으로 함

---

197) 『卍속장경』 137권, p.156d. 『嘉泰普燈錄』 23권 「太史황정견거사」(『卍신찬속장경』 79권, p.427b.) "往依晦堂祖心禪師 乞指徑捷處 心日 只如仲尼道二三子以我爲隱乎 吾無隱乎爾者 太史居常如何理論 公擬對 心日 不是 不是 公迷悶不已 一日 侍心山行次 時巖桂盛放 心日 聞木犀華香麼 公日 聞 心日 吾無隱乎爾 遂釋然 卽拜之日 和尙得恁麼老婆心切 心笑日 只要公到家耳."
198) 신호열 편역, 『완당전집』 제2권(민족문화추진회 ,1988년), p.301.

께 작용하므로 나누어질 수가 없다. 그래서 문수의 지혜는 진여 법신의 지혜 광명과 법음(法音)이 불이(不二)인 것이라고 읊고 있다.

『송고승전』 20권에서는 무착문희(無着文喜) 선사가 문수보살을 친견하러 오대산에 갔을 때 문수보살의 화신으로 한 동자가 다음과 같이 게송을 읊었다고 전한다.

> 성냄 없는 그 얼굴이 참다운 공양구요,
> 성냄 없는 좋은 말씀 미묘한 향[199]이라네.
> 성냄 없는 그 마음이 진정한 법보이니,
> 청정한 이 마음이 참다운 진여 법신.[200]
> 面上無瞋供養具　口裏無瞋吐妙香
> 心裏無瞋是珍寶　無染無垢是眞常

다반향초(茶半香初)는 손님을 초대하여 주인과 객이 차를 마시는 다도삼매의 만남에서, 진여삼매의 지혜로운 법담(法談)과 도담(道談)을 나누는 미묘한 법신의 향기를 뜻한다고 할 수 있다. 다선일여(茶禪一如)나 다도삼매(茶道三昧)는 차를 마시고 참선하는 일을 말하지 않는다. 여러 종류의 차와 다양한 차 도구를 사용하여 차를 마시는 일이나, 육체적인 행위로 참선하는 일은 차별 경계의 행위일 뿐이다. 차별적인 행위

---

199) 미묘한 법신의 묘향(妙香)은 주객의 만남과 법문을 통해서 나누어진다. 『무량수경(無量壽經)』 상권의 '웃는 얼굴과 자애로운 말씀(和顏愛語)'이라는 말처럼, 환히 웃는 아름다운 얼굴과 부드럽고 상냥한 말씨로 대화를 나누는 일이 바로 진여 법신의 지혜 작용인 법향(法香)이며 묘향(妙香)이다.
200) 『송고승전』 20권(『대정장』 50권, p.878a.)

로서의 차와 선을 일체화하고 일여(一如), 즉 불이(不二)의 경지가 되도록 하는 것은 중생심의 또 다른 조작과 작위가 될 뿐이다. 다선일여나 다도삼매는 차별적인 행위를 일체화하는 것이 아니라, 진여 본성의 생명 활동으로 모든 차별적인 사고나 행위를 일체화하는 지혜 작용이다.

진여 법신의 지혜 작용인 미묘한 향과 소리는 법계에 두루하여 다함이 없다는 뜻의 '향성무진(香聲無盡)'은 진여의 지혜 작용인 법신의 향기가 일체 법계에 두루하는 진여삼매·다도삼매의 경지를 말한다.

초(初)는 진여 본성의 근본 당체(本體)이며, 진여 본성은 처음부터 본래 그대로 여여부동(如如不動)한 경지이다. 여기서 말하는 처음(初)은 원초(原初)인 본래심을 의미하는 것이다.

추사의 선다시(靜坐處 茶半香初, 妙用時 水流花開)를 문자로 된 지식으로 이해하고 해석하는 것은 추사의 불법 사상과 선시(禪詩)의 생명인 지혜 작용과는 크게 어긋나는 것이 된다.

『화엄경』 제8권 「범행품」에서는 "처음 발심한 그 마음이 바로 정각을 이루는 경지이다(初發心時 便成正覺)"[201]라고 설하며, 『열반경』 38권 「가섭보살품」에서는 "발심과 구경의 깨달음은 둘이 아니며, 이와 같은 발심과 구경의 두 마음 가운데 어떤 마음이 먼저인지 구별할 수가 없다(發心畢竟二不別 如是二心先心難)"[202]라고 설한다. 처음은 근원적인 본래의 진여 본성임과 동시에 궁극적인 최상의 깨달음인 정각(正覺)이다. 그래서 초발심이 곧 정각이라고 설하며, 초발심과 구경의 정각을 구별하거나 나눌 수가 없는 것이다. 즉 이 게송은 불법 수행의 사상을

---

201) 『화엄경』 8권 「범행품」(『대정장』 9권, p.449c.) "初發心時 便成正覺 知一切法 眞實之性 具足慧身 不由他悟."
202) 『대반열반경』 38권 「가섭보살품」(『대정장』 12권, p.590a.)

읊고 있는 것으로, 불교가 비본래(非本來)의 숲에서 본래의 집(家)으로 되돌아가는 귀가(歸家), 귀향(歸鄕), 귀명(歸命)과 같은 환원성의 종교라는 사실을 말한다.

해수일미(海水一味)는 짠맛으로 모든 강물의 맛과 향기를 하나로 회통(會通)하고 회향(廻向)한다. 즉 모든 다양한 모양과 색깔의 강물이 근본의 바다로 환원(還源)하여 본래로 되돌아가게 하는 환귀본처(還歸本處)나 만법귀일(萬法歸一)을 말한다.

진여 본심(一心)의 여법하고 여실한 생명 활동이 지혜 작용이며 도(道)이다. 따라서 이러한 근원적인 본래심에서 전개되는 무진장한 지혜(本來智, 自然智)의 작용은 언제나 여법(如法)하고 자유자재로 펼쳐지며 깨달음의 세계를 이룬다. 『대승기신론』에서는 "진여 본성은 법계와 하나(法界一相)"라고 설한 것에 비유하여 진여 법신의 불가사의한 지혜 작용인 묘향(妙香)이 여여하게 법계에 두루하는 경지를 읊고 있다.

묘용(妙用)은 진여 본성의 불가사의한 지혜 작용으로, 진공묘유(眞空妙有)를 말한다. 진여 본성의 지혜 작용은 물이 흐르고 꽃이 피는 것처럼, 시절인연에 따라서 여법하고 여실하게 생명 활동을 하는 자연법이(自然法爾)이며, 외부의 힘에 의존함이 없이 진여 자체의 자발적인 생명 활동을 하는 자연업(自然業)이다. 그래서 불법을 진여법, 자연법이(自然法爾)라고 한다.

『종용록』 48칙은 "진여의 지혜 작용은 고정된 방향이 없다(妙用無方)"고 설한다. 이것은 깨달음의 큰 지혜 작용(機用)은 종횡무진(縱橫無盡) 자유자재하다는 뜻이다. 무방(無方)은 장소와 방향, 시공(時空)에 대한 의식과 의식의 대상 경계를 초월한 무애 자재(無碍 自在)한 진여의 지혜 작용, 혹은 불성의 전체 작용을 말한다.

『조당집』7권에서 협산 화상은 "청정한 연못에 물고기가 유희하는 모습이 걸림이 없이 놀고 있다(清潭之水 遊魚自迷)"[203]라고 하며, 『임제록』에서도 "물고기가 독자적인 경지에서 놀고 있다(遊魚獨自迷)"[204]고 설법한다.

『무문관』8칙, 『종용록』77칙에도 "지혜 작용이 전향하는 곳에는 지혜의 눈이 도리어 미혹한 것(機輪轉處 智眼猶迷)"[205]이라고 읊고 있는데, 여기서 미(迷)는 중생심의 미혹이 아니라 방향과 방법, 시공을 초월한 유희삼매로서 몰입한 모습을 표현한 것이다.[206] 이것은 진공묘유(眞空妙有)나 대기대용(大機大用)으로 전개하는 지혜 작용으로, 『벽암록』3칙도 "큰 지혜가 작용하는 곳에는 고정된 방향이나 법칙에 따르지 않는다(大用現前 不存軌則)"[207]라고 설한다.

수류화개(水流花開)는 다반향초(茶半香初)와 대구(對句)이다. 소동파의 「십팔대아라한송(十八大阿羅漢頌)」이 "빈 산에 사람 없으니 물이 흐르고 꽃이 피네(空山無人 水流花開)"라고 읊었으며, 산곡 황정견(山谷 黃廷堅)도 "만 리의 푸른 하늘 구름이 일어나면 비가 오네. 번뇌 망념 없는 텅 빈 공산에 물이 흐르고 꽃이 핀다(萬里靑天 雲起雨來, 無一空山 水流花

---

203) 『조당집』7권(『고려대장경』45권, p.144c.)
204) 『진주임제혜조선사어록』(『대정장』47권, p.506b.)
205) (『대정장』48권, p.276a.)
206) 정성본 역, 『무문관』(한국선문화연구원, 2004), p.97, 8칙의 게송 참조.
207) (『대정장』48권, p.142c.)

開)"라고 읊고 있다. 공산무인(空山無人)은 일체개공의 경지인 진공(眞空)을 말하며, 수류화개(水流花開)는 진여 본성이 자연스럽게 생명 활동〔지혜 작용〕하는 묘유의 세계에서 묘용이 실행되는 것을 읊고 있다.

『전등록』 제5권에서 혜능이 "마음으로 깨닫는 지혜 작용이 도(由心悟道)"[208]라고 설하며, 황벽의 『완릉록(宛陵錄)』에서도 "도는 마음으로 깨닫는 지혜 작용에 있지 언설에 있는 것이 아니다(道在心悟 豈在言說)"[209]라고 하는 것처럼, 다도나 불도·선도(禪道)는 모두 같은 의미로서 진여 본심의 자각적이고 자발적인 지혜 작용을 말한다.

물은 한 곳에 고여 있으면 썩어 버리지만, 시절인연에 따라서 흐르는 묘용〔생명 활동〕으로 청정한 정화 작용을 하면서〔上求菩提〕, 청정한 생명수를 어떤 대상도 의식하지 않고 무심하게, 만물에게 제공하고 있다〔下化衆生〕. 봄이 되어 꽃이 피고, 만물이 시절인연에 따라서 여법하게 생명 활동을 하는 것처럼, 철이 든 묘용이 대기대용(大機大用)하는 것이다.

『완당전집』 제10권은 '기금계선(寄錦溪禪)'이라는 제목의 시를 다음과 같이 읊고 있다.

> 놓으면 서천에 열 가지 모양의 비단이 펼쳐지고,
> 거두면 밝은 달이 앞 계곡 물에 찍히네.
> 거둠과 놓음을 함께 비우면 도리어 함께 작용하니,
> 시절인연에 따라 꽃이 피고 새가 운다.[210]

---

208) (『대정장』 51권, p.236a.)
209) (『대정장』 48권, p.348b.) "道在心悟 豈在言說."
210) 신호열 편역, 『국역 완당전집』 3권(민족문화추진회, 1988), p.204.

放處西川十樣綿　收時明月印前溪
收放兩非還兩是　一任花開與鳥啼

　불법은 일체의 존재 각각, 진여 본성이 시절인연에 따라서 자기 본
분사로서 진실된 생명 활동을 하는 제법실상(諸法實相)을 설한다. 이 게
송 역시 진여법의 본체(體)와 작용(用)의 논리 체계로 읊고 있다.

　선에서 '수(收)'는 파주(把住)이고 '방(放)'은 방행(放行)이며, '수시(收
時)'는 진여 본성의 근본인 진제(眞諦; 第一義諦)로서 자내증(自內證)의
깨달음의 경지이다. 의식의 대상 경계를 텅 비운 아공(我空), 법공(法
空), 일체개공의 진공으로서 정좌처와 같은 의미이며, 진여 법신의 청
정한 달이 모든 강물에 똑같이 두루 비치는 것과 같은 진여삼매·해인
삼매의 세계이다. 방처(放處; 놓은 곳)는 시절인연에 따른 방편으로 천
차만별의 방편지혜를 묘용으로 펼치는 것을 말하며, 제법실상의 세계,
법계와 하나 된 경지(一相)이다.

　거둠과 놓음(收放)을 나누어 논의하는 것은 진여법의 실상을 논리
체계로 설하는 것이며, 의식 속의 일이기 때문에 중생심의 인식 작용
에 불과하다. 따라서 거둠과 놓음 이 둘을 모두 초월해야 하는데, 이를
양비(兩非)라 하며, 거둠과 놓음이 불이의 묘용으로 지혜 작용을 하는
것을 양시(兩是)라 한다.

　『금강경』에서는 반야의 지혜 작용을 즉비(卽非)[211]의 논리로 설법하
고 있으며, 일체의 언어나 사고의 논리(四句百非)를 초월하여 불법의

---

211) 『불교학대사전』(홍법원, 1988), p.1467. 불이(不二)를 즉(卽)이라 하고 불일(不一)을 비
　　(非)라 한다. 곧 이물(二物)이 다르지 아니함을 즉(卽), 같지 않은 것을 비(非)라 한 것이다.

대의나 진실〔眞諦〕을 설해 줄 것을 요청하는 법문을 선문답에서 강조하고 있다. 양비(兩非)는 부처를 만나면 부처를 죽이고, 조사를 만나면 조사를 죽이며, 부처와 조사를 함께 초월〔超佛越祖〕하는 대기대용의 살인도(殺人刀)이다. 양시(兩是)는 부처의 지혜가 여법하게 작용하는 대기대용의 활인검(活人劍)이라고 할 수 있다. 살인도(殺人刀)와 활인검(活人劍)은 진여 본성의 지혜 작용으로, 동시에 불이의 묘용으로 실행되며, 여기서 양비를 진공(眞空; 空), 양시를 묘유(妙有; 不空)라고 할 수 있다.

일임(一任)은 진여 본성이 시절인연에 따라 여법하고 여실하게 지혜 작용하는 수연행(隨緣行)을 말한다.[212] 선어록에서 언급하는 임운 자재(任運自在), 임운등등(任運騰騰)과도 그 뜻이 같다.

정리하면, 추사의 위의 선다시는 중생심의 자아의식을 텅 비울 때 수류화개(水流花開)와 제법실상(諸法實相)의 세계가 자연법이(自然法爾)로 여여하게 현전한다는 사실을 강조하고 있다. 여기에서 추사가 재가의 유마 거사로서 불법 사상과 선법(禪法)의 독자적인 안목을 갖춘 도인이었다는 사실을 알 수 있다. 그의 선다시들은 일척안(一隻眼)을 구족하여 독자적이고 탁월한 정법의 안목으로 읊고 있는 선시(禪詩)이며 다시(茶詩)이다. 이렇게 추사는 출세간의 지혜로 불이의 경지에서 선다일여(禪茶一如)의 법향의 향연(饗宴)을 펼쳐 내었다.[213]

---

212) 『법성게』의 "진여 자성은 자성의 입장을 고수하지 않고, 시절인연에 따라 지혜 작용을 이룬다(不守自性隨緣成)"라는 말과 같다.

213) 정성본, 「추사 김정희와 초의 선사의 교유」(과천문화원 추사학회 발표, 2012), pp.58~66, p.85. 『선시의 세계』(동국대학교 경주캠퍼스 정각원, 2012), pp.180~184.

V

다도에 쓰이는 선어(禪語)

다도·다석에서 쓰이는 선어(禪語)는 많다. 그러한 선어와 선구(禪句)들은 다도를 한층 더 철학적인 차원으로 승화시키고 있다. 중생심을 불심으로 전환케 하는 일전어인 선어나 선구는 모두 일맥상통하지만, 편의상 다섯 가지로 구분하였다.

수행·구도·구법의 세계를 나타내는 선어에는 불법대의(佛法大意), 현지(玄旨), 원력(願力), 수행(修行), 생사대사(生死大事), 유심(唯心), 일체유심조(一切唯心造), 지혜(智慧), 순일무잡(純一無雜), 단소독보(丹霄獨步), 선다(禪茶), 도(道), 다도(茶道), 다선일여(茶禪一如), 다선일미(茶禪一味), 다도현지(茶道玄旨) 등이 있다.

선(禪)의 방편법문을 나타내는 선어에는 만법일여(萬法一如), 만법귀일 일귀하처(萬法歸一 一歸何處), 개시오입(開示悟入), 일일시호일(日日是好日), 일체선악 도막사량(一切善惡 都莫思量), 화안애어(和顔愛語), 약병

상치(藥病相治), 자비희사(慈悲喜捨), 정전백수자(庭前柏樹子), 화광동진(和光同塵), 동사섭(同事攝), 인욕(忍辱), 정진(精進), 달마서래의(達磨西來意), 일구흡진서강수(一口吸盡西江水), 호사불여무(好事不如無), 무법가설(無法可說), 방편법문(方便法門) 등이 있다.

깨달음의 세계를 나타내는 선어에는 공[空; 不空; 진공묘유(眞空妙有)], 불경계(佛境界), 상락아정(常樂我淨), 열반적정(涅槃寂靜), 선(禪), 선정(禪定), 화경청적(和敬淸寂), 열반적정(涅槃寂靜), 유희삼매(遊戲三昧), 해인삼매(海印三昧), 진여삼매(眞如三昧), 노지(露地), 노지초암(露地草菴), 노(露), 불(佛), 불법(佛法), 유현(幽玄), 묘용무방(妙用無妨), 단소독보(丹霄獨步), 청담지수류어독자미(淸潭之水遊魚獨自迷), 수처작주(隨處作主), 무애 자재(無碍自在) 등이 있다.

자연법이(自然法爾)의 세계를 나타내는 선어에는 제법실상(諸法實相), 여래(如來), 여여(如如), 여시(如是), 제법여의(諸法如義), 불성(佛性), 여래장(如來藏), 진여 자성(眞如 自性), 생사대사(生死大事), 시절인연(時節因緣), 백운포유석(白雲抱幽石), 불이법문(不二法門), 불수자성수연성(不守自性隨緣成), 백척간두진일보(百尺竿頭進一步), 자성청정심(自性淸淨心), 정좌처다반향초 묘용시수류화개(靜坐處茶半香初 妙用時水流花開), 수류화개(水流花開) 등이 있다.

선(禪)의 생활을 나타내는 선어에는 무(無), 무심(無心), 무아(無我), 무사(無事), 무소구(無所求), 무소득(無所得), 무소유(無所有), 무애(無碍), 무상(無常), 무상(無相), 무주(無住), 무념(無念), 무박(無縛), 조도(鳥道),

몰종적(沒蹤迹), 안신입명(安身立命), 일기일회(一期一會), 오상어차절(吾常於此切), 오유지족(吾唯知足), 소욕지족(少欲知足), 처렴상정(處染常淨), 순일무잡(純一無雜), 불풍류처야풍류(不風流處也風流), 무일물중무진장(無一物中無盡藏), 본래무일물(本來無一物), 무위진인(無位眞人), 무의도인(無依道人), 본래면목(本來面目), 일대사인연(一大事因緣), 자기본분사(自己本分事), 평상무사인(平常無事人), 평상심시도(平常心是道), 끽다거(喫茶去), 무심시도(無心是道), 절학무위한도인(絕學無爲閑道人), 청(淸), 정(淨), 청정(淸淨) 등이 있다.

이 가운데 많이 쓰이는 대표적인 선어들을 풀이해 본다.

1. 수행·구도·구법의 세계를 나타내는 선어

① 불법대의(佛法大意; 佛法玄旨)

불법의 대의는 불법의 현지(玄旨)를 뜻하는 것으로서, 번뇌 망념의 중생심을 초월하여 근원적인 자성을 깨닫는 견성(見性)과 반야의 지혜를 체득하여 정법의 안목을 구족하는 불법의 근본정신을 말한다. 불법은 진여 본성이 여법하고 여실하게 지혜 작용〔생명 활동〕하는 진여법이다. 진여 본심이 시절인연에 따라서 지혜 작용을 전개하는 제법실상의 진실을 방편법문으로 설한 것이 대승경전이다.

대승의 불법도 진여 자성의 지혜 작용이 여법하고 여실하게, 시절인연의 생명 활동으로 작용하여, 물이 흐르는 것처럼 상구보리 하화중생의 보살도를 이루는 진여법을 설한다. 진여 자성의 생명 활동인 지혜 작용을 여래·부처의 지혜라고 하고, 자연 그대로 무애 자재하게 이루어지기 때문에 자연업(自然業)이라고도 하며, 중생심으로는 사량 분별할 수가 없는 지혜 작용이라는 의미에서 불가사의(不可思議)라고도 한다.

『법화경』에서는 일체 만법과 함께하는 진여의 생명 활동〔부처의 지혜 작용〕인 제법실상의 열반을 연꽃에 비유하여 묘법연화(妙法蓮華)라고 하고, 『유마경』에서는 진흙 속에서 살며 꽃을 피우지만 흙탕물에 물들지 않는 연꽃의 불가사의한 지혜 작용〔妙用〕을 처염상정(處染常淨)이라고 표현한다. 『열반경』에서는 대승 열반의 특성을 상(常)·락(樂)·아(我)·정(淨)의 4덕으로 표현하여 진여 본성의 지혜 작용의 내용을 설명하고 있다.

일심의 근본은 동일한 진성(眞性)이지만, 중생은 자아의식의 망념으로 주객을 나누고 의식의 대상 경계에 집착하기 때문에 진여 본심의 지혜로운 삶을 살 수가 없다. 그래서 『화엄경』에서 "마음과 부처와 중생, 이 셋은 차별이 없다(心佛及衆生, 是三無差別)"고 하였으며, "일체의 모든 의식의 대상 경계〔法〕는 자신의 주관적인 마음으로 인식하여 만든 유심조작이다(一切唯心造)", "일체의 의식의 대상 경계는 오직 마음 작용(萬法唯心)이다"라고 하며, 유심 철학에서도 "만법은 오직 마음으로 인식하는 것일 뿐(萬法唯識)"이라는 법문을 제시하고 있다.

유심 철학은 불법 공부의 요체이다. 인간의 분별심이란, 의식의 대상 경계를 만드는 안(眼)·이(耳)·비(鼻)·설(舌)·신(身)의 오근(五根)을 매개로 하여 색(色)·성(聲)·향(香)·미(味)·촉(觸)의 오경(五境)을 접촉할 때에 중생심으로 작용하는 자아의식의 주체인 마음〔心〕, 의지〔意〕, 인식〔識〕으로 일어나는 것이다. 이것이 화엄경에서 설한 일체유심조(一切唯心造)이다. 인연법과 연기법에 관하여 분명하게 제시한 불교의 근본 사상이 제행무상(諸行無常), 제법무아(諸法無我)이다. 또한 자아의식의 실체라고 할 수 있는 마음이나 영혼이 없다고 주장하는 불교의 기본 사상이 무아(無我)이다. 대승 불법의 법문에 의거한 진여의 지혜로 아공(我空), 법공(法空), 유심(唯心) 사상을 근본으로 하여 여시·여법·여실하게 방편법문을 사유하는 참선 수행을 해야 불법을 깨달아 체득할 수 있다.[214]

② 일체유심조(一切唯心造)

선불교의 요체(要諦)는 심지법문(心地法門)이라는 한 마디로 대변되듯이 만법의 근원을 마음에 두고 있다. 즉 현상세계에 전개된 객관적인 사물을 통해서 자기의 존재를 규명하려는 것이 아니라, 그러한 만법을 인지하는 주체인 자아의 근원적인 마음을 깨달아 규명하는 사상이며, 가르침이다. 조사선에서 주장한 평상심이나 즉심시불(卽心是佛), 달마가 전한 일심의 법, 직지인심(直指人心) 등에 잘 나타나 있다.

『화엄경』의 "마음은 마치 화가와 같이 세간의 모든 것을 그려내고 있다(心如工畵師)", "마음과 부처와 중생, 이 셋은 무차별이다(心佛及衆生 是三無差別)", "일체유심조(一切唯心造)" 등의 유심게(唯心偈)는 명구이다.[215] 삼계(三界) 등 일체의 경계는 사람이 부여한 이름과 형상에 불과한 것으로서 미혹의 계기가 되는 것처럼, 마음의 여러 작용의 대상으로서 사대(四大)나 사상(四相)과 같은 경계도 마음이 만들어 낸 이름에 지나지 않는다. 만법을 인식하는 것은 각자의 마음이기에 임제는

---

214) 성본 스님 강설, 『금강경』(민족사, 2012), pp.424~426.
215) 정성본, 『선의 역사와 사상』(불교시대사, 1994), p.365.

'삼계유심 만법유식(三界唯心 萬法唯識)'이라고 설하고 있다. 마음으로 인식되지 않는 것은 존재하지 않는다. 그래서 마음이 있으면 들을 수가 있지만, 마음이 없으면 보아도 보이지 않고 들어도 들리지 않는다고 하는 것이다.

화엄 철학에서는 일체의 사물이 각자 존재하는 그대로 독자성을 상실하지 않고 만물과 서로 상즉(相卽)하며, 하나의 사물은 일체의 만물을 포용하면서도 그 독자적인 하나는 만물과 서로서로 상즉(相卽) 상입(相入)하고 있다고 설한다. 즉 자기라는 하나의 존재는 무한한 공간인 시방세계의 중심이기 때문에 일체의 만물을 포용한 만법의 근원인 것이다.[216]

③ 순일무잡(純一無雜)

본래의 근원적인 깨달음[본래심]의 마음으로 불법을 펼치고 있는 경지이다. 단순하고 복잡함이 없는 것, 꾸밈없이 간단명료하고 직절(直截)한 것을 말한다. 『마조어록』에서는 평상심을 강조하면서 "경전에서 자신의 근원으로 되돌아가는 것이 사문이라고 말하고 있는 것처럼, 모든 것은 평등하고 이름도 그 본질은 순일무잡하다"라고 설하고 있다. 이 말은 원래 『법화경』 「서품(序品)」에 보이는 말로서, 돈황본 자료에서는 혜능을 순일무잡한 인물로 평가하고 있다.[217]

---

216) 정성본 역해, 『벽암록』(한국선문화연구원, 2006), p.378.
217) 정성본 역주, 『임제어록』(한국선문화연구원, 2003), p.216.

2. 선의 방편법문을 나타내는 선어

① 만법일여(萬法一如)

만법은 근본이 하나라는 주장이다. 『신심명』은 "마음에 차별이 없으면 만법이 모두 하나이다(心若不二 萬法一如)"라고 설하는데, 만법귀일(萬法歸一)과 같이 차별의 만법이 평등 일미의 근본 이체(理體)에 귀입하여 하나가 된다는 사실을 뜻한다. 즉 불법의 근본인 일체개공에서 제법과 하나가 된 경지를 말한다. 차별심이 없는 본래심으로 전개하는 무의도인의 경지는 그대로 만법과 하나가 되는 평등일여의 세계이다. 『임제록』에서는 '만법무구(萬法無咎)'와 '만법무생(萬法無生)'이라는 주장을 볼 수 있는데 역시 같은 뜻이며, 『장자』와 『조론』의 '천지동근 만물일체(天地同根 萬物一體)'라는 말도 마찬가지이다.[218]

무문의 게송에서는 '운월시동 계산각이(雲月是同 溪山各異)'라고 읊고 있는데, 천녀의 영혼을 달(月)에 비유하고 망신(妄身)을 개울(溪)에 비유하여, 평등의 본체와 차별의 현상은 둘이면서 둘이 아닌 하나라는 불이(不二)의 도리를 읊고 있다. '구름과 달은 같은 것(雲月是同)'이라고 한 것은 천상의 달이 하나인 것처럼, 우주 생명의 참 모습은 하나라는 의미이다. 생명의 근원인 불성을 체득한다면 일체의 차별 경계를 초월하고 생사를 해탈할 수 있다. 그러나 불법의 참된 정신을 체득하지 못했을 때 '개울과 산은 각기 다른 것(溪山各異)'이다. 천상의 달은 하나인데 개울에 비친 달과 산에서 쳐다보는 달이 각기 다른 것처럼, 차별 세계에서 벗어나지 못하는 것이다. 개울의 달, 산 위의 달은 다르게 보

---

218) 정성본 역주, 『임제어록』(한국선문화연구원, 2003), pp.128~129.

이지만 달은 본래 하나인 것과 같이, 생명의 근원인 불성을 깨닫고 불법의 대의를 체득하여 일체의 생사 망념과 차별심을 벗어나야 제법이 하나라는 만법일여의 경지를 알게 된다.[219]

② 만법귀일 일귀하처(萬法歸一 一歸何處)

어떤 스님이 조주 화상에게 질문했다.

"일체의 모든 법[萬法]이 하나로 돌아간다고 하는데, 그 하나는 어디로 돌아갑니까?"

조주 화상이 말했다.

"내가 청주에 있을 때 승복 한 벌을 만들었는데, 그 무게가 일곱 근이나 되었다."

擧 僧問趙州 萬法歸一 一歸何處

州云 我在靑州 作一領布衫 重七斤[220]

『벽암록』 45칙에 있는 조주(趙州, 778~897) 화상과의 선문답이다. 『운문어록』에서 "만법이 하나로 돌아간다고 하는 하나[一]에 대해서는 묻지 않겠습니다. 무엇이 만법입니까?"라고 질문하는 것처럼, 이 공안을 이해하기 위해서는 먼저 만법(萬法)이 무엇인지 알아야 한다.

불법을 만법, 혹은 제법(諸法)이라고 표현하는데, 불교는 삼라만상 모든 존재의 진실을 분명히 밝혀서 설한 법(法)의 종교이다. 법을 깨달

---

219) 정성본 역주, 『무문관』(한국선문화연구원, 2004), p.265.
220) 『조당집』 제10권 조주선사 장, 『조주록』 中권.

은 사람을 부처라 하고, 법을 설하여 중생들을 교화하고 지도하는 것
이 불법(佛法)이며, 법을 중심으로 성립된 종교가 불교다. 그래서 부
처님이 만법의 주인인 자신을 등불로 삼고〔自燈明〕, 올바른 진실인 법
을 등불〔法燈明〕로 삼으라고 당부한 것이다. 불법은 모든 존재와 사물
이 인(因)과 연(緣)의 화합으로 이루어진 인연법(因緣法)과 연기법(緣起
法)을 토대로 만법의 진실을 바로 알고, 만법의 근본을 마음으로 깨닫
는 종교이다. 불법이 마음으로 만법의 본질을 깨닫는 심법(心法)이라는
진실을 모르고는 이 공안의 의미와 정법의 안목을 체득할 수가 없다.
선(禪)에서는 부처님의 혜명을 계승하는 것이 정법 안목과 정법 안장을
구족하여 중생을 제도하는 능력과 역할이라고 강조하는데, 정법과 외
도법을 구분하지 못한다면 불법은 단절되기 때문이다. 『화엄경』 등 대
승 경전에서 "삼계는 오직 마음(三界唯一心)이며, 마음 밖에 별다른 법
이 없다(心外無別法)", "일체의 모든 것은 마음이 조작한 것(一切唯心造)"
이라고 하며, "만법은 일심이며, 일심이 만법"이라고 주장하는 것은
선승들의 어록에서 한결같이 강조하는 심법(心法)이나, 심지법문(心地
法門)과 같이 불법의 본질을 단적으로 설한 것이다.

그런데 만법이 하나로 돌아간다〔歸一〕고 하는 그 하나〔一〕는 어디이
며 무엇인가? 『돈오요문』에 나오는 다음과 같은 설법이 참고가 된다.

> 법신은 수만 가지 변화의 근본이 되기에 장소에 따라서 이름을
> 세운 것이다. 법신의 작용은 다함이 없기에 무진장(無盡藏)이라고
> 한다. 능히 만법을 생성(生成)하기에 본래의 법장(法藏)이라고 하
> 며, 일체의 지혜를 구족하고 있기 때문에 지혜장(智慧藏)이라고
> 하며, 만법이 본래로〔如〕 돌아가기에 여래장(如來藏)이라고 한다.

곧 『금강경』의 '여래는 곧 모든 법이 여여(如如)하다'라는 뜻과 같다. 세간의 일체 생멸법이 모두 본래(如)로 돌아가지 않는 것이 없다. 여기서 말하는 하나(一)는 진여인 마음의 본체를 가리키며, 법의 본성인 법성(法性)이라고 하고, 청정법신(淸淨法身)이라고도 한다. 선에서는 이를 본래면목(本來面目), 한 물건(一物), 본래인(本來人), 무위진인(無位眞人), 번뇌 망념의 일이 없는 무사한 사람(本來無事人), 한가한 도인(閑道人) 등으로 표현하고 있다. 만법은 일심(一心)의 인식과 지혜의 판단으로 성립되는 심법이기 때문에 근원적인 깨달음의 경지인 일심으로 되돌아간다. 일심의 인식으로 만법이 존재하는 것이며, 마음으로 인식되지 않는 것은 존재하지 않는다. 자기가 죽고 난 뒤에는 더 이상 이 세상이 존재하지 않는 이유는 인식의 주체가 없기 때문이다.

그러면 "하나는 또 어디로 돌아가는가(一歸何處)?" 이 물음에 대답하기 위해서는 불교의 근본 대의와 보살도의 실천 사상인 불교의 정신을 잘 이해해야 한다. 선어록에서 자주 언급하고 있는 "백 척의 높은 장대 끝에서 다시 한 걸음 더 나아가야 한다(百尺竿頭進一步)"라는 구절과 마찬가지로 숱한 고행과 수행을 통한 절대 깨달음의 경지(一)를 체득한 사람은 또 어떻게 해야 하는가? 그 깨달음의 경지에 머물 것인가? 깨달음의 경지를 체득하기 어렵다고 해서 그곳에 머문다면 그곳이 다시금 집착의 대상이 되고 중생심으로 타락하는 장소가 되고 만다. 그러므로 하나(一)가 되돌아가는 곳을 안다면 불법 수행을 마친 사람이라고 할 수 있으며, 만약 하나(一)를 지키고 놓지 않는다면 귀신의 소굴에 사는 지혜 없는 중생이다. 반야 경전에 따르면 번뇌 망념을 텅 비우고 반야의 지혜를 체득하는 구체적인 수행으로서, 마음을 어디에도 머무르지 않도록 하는 무주(無住)와 어떤 경계에도 속박되지 않도록 하는 무박(無縛), 어떤 모양과 색깔도 마음으로 취하지 않는 무상(無相), 무애(無碍), 무아(無我) 등이 있다.

그렇다면 그 깨달음의 경지인 하나[一]를 어떻게 벗어나서 어디로 가야 할 것인가? 이와 관련해 선에서는 '크게 한 번 죽어야 한다'는 '대사일번(大死一番)'을 강조하고 있다. 선에서 죽는다는 말은 아상(我相), 인상(人相) 등 자아의식과 분별심 등 중생심을 모두 비워 버린다는 의미이다. 『임제록』의 '부처를 죽이고 조사를 죽이고(殺佛殺祖)'라는 표현이나, 사람을 죽이는 칼[殺人刀]과 살리는 칼[活人劍]이라는 표현도 망심을 텅 비우는 공의 실천을 뜻한다. 반야의 지혜[칼]로 아상과 인상을 일으키는 중생심을 죽이고 지혜 작용을 살린다는 말이다.

깨달음의 경지[一]까지 초월한다는 것은 어떤 의미인가? 어디로, 어떻게 간다는 말인가? 그것은 다시 중생들이 살고 있는 사바세계로 되돌아가서 깨달음의 지혜와 자비 광명으로 중생 구제의 위대한 보살도를 실천함으로써 회향하도록 하는 것이다. 이러한 대승불교의 정신을 하화중생(下化衆生) 또는 이타중생(利他衆生)이라고 한다.[221]

'만법귀일 일귀하처(萬法歸一 一歸何處)'라는 공안이 말하는 것처럼,

---

221) 곽암 화상의 「십우도」의 열 번째 그림에는 포대 화상이 많은 물건을 등에 짊어지고 중생이 살고 있는 저자거리에 나가 자비와 지혜의 광명을 베풀어 중생들을 교화하며 보살행을 실행하는 것을 표현하고 있다. 이것을 입전수수(立廛垂手) 또는 법계유희(法界遊戲)라고 한다. 깨달음을 이룬 부처의 역할은 만법의 차별세계로 되돌아가서 중생과 함께하는 화광동진(和光同塵)의 동사섭(同事攝)으로 원력을 세운 보살도를 실행하는 일뿐이다. 또한 『주역』에는 항용유회(亢龍有悔)라는 말이 있다. 용이 하늘에 오르면 반드시 후회한다는 말로, 더 이상 갈 곳이 없어 결국에는 다시 지상으로 내려오지 않을 수가 없다는 말이다. 사실 부처나 깨달음이라는 말은 중생과 미혹을 극복하기 위한 상대적인 표현에 불과한 것이다. 중생이 없는 세계에 부처 또한 존재할 이유가 없다.

선문답의 공안은 하나하나가 모두 대승불교의 보살도 정신을 선의 실천 정신으로 정리하여 일상 속에서 불법의 정신을 체득하고 실천·수행할 수 있도록 궁구된 문제 제기이다. 『벽암록』의 조주 화상과의 선문답에서 질문한 스님은 이러한 불법의 수행 구조와 실천 체계를 토대로 조주 화상에게 질문하였다. 그러나 조주 화상은 "나는 고향 청주에 있을 때 승복 한 벌을 만들었는데, 무게가 일곱 근이다"라고 담담하게 대답하고 있다. 조주 화상은 만법이니, 깨달음의 경지인 일심〔一〕이니, 이론적인 불법의 수행 체계나 객관적인 불교 이론에는 전혀 관심이 없고 내가 입고 있는 이 승복의 무게가 일곱 근이나 된다면서 자신의 일을 말하고 있는 것이다. 즉 차별을 하지 않고, 또한 무엇을 대상으로 이해하거나 생각하지 않고 만법과 하나가 되어 지금 여기, 자기 자신의 일에 몰두하고 있다는 것을 뜻한다. 원오(圓悟) 선사가 "과연 종횡무진이다. 하늘을 뒤덮는 그물을 쳤다"라고 착어하고 있듯이, '만법'과 '하나'에 관계없이 자유자재하게 자신이 하고 싶은 말을 하고 있다. 그는 조주가 입고 있는 한 벌의 승복은 하늘을 덮고 땅을 덮고 우주 만법을 모두 그 속에 끌어넣어 자기 자신의 살림살이로 하여 살고 있다고 평했다. 그런데 설두(雪竇, 834~905)는 조주 선사의 선문답에 대해 다음과 같이 게송으로 읊고 있다.

한쪽으로 몰아치는 질문〔偏辟〕으로 조주 화상을 다그쳤네.
일곱 근 승복의 무게 몇이나 알까?
지금 서호(西湖) 속에 내던져 버렸네.
서북(西北)의 맑은 바람을 누구에게 전할까?
偏辟曾挨老古錐, 七斤衫重幾人知.

如今抛擲西湖裏,　下載清風付與誰.

'한쪽으로 몰아치는 질문〔偏辟〕으로 조주 화상〔老古錐〕을 다그쳤네'는 편벽문(偏辟問)으로 『인천안목』에 분양선소(汾陽善昭) 선사가 선승들의 선문답을 열여덟 가지 질문으로 분류한 것 가운데 일방적인 견해를 내세워서 질문한 것을 말한다. 즉 질문한 스님은 노련한 조주 화상에게 "만법이 하나로 돌아가는데, 그 하나는 어디로 돌아갑니까?"라고 질문한 것을 읊고 있다. "일곱 근 승복의 무게 몇이나 알까?"에서 조주 화상의 대답의 참된 의미를 파악할 만한 안목을 갖춘 납승이 몇이나 될까?

"지금 서호(西湖) 속에 내던져 버렸네." 이 말은 설두가 사람들에게 자신의 대기대용(大機大用)을 드러낸 전구(轉句)이다. 즉 조주 화상은 스님의 일방적인 질문에 전광석화와 같이 일체를 초월한 지혜의 수단으로서 자신이 입은 일곱 근의 승복으로 대답했다. 따라서 조주의 승복은 만법을 하나로 포용하고 일체를 초월한 대단한 옷이지만, 설두는 그러한 옷은 입을 필요가 없기 때문에 서호(西湖)에 내던져 버린 것이다. 즉 나는 조주 화상처럼 일체를 초월한 경지에조차 머물지 않고 있다는 사실을 읊고 있다.

"서북(西北)의 맑은 바람[222]을 누구에게 전할까?"라는 구절은, 가득 실은 물건을 모두 내린 후 서북풍의 맑은 바람을 타고 강물의 흐름에 따라 유유히 강을 내려오는 빈 배처럼, '만법과 하나 되어 불법이나 선

---

222) 『태평어람(太平御覽)』에 "동남풍을 상재(上載)라 하고, 서북풍을 하재(下載)라고 한다"는 말이 있는데, 배에 물건을 가득 싣고 강물을 따라 거슬러 올라가는 것을 상재(上載)라 하고, 배에 실은 물건을 모두 내리고 빈 배가 되어 강물을 따라 내려오는 것을 하재(下載)라고 한다.

법 등의 분별심과 일체의 차별의식을 모두 텅 비운 상쾌한 이 마음을 누구에게 전해 줄까' 하고 읊는 것이다.[223]

선불교에서 하나〔一〕는 불법의 근본인 진실을 표현하는 불립문자(不立文字)의 경지를 표현한다. 즉 근본, 본래, 근원, 절대의 경지, 깨달음의 세계, 진실의 세계, 차별 분별을 초월한 근원적인 본래의 세계를 말하며, 반야경에서는 불이(不異)와 불이(不二)의 세계를 말한다. 둘〔二〕은 언어 문자로 진실을 체득하는 방편법문이다. 선문답에서 행동으로 제시한 불법의 근본은 만법의 근원인 일심의 법문이다. 불법은 마음으로 만법의 진실을 깨닫고 지혜를 체득하는 심법이다. 달마가 일심의 불법을 전했다고 주장하는 것도 일심의 법문인 심지법문(心地法門)을 말한다.

선에서 제시한 일심의 법문은 『화엄경』에서 설하는 "일체의 모든 법은 마음이 만드는 것(一切唯心造)"이나, "만법은 오직 마음(萬法唯心)", 그리고 "하나가 곧 많음(一卽多)", "하나가 곧 일체(一卽一切)"라는 법계의 연기를 사상적인 토대로 하고 있는데, 선불교에서는 이를 삼라만상의 모든 법은 하나〔一心〕로 되돌아간다고 주장하는 만법귀일(萬法歸一)의 법문으로 귀결시키고 있다.[224]

③ 일구흡진 서강수(一口吸盡 西江水)

방거사가 마조 선사를 찾아가서, "만법과 짝이 되지 않는 자는 어떤 사람입니까(不與萬法爲侶者 是甚麼)?"라고 질문하자, 마조는 "그대가 한

---

223) 정성본 역해, 『벽암록』(한국선문화연구원, 2003), pp.281~287.
224) 정성본 역해, 『벽암록』(한국선문화연구원, 2006), p.125.

입에 서강수를 다 들이마실 때 말해 주겠다(一口吸盡 西江水)"라고 대답하였다.

　만법이 자기와 짝이 된다고 하는 것은 자기와 만법이 주객(主客)의 대립과 상대적인 차별을 벗어나지 못한 것으로, 중생의 마음이다. 한편 자기와 만법이 하나가 되려면 본인이 만법과 하나가 된 경지〔萬法一如〕, 일체의 사물과 혼연일체가 된 경지〔萬物一體〕를 체득해야 한다. 아상(我相)·인상(人相)과 주객의 상대적인 차별심을 초월하고, 일체의 번뇌 망념을 텅 비운 허공과 같은 청정한 마음은 서강수를 한 입에 들이마실 뿐 아니라 삼라만상의 만물을 포용한다. 이는 만법일여(萬法一如)·만물일체(萬物一體)의 경지로서, 본인이 직접 체험함으로써 저절로 그것을 체득하게 되는 것이다. 아무리 문자로 설명해도 본인이 체험하지 않는다면 진실을 알 수 없기 때문에 이 법문은 본인이 직접 체험해서 알 수 있도록 지시하고 있다.[225]

3. 깨달음의 세계를 나타내는 선어

① 진여(眞如)

　진여란 일체의 존재〔萬法〕가 각자 본래의 생명 활동을 하는 근본 자성을 임시방편으로 이름 붙인 말이다. 즉 인간을 비롯한 모든 존재가 외부의 어떠한 힘에 의존하지 않고, 자연 그 자체로서 존재하여 여법하게 생명 활동을 하는 것이다. 불교에서는 이를 여여(如如), 여래(如

225) 정성본 역해, 『벽암록』(한국선문화연구원, 2006), p.309.

來), 진여(眞如), 불성(佛性), 여래장(如來藏), 자성(自性), 일심(一心), 본성(本性), 법성(法性), 진제(眞諦), 본제(本際), 실제(實際), 실상(實相) 등으로 다양하게 표현하고 있다.

진여는 독자적인 자성을 고수하는 존재가 아니라 시절인연에 따라서 불이의 묘용으로 작용하는 주체[不守自性隨緣成]이다. 마치 본성은 독자적인 실체가 없지만[無自性], 환경에 따르는 시절인연과 함께 흘러가는 작용으로 청정함을 이루는 생명 활동의 묘용(妙用)과 같다. 자신을 청정하게 하면서 주위의 만물에게도 청정한 생명수를 제공하는 것처럼, 자리이타(自利利他)의 묘용이 자연스럽게 작용하는 것이다.

② 해인삼매(海印三昧)

『화엄경』을 설할 때 들어가는 선정(禪定)삼매의 이름이다. 대양에 모든 사물이 골고루 깊이 투영되듯이 마음의 고요함을 뜻한다. 번뇌가 끊어진 부처의 마음 가운데 과거·현재·미래의 모든 법이 뚜렷이 나타났다고 하여 해인삼매라 일컫는다. '인(印)'은 '베끼다', '도장 찍다', '옮기다'라는 의미로 여기에서는 불이(不二)를 뜻한다. 큰 바다 가운데 일체의 사물을 인상(印象)하는 것과 같이, 깊고 고요한 부처님의 지해(智海)에 일체의 법을 인현(印現)하는 것을 해인(海印)이라 한다. 이 불과(佛果)의 삼매는 『화엄경』에 인현하였다. 과거·현재·미래를 통하여 모든 것이 대해(大海)에 남김없이 깊이 찍혀 비쳐 나오는 마음의 고요함을 말한다.

법장(法藏)은 『수화엄오지망진환원관(修華嚴奧旨忘盡還源觀)』에서 해인삼매에 대해 다음과 같이 말했다. "해인이란 진여 본각(眞如 本覺)[226]

---

226) 본래 진리의 세계를 말한다.

이다. 거기에는 번뇌〔妄〕가 다 없어지고 마음이 맑아져서 만물이 모두 나타난다. 또한 대해에는 바람에 의하여 풍랑이 일어나지만, 만약 바람이 멈춘다면 해수(海水)는 깨끗이 맑아져 일체의 만법이 여실하게 비춰져 나타난다." 여기에서 해수는 『화엄경』의 주불(主佛)인 대비로자나(大毘盧遮那, 光明遍照, Vairocana) 부처님의 진여 법신의 해인삼매로 비유되며, 본래의 맑고 청정한 상태는 대선정(大禪定)의 경지를 의미한다. 일체의 모든 존재가 이 대선정 속에서 생겨나고, 또 연기(緣起)하고 있다는 뜻이다. 즉 해인삼매라는 선정을 통해 삼라만상이 해인삼매에 나타나고 있는 것을 관찰하고 확인해 보는 것이다. 삼라만상은 모두 이 대선정에 포함되어 있는 것이며, 구체적으로는 비로자나불에 의해서 되살아나고 있다. 그러한 대선정에 의해 깨달았을 때 일체 만상은 그 자체에 이미 비로자나불을 내포하고 있다는 사실을 직관할 수 있다.

　이것을 인간의 입장에서 볼 때, 우리들 각각은 이미 비로자나불을 본래부터 내장(內藏)하고 있다는 사실을 깨닫게 된다. 이렇게 대선정을 통하여 삼라만상과 우주의 이치를 깨닫는다는 것은 스스로가 비로자나불이 되는 것이며, 또한 비로자나불이 된다는 것은 본래 자기가 바로 비로자나불이었다는 사실을 자각하는 것이기도 하다. 여기에서 하나의 개체가 전체 속에 포함되고, 전체가 하나의 개체 속에 함장(含藏)되어 있는 '일즉다, 다즉일(一卽多, 多卽一)'의 관계를 포착해야 한다. 이러한 해인삼매의 논리적 구조를 중국 선종에서는 일행삼매(一行三昧)인 좌선의 실천으로 귀결시켰으며, 좌선의 실천으로 불교의 전 사상을 인간의 일상생활 속에 현성(現成)하고 있다.

③ 화엄삼매(華嚴三昧)

해인삼매가 일체 만상의 실상(實相)을 비추는 세계관이라면, '인생을 어떻게 살아야 할 것인가'라는 삶의 지표로서 설해지고 있는 것이 화엄삼매(華嚴三昧)이다.

'화엄(華嚴, Gandavyha)'이란 원래 여러 가지의 잡화(雜華)로 장식하고 장엄하다는 의미인데, 여기의 꽃(華)은 깨달음의 요인이 되는 수행을 비유한 것이며 장엄(莊嚴; 嚴)은 그 결과로서 이루어진 부처를 아름다운 꽃으로 장식한다는 뜻이다. 즉 구도자인 보살이 여러 수행을 통해서 불법의 진실을 깨달아 정각을 체득하는 것을 말한다. 오로지 삼매에 들어, 현실에서 주객(主客)·자타(自他)의 상대적 관계를 초월하여 전개하는 삶을 화엄삼매로 설명할 수 있다. 즉, 인생을 어떻게 살아야 진리에 계합되며 비로자나불의 세계에 융합·몰입(沒入)하게 되는가 하는 보살의 인생 행로를 나타낸 것이 바로 화엄삼매다.

정리하면 비로자나불의 세계인 해인삼매를 현실의 삶에 구현하고 중생을 제도하는 방향으로 나아가는 지혜 작용이 화엄삼매이다. 이렇게 해인삼매에 의해서 비로자나불의 세계가 현성된다. 화엄삼매에 의해 현실의 중생들을 구제하는 『화엄경』의 사상적인 구조는 선불교의 실천에 크게 영향을 미쳤다.

4. 자연법이(自然法爾)의 세계를 나타내는 선어

① 제법실상(諸法實相)

법화경에서는 모든 사물은 어떤 모양(相)·성질(性)·외상(外)·내성

(內性)을 합친 전체 능력·작용·원인·연(緣; 환경, 조건)·결과·과보·본말구경(本末究竟) 등의 열 가지 형태로서 생기고 작용한다고 설하고 있다. 이를 십여시(十如是)라고 한다.[227]

중생심의 사량 분별을 여읜〔조작과 작위성이 없는〕 만법의 진실한 모습〔자연의 모든 소리나 모습〕이 제법의 실상이며 진여 법성으로 그대로 법신이다. 청정 법신은 산에 꽃이 피고 개울물이 흐르는 그 진여 법성의 진실한 모습을 보고 사량 분별하거나 차별심을 일으키지 않는 마음이다.[228]

② **여래**(如來)

진여 법성(眞如 法性; 眞如 本性)이 여법하고 여실하게 시절인연에 따른 자기 본분사의 생명〔지혜〕 활동하는 것을 말한다. 진여나 여래가 실체로서 존재하는 것이 아니라, 임시방편으로서 청정한 본심을 진여 본성이라고 이름 붙인 것이다. 진여 본성의 지혜는 중생심의 번뇌 망심과 구별하는 방편의 언어이다. 진여 본성의 생명 활동을 진여지(眞如智), 진여삼매(眞如三昧)라고 하며, 경전에서는 여래와 같은 의미로 여(如)·여여(如如)·여시(如是)·여법(如法)·여실(如實)·불이(不二)·일여(一如)·일미(一味) 등으로 표현한다.

여래는 본분사의 생명 활동이 자연업·자연법이(自然法爾)로 이루어지는 지혜의 법문이기 때문에, 여법하게 법을 설하는 사람〔如語者〕, 또는 진실을 설하는 사람〔實語者〕이라고 한다.[229]

---

227) 정성본, 『선의 역사와 사상』(불교시대사, 1994), p.103.
228) 정성본 역해, 『벽암록』(한국선문화연구원, 2006), p.515.
229) 성본 스님 강설, 『금강경』(민족사, 2012), p.70.

5. 선의 생활을 나타내는 선어

① 무(無)

간화선(看話禪)에서 불심을 체득하는 하나의 방편으로서 제시하고 있는 조주(趙州)의 무자공안(無字公案)으로서, 공안을 제시하고 참구·사유하여 불법의 근본정신을 체득하고 반야의 지혜를 구족하며 구체적인 일상생활에서 보살도를 전개할 수 있도록 하는 수행 방편 중 하나이다.

간화선에서는 무자공안을 참구하는 방법을 소염(小艶)의 시에 비유하여 설명하고 있다. 『원오심요(圓悟心要)』제12권에는 오조법연(五祖法演) 선사가 이 시를 진제형(陳提形)에게 설하는 것을 원오극근 선사가 밖에서 듣고 깨치게 된 인연이 실려 있다. 소염의 시는 다음과 같다.

> 저 큰 저택의 우아한 풍경, 그림으로도 그릴 수가 없어라!
> 깊숙한 방 한 곳에서 사랑으로 괴로워하는 여인이 있네.
> 그녀는 자주 "소옥아! 소옥아!"라고 시녀의 이름을 부르지만
> 사실은 그녀에게 시킬 일이 있어서가 아니라,
> 다만 "소옥아!"라고 부르는 자기의 목소리를 밖에 있는 낭군에게
> 들려주기 위함이다.
> 一段風光畵難成　洞房深處陳愁情
> 頻呼小玉元無事　只要檀郎認得聲

깊고 깊은 궁궐의 한 곳에 아름다운 한 여인[양귀비]이 있다. 양귀비는 담장 밖에서 기다리고 있는 낭군[안록산]에게 자기의 존재, 그리고

현종은 돌아가고 혼자 있다는 현재의 상황을 알리기 위해 두 사람만 알 수 있는 암호로서 별달리 볼 일도 없는 시녀 소옥의 이름을 자꾸 부르는 것이다. 입 밖으로 엉뚱하게 튀어나온 "소옥아!"라는 소리와 양귀비의 마음속에 있는 '님에게 소식을 전함'이라는 뜻을 언어 문자와 본래심에 비유하고 있다. 즉 무자(無字) 공안을 참구할 때 구도심으로 '무(無)!'라고 하면서도, 본래 마음에서는 '님이 그리워(구도심, 의심), 어서 빨리 낭군에게 알리고 싶은 그 마음'이 "소옥아! 소옥아!"라고 부르는 소리로 자기도 모르게 튀어나온 것이다.

'무!'라고 하는 그 마음의 소리를 자기의 본래심이 알아듣도록 하는 것은, "소옥아!"라고 부르는 그 소리를 밖에 있는 낭군이 알아듣도록 하는 것과 같다. 이처럼 조주의 무자 공안을 참구하는 데서는 '무(無)' 자에 의미가 있지 않다. 양귀비가 시녀에게 시킬 일이 있어서 "소옥아! 소옥아!" 부르는 것이 아닌 것처럼……. 어쨌든 이렇게 자기의 온 몸과 마음이 무자(無字) 공안과 하나가 되어 참구하면 본래심을 깨달을 수 있다.[230]

② 무심(無心)

불법의 대의와 자기가 하나되는 경지로서 일체의 사물과 차별 경계에 대한 중생의 차별·분별심, 조작(造作), 취향(趣向), 선악(善惡), 미오(迷悟) 등의 이변(二邊)을 모두 초월한 주객일체(主客一體), 심경일여(心境一如)의 경지로서 무망심(無妄心), 즉 색즉시공 공즉시색(色卽是空 空卽是色)이다.

---

230) 정성본, 『참선수행』(동국대학교 경주캠퍼스 정각원, 2001), pp.78~89. 정성본, 『간화 선의 이론과 실제』(동국대학교 출판부, 2005), pp.270~272.

조사선에서는 계정혜(戒定慧) 삼학으로 정리되는 전 불교의 실천 정신을 번뇌 망념이 없는 무심〔본래심, 평상심〕으로 귀결시켰다. 중도(中道)의 실천을 '무심(無心)'이라는 한마디로 제시하여 누구나 구체적인 생활 속에서 생활의 종교로서 반야바라밀(般若波羅蜜)을 실천하도록 하여 '무심시도(無心是道)', '평상심시도(平常心是道)'라고 강조한 것이다.

③ 무주(無住), 무소주(無所住)

반야 공관 사상의 실천 사상으로, 한 생각 한 생각이 어느 대상〔망념의 경계〕에 머무르지 않는 것을 말한다. 자성(自性)을 가지지 않으며, 어떤 사물〔法〕에도 주착(住着)하지 않는 것이며, 마음을 어디에도 고정시키지 않고 텅 비우는 공의 실천을 말한다. 자신의 몸과 마음뿐만 아니라, 중생심으로 작용하는 의식의 대상 경계에 집착하지 않는 것을 말한다. 의식의 대상 경계는 거울에 비친 영상〔鏡中像〕과 같이 실체가 없고 자성이 없으며, 공(空)한 것이기 때문에 허상(虛像)이다. 중생은 이러한 사실을 깨닫지 못한 무명불각(無明不覺)으로 그 허상을 실상이라 착각하고 집착하며 추구하려고 한다.

『금강경』의 무주(無住), 무상(無相)의 법문은 이러한 중생의 무지 무명과 전도몽상(顚倒夢想), 오해와 착각을 떨쳐 버리고, 진실한 사실을 여법하고 여실하게 반야의 지혜로 깨달아 체득하도록 설한다.[231] 또한 『금강경』에서 '응무소주 이생기심(應無所住 而生其心)'이라고 하는 것처럼 일체의 모든 법(法), 즉 의식의 대상 경계에 대하여 걸림이 없고 집착이 없는 진여 본성의 청정한 마음 작용이 무소주(無所住)이다. 일체

---

231) 성본 스님 강설, 『금강경』(민족사, 2012), p.62.

의 법은 주관적인 의식의 스크린에 나타난 그림자와 같으므로 일체의 법은 자성이 없고[無自性], 고정된 실체도 없으며[無實體], 공(空)한 것을 깨달아 체득할 수 있다.

마음을 언제 어디서나 어떤 경계에도 머무름이 없도록 해야 자유롭게 지혜 작용을 할 수 있기 때문에 무주상(無住相)을 설하고, 『유마경』「관중생품(觀衆生品)」에서는 "무주의 근본에서 일체법을 설한다(從無住本 立一切法)[232]", "깨달음은 처소가 없다. 그래서 얻음도 없는 것이다(菩提無住處 是故無有得者)"라고 설한다. 『신회어록(神會語錄)』에는 '무주(無住)'에 대한 설법이 많다. 『단어(壇語)』에서 다음과 같이 설한다. "예를 들면 새가 허공을 나는 것과 같은데, 만약 새가 허공에 머문다면 반드시 추락할 위험이 있다. 수행자가 무주의 마음을 배우고도 만약 마음을 법에 머무르게 한다면 주착(住着)인 것이며, 거기에서 해탈할 수가 없다고 『유마경』에서도 설한다. 다른 병이 없어도 오직 공병(空病)이 있으니, 공이라는 병 또한 공한 것이니, 공하다고 하는 것 역시 비우지 않으면 안 된다."[233] 또한 "만약 망념이 일어나면 곧바로 망념인 줄 깨닫도록 하라. 망념인 줄 깨달으면 바로 본성은 무주심(無住心)이 된다"라고 했다.[234] 종밀도 "무주심(無住心)은 하택 대사의 심의(深意)이다"[235]라고 설하며, 『전등록』30권에 수록된 징관의 「답황태자문심요(答皇太子問心要)」에서는 "지도(至道)는 그 마음을 근본으로 하고, 심법은 무주를 근본으로 하며, 무주의 심체는 지혜 작용[靈知]이 몽매

---

232) 『대정장』 14권, p.547하.
233) 『신회화상 유집』, p.236.
234) 『신회화상 유집』, p.249.
235) 『원각경대소초』 1권 하.

하지 않다"라고 설하고 있다.[236]

④ 무소구(無所求)

세상 사람들이 미혹하여 곳곳에서 탐착하고 명리(名利)를 구하지만, 지혜인은 참됨을 깨달아 이치로써 속됨을 바로잡고 무위(無爲)의 법에 마음을 두고 몸은 자연의 운행에 맡기며, 만유는 모두 공(空)하여 바라고 즐거울 것이 없다는 가르침이다.

공덕천(功德天)과 흑암녀(黑闇女)는 항상 서로를 따르고 있는 것처럼, 삼계는 화택(火宅; 불타는 집)과 같다. 몸이 있으면 괴로움이 있는 것이니 어찌 편안하겠는가. 이러한 것을 요달(了達)하고 온갖 유위(有爲)를 버리고 생각을 쉬어 구함이 없도록 하라는 가르침으로, 경에서는 "구함이 있으면 괴롭고, 구함이 없으면 즐거운 것이다"라고 설한다.

'공덕천(功德天)과 흑암녀(黑闇女)'는 『열반경』 「성행품」에 나오는 이야기이며, '삼계 화택'은 『법화경』에서 인용한 것으로, 모두 무소구(無所求)의 이치를 밝히기 위한 것이다. 일체의 가치를 밖에서 구하려는 마음을 버리고, 일체개공의 진리를 깨달아 탐착하는 마음을 초월하는 것이다.

무소구(無所求)의 사상적 근거는 『유마경』의 "법을 구하는 자는 일체 법에 구함이 없어야 한다", 즉 세속적인 사물에 집착하는 것은 물론 진리(法)에 대한 집착심도 떨쳐 버려야 한다는 데에 있다. 후에 마조도일(馬組道一)의 "구법자는 마땅히 구하는 바가 없어야 한다. 마음 밖에 별다른 부처가 없다"라는 설법이나 조사선에서 임제 등이 "밖을 향해서

---

236) 정성본 역주, 『돈황본 육조단경』(한국선문화연구원, 2003), pp.103~104.

구하지 말라(向外馳求)"라고 주장한 것은 달마의 무소구행을 일상생활 속에서 새롭게 전개시키고 있는 것으로 볼 수 있다.[237]

⑤ 무소득(無所得), 무소유(無所有)

의식에 어떤 존재나 사물, 명상(名相)으로 인식되는 대상 경계가 있다면 중생심이 된다. 최상의 깨달음(阿耨多羅三藐三菩提)은 자아의식을 텅 비운 아공과 법공의 경지이기 때문에 깨달아 체득한 그 어떤 것이라도 남아 있다면 올바른 깨달음이 될 수가 없다. 최상의 깨달음을 체득한 진여 법성은 무소득·무소유·무소구·무일물(本來無一物)의 경지이다. 여기에서는 무진장(無盡藏)의 지혜와 자비가 법계의 일체 중생과 함께 두루 작용할 수 있다. 『육조단경』에서 '무일물중 무진장(無一物中無盡藏)'이라고 한 혜능의 게송은 이러한 무소유의 경지를 표현한 것이다.

『화엄경』에서는 "만약 부처의 경계를 알고자 한다면, 당연히 자신의 주관적인 의식을 허공과 같이 텅 비워라. 망상도 멀리 하고 목적의식까지 여의면, 본심의 지혜 작용이 무애 자재하리라(若有欲識佛境界 當淨其意如虛空 遠離妄想及諸趣 令心所向皆無碍)"라고 읊고 있다. 법을 깨달아 체득한 득법(得法)과 제자에게 불법을 전했다고 하는 전법(傳法)의 차원[238]에서 얻을 법이나 전할 법이 있다면 이것은 유상(有相)의 종교가 되며, 결국 집착의 대상을 만들기 때문에 외도(外道)가 된다. 선에서 '마음 밖에서 도를 구하는 자는 외도(心外求法者 外道)'라며 주의를 주고 있듯이, 법은 깨달아 대상으로 소유하는 것이 아니라, 진여의 지혜로

---

237) 정성본, 『중국선종의 성립사 연구』(민족사, 1991), pp.80~82.
238) 무소득·무소유·무소구의 경지에서 진여 본성의 지혜가 여법하게 생명 활동을 하는 것이 득법이며, 그러한 사실을 스승과 제자가 함께 확인하고, 확신하게 된 사실이 전법이다.

상구보리 하화중생의 보살도를 행하는 실천 사상을 말한다.

⑥ 무애(無碍)

대승불교의 반야 공관 사상의 실천 사상으로, 일체의 경계(法)에 대하여 순간순간 한 생각 한 생각이 머무르지 아니하며 경계에 얽매임이 없는 것을 무애라 한다. 무애인(無碍人), 무의도인(無依道人), 무위진인(無位眞人) 등이 무애의 삶을 표현한 말이다.

⑦ 무상(無常)

역시 대승불교의 반야 공관 사상의 실천 사상으로 삼법인(三法印)의 하나로서 일체의 모든 법은 인연 화합에 의해 존재하고 있으며, 성주괴공(成住壞空)의 과정을 거쳐 항상함(常)이 없이 결국에는 공(空)으로 되돌아간다는 사실을 말한다.

⑧ 무아(無我)

삼법인의 하나로 강조하는 불교의 기본 교설로, 대승불교에서 설하는 일체개공(一切皆空), 즉 아공(我空), 법공(法空)의 법문이다. 소승불교에서는 법유(法有)를 설하며 법공(法空)을 설하지 않는다.

무아법은 일체의 모든 존재에서 고정된 자아의 실체가 존재하지 않는다는 아공과, 의식의 대상 경계도 실체로 존재하지 않는다는 법공, 즉 일체개공이다. 『금강경』 32분은 "일체 모든 인연에 따라서 만들어진 법(有爲法)은 꿈과 같고, 환화·물거품·그림자와 같으며, 이슬과 같고, 전기와 같다(如夢幻泡影 如露亦如電)"고 설법하는데, 사물을 인식할 때 의식의 대상 경계로 나타나는 사물은 실체가 없는 무자성(無自性)이며 공(空)이라고 비유한 법문이다. 대승 경전에서 의식의 대상 경계가 마치 경중상(鏡中像; 거울에 비친 영상), 수중월(水中月; 물속에 비친 달)과 같이 실체가 없다고 한 것은 그것이 사물을 인식하는 사람의 의식 속에 나타난 그림자와 같기 때문이다. 이와 같이 일체의 모든 존재나 사물을 인식하는 것은 오직 마음의 작용[唯心]이기 때문이다. 이것이『화엄경』에서 설하는 '일체유심조(一切唯心造)'이며, 만법유심(萬法唯心), 만법유식(萬法唯識)의 법문이다.

법공(法空)이란 우리들의 눈앞에 보이는 나무나 바위, 모든 사물 그 자체를 없애고 비운다는 뜻이 아니다. 마치 거울에 비친 영상처럼, 자아의식과 의식의 대상 경계로 나타난 것은 실체가 없고, 무자성(無自性)이며, 공(空)하다는 것이다. 그러나 중생은 의식의 대상으로 나타난 영상을 실체라고 착각하고 집착하기 때문에 진실을 알지 못하고[無知無明] 전도몽상(顚倒夢想)이 된다.

무아법에 통달한다는 것은 아공·법공·일체개공의 대승 불법을 깨달아 체득하여 무생법인(無生法忍)을 이루는 것이다. 그리하여 진여 본성의 지혜 작용으로 무애 자재한 경지에서 보살도를 실행할 수 있는 능력을 갖추는 것이다. 무아법을 통달한다는 것은 자아의식과 의식의 대상 경계를 텅 비운다는 것이기 때문에 시방 삼세 일체처에 걸림이 없고, 막힘이 없고, 경계가 없다[佛境界].

⑨ 무상(無相)

반야 공관 사상의 실천 사상으로서 사물의 모양[相]을 보면서 그 모양에 집착하지 않는 것을 말한다. 진여 법성은 번뇌 망념이 남도 없고 멸함도 없는 불생불멸(不生不滅)이기에 생멸이 변천하는 모양이 없는 것이다. 『금강경』에서 설하는 "무릇 모양이 있는 것은 모두 허망한 것. 만약 모든 모양을 모양이 아닌 것으로 본다면 곧 여래를 보리라(凡所有相 皆是虛妄 若見諸相非相 卽見如來)"와 같은 의미이다. 또한 "일체의 모든 모양을 여읜 것을 제불이라고 설한다(離一切諸相 卽名諸佛)"[239]고 하고, 『열반경』 제30권에서는 "무상이란 속박됨이 없는 것이며, 무박이란 집착함이 없는 것이다(無相者 名爲無縛 無縛者 名爲無着)"[240]라고 했는데, 즉 열반적정(涅槃寂靜)의 경지가 바로 무상인 것이다. 신회의 『단어(壇語)』에서는 "일체 중생은 본래 무상이다. 지금 '상(相)'이라고 말하는 것은 모두 망심의 작용이니 만약 마음에 망심이 없으면(無相) 곧바로 불심이다"라고 설하고 있고, 『신회어록』에서도 "일체 중생의 마음이 본래 무상이다. 무상이란 모든 망심이 없는 것이다"라고 설하고 있는 데서 보듯이 무상은 번뇌 망념이 없는 것을 뜻한다.[241]

⑩ 무념(無念)

무념이란 일체의 바깥 경계에 집착하여 번뇌 망념으로 물들지 않는 것으로, 『대승기신론』에서는 "심성은 항상 번뇌 망념이 없는 무념인 것이기에 불변(不變)이라고 이름한다. 일법계(一法界), 즉 깨달음의 세계에 이르지 못하였기 때문에 마음이 진리와 상응하지 못하고, 홀연히 생각(妄念)이 일어나는 것을 무명(無明)이라 한다"고 하며, 또한 경전의 말을 인용하여 "만약에 중생이 능히 망념이 없는 무념(無念)을 관(觀; 체득)하는 자는 즉, 불지(佛智)에 향한다고 하기 때문에(…)"라고 설하고 있다.

---

239) 『대정장』 8권, p.750 중.
240) 『대정장』 12권, p.546 중하.
241) 정성본 역주, 『돈황본 육조단경』(한국선문화연구원, 2003), p.103.

신회의「돈오무생반야송(頓悟無生般若頌)」에서는 "무념을 종지로 삼고, 무작(無作)을 근본으로 삼으며, 진공(眞空)을 본체로 삼고, 묘유(妙有)를 작용으로 삼는다. 대개 진여는 무념이며 생각(想念)으로 능히 알 수 있는 것이 아니다. 실상은 무생이니 어찌 마음을 일으켜서 능히 알 수 있으리오(無念爲宗 無作爲本 眞空爲體 妙有爲用. 夫眞如無念 非念想能知 實相無生 豈生心能見)"라고 설한다. 또『단어(壇語)』에서는 "다만 스스로 본체가 적정하며 공하여, 소유함이 없음을 알기에 역시 머물고 집착함이 없음이 마치 허공과 같아 두루 퍼지지 아니한 곳이 없으므로 이것을 제불의 진여 법신이라고 한다. 진여는 바로 무념의 본체이기 때문에 그래서 무념을 세워 종지로 삼는다. 만약 무념을 깨닫는 자는 비록 견문각지(見聞覺知)를 구족하나 항상 공적하다"라고 설하고 있다.

종밀(宗密)의『도서』 중 하택종을 논한 곳에서도 "지(知)는 또한 무형이니, 누가 아상(我相)이니 인상(人相)이니 할 것인가? 모든 상이 공(空)한 것임을 깨달으면 마음은 자연히 무념이 된다. 마음속에서 망념이 일어나면 망념이 일어난 사실을 자각하여 깨달아야 한다. 망념이 일어난 사실을 자각하여 깨달으면 망념은 사라지고 무념의 경지가 되니 수행의 묘문(妙門)은 오직 여기에 있다. 그래서 수많은 불법을 수행한다고 해도 오직 번뇌 망념이 없는 무념의 경지를 깨달아 체득하는 것이 근본이다. 그래서 무념을 근본 종지로 한다(無念爲宗)"라고 설했다. [242]

⑪ 무박(無縛)

한 생각 한 생각이 일어날 때마다 일체의 경계(사물)에 집착하여 머

---

242) 정성본 역주, 『돈황본 육조단경』(한국선문화연구원, 2003), p.102.

무르지 않는 것을 뜻한다. 만약 한 생각이라도 사물[경계]에 머무르면 생각이 곧 머무르게 되는 것이니, 이것을 경계에 속박된 계박(繫縛)이라고 한다. 따라서 일체의 경계[法]에 순간순간의 한 생각 한 생각이 머무르지 아니하여 경계에 얽매임이 없는 것을 무박(無縛)이라고 한다.[243]

⑫ 조도(鳥道)

조도(鳥道; 새가 허공을 날아다니는 길)는 새가 공중을 날아다녀도 자취를 남기지 않는 것처럼, 일체의 경계에 걸림이 없는 무심(無心)의 경지, 공 사상의 실천을 표현한 말이다.[244]

⑬ 몰종적(沒蹤迹)

'자취를 남기지 않는다'는 뜻으로 무상이나 무주와 같이 공의 실천을 말한다. 본래의 청정한 불심으로 되돌아가면 마음에 번뇌 망념도 없고, 경계에 대한 차별심과 집착도 없다. 일체의 흔적과 자취도 없는 몰종적의 경지, 즉 조도(鳥道)와 같은 의미로서 본래 텅 빈 일체개공(一切皆空)의 경지이며, 『신심명』에서는 '통연명백(洞然明白)'이라고 하고, 안과 밖이라는 분별심이 완전히 없어져 철저하게 텅 빈 경지로서 내외명철(內外明徹)이라고도 한다.[245]

⑭ 무위진인(無位眞人)

무위라는 말은 신분상의 직위나 직책, 등급이나 위치 등을 확정할

---

243) 정성본 역주, 『돈황본 육조단경』(한국선문화연구원, 2003), p.100.
244) 정성본 역주, 『벽암록』(한국선문화연구원, 2006), p.341.
245) 정성본 역주, 『벽암록』(한국선문화연구원, 2006), p.101.

수 없는 것, 또한 한정이 없는 것을 뜻한다. 따라서 무위진인이란, 남녀라는 성별, 노소라는 연령의 차이, 혈통이나 출신·직업의 상하 귀천 등 일체의 상대적인 지위나 차별의 대립을 초월하여 어떠한 대상이나 권위에도 걸림 없는 적나라(赤裸裸)한, 무애 자재한 대장부를 말한다. 그러므로 범부나 성인, 부처나 조사, 미혹함이나 깨달음, 불·보살의 지위나 위치는 물론, 일체 존재의 이름과 모양(名相)에 대한 고정관념이나 차별적·분별적인 경지를 초월한 해탈인이다. 임제는 일체의 권위나 전통, 의식, 형식, 관습이나 고정관념에서도 벗어나 인혹(人惑)을 받지 않는 근원적인 본래인을 '적육단상(赤肉團上)의 무위진인(無位眞人)'이라고 하였다.

'진인'이라는 말은 불교의 이상적인 인격을 뜻하는 '부처'나 '여래', '보살'이라는 칭호보다도, 당시 하북 지방에 도교가 성행하고 있었기 때문에 일반인 누구라도 잘 알고 있는 도가의 '진인', 혹은 '도인'이라는 말을 사용해서 중국인들이 쉽게 선불교를 이해할 수 있도록 설법한 것이라고 보인다.

⑮ 무의도인(無依道人)

정법의 안목을 구족하여 범성(凡聖), 염정(染淨)이라는 상대적인 차별과 분별심에 떨어지지 않고, 또한 제불(諸佛)의 세계에도 현혹되거나 일체의 경계에 매몰되지 않으며, 그 어떤 명상이나 권위에도 의존함이 없는 독탈(獨脫) 무의(無依)한 사람을 뜻한다. 의존함이 없기 때문에 무조건적·절대적이며 또한 자율적이고 철저한 자각의 주체이다. 무위진인이나 무의도인의 의미는 그 내용이 같다.

임제는 여러 가지의 경계를 인혹(人惑), 경혹(境惑), 혹은 혹란(惑亂)

등으로 표현하는데, 인혹을 받지 않기 위해서는 만나는 경계를 모두 죽여야 한다고 설했다. 인혹은 불보살(佛菩薩), 조사(祖師) 등의 인격이나 인명(人名), 다른 사람의 이름이나 명상(名相) 등으로 인해 받아들여진 권위나 선입관, 혹은 고정관념 등의 경계에 집착하여 번뇌 망념이 일어나게 된 것을 말한다. 부처나 보살, 나한(羅漢) 혹은 조사는 출세간적인 불교의 이상적 인격이며, 부모와 친척은 사회윤리의 기본이 되지만, 수행자가 그러한 이름과 형상에 끌려가게 되면 인혹의 경계에 사로잡혀 진실을 바로 볼 수 있는 안목과 반야의 지혜를 얻을 수가 없기 때문에, 일체의 인혹의 경계를 끊어 버려야 한다는 말을 임제는 '죽이라!'라는 말로 표현하였다.

"부처도 초월하고 조사도 초월하라(超佛超祖)"는 운문(雲門)의 유명한 말도 같은 내용의 설법이며, 『조당집』에 설하고 있는 조산(曹山)의 '살불살조(殺佛殺祖)'나 소요 화상(逍遙 和尙)의 '팽불팽조(烹佛烹祖)' 또한 인혹을 끊어 버리도록 지시한 설법이다. 이러한 인혹과 경혹 등 여러 가지 경계에 끌려가지 않는 진정한 도인을 무의도인이라 하며, 경혹을 받지 않고 경계를 마음대로 활용하는 사람, 즉 승경도인(乘境道人)이라고 부르기도 한다.[246]

⑯ 평상무사인(平常無事人)—수처작주 입처개진(隨處作主 立處皆眞)

임제의 설법 중에 "곳에 따라 주인이 된다면, 자기가 있는 지금 여기가 그대로 진실의 세계가 된다"라는 말이다. 이것은 인혹(人惑)과 경혹(境惑)을 받지 않는 무위진인(無位眞人) 혹은 무의도인(無依道人), 무사

---

246) 정성본 역주, 『임제어록』(한국선문화연구원, 2003), pp.423~444.

인(無事人)이 일체의 경계와 환경을 자유자재하게 활용하는 주체적인 작용을 표현하는 말이다. 『임제록』에서 임제는 다음과 같이 말한다.

여러분! 불법은 특별한 작용(功用)이 있는 것이 아니다. 다만 평상시에 번뇌 망념의 일 없이 무사(無事)한 것이다. 대소변을 보고 옷 입고, 밥을 먹고, 피곤하면 자리에 눕는 것이다. 어리석은 사람은 이러한 것을 비웃겠지만 지혜 있는 사람은 이 도리를 알 것이다. 옛 사람이 말하기를 "밖을 향해 공부를 하는 것은 모두 어리석은 녀석이다"라고 하였다. 곳에 따라 주인이 된다면 자신이 있는 그곳이 그대로 모두 진실의 세계가 된다(隨處作主 立處皆眞). 어떤 경계가 닥쳐 와도 이를 바꿀 수가 없다. 비록 종래의 습기와 오(五) 무간(無間) 지옥의 업보가 있을지라도 그대로 해탈의 큰 바다가 된다.[247]

임제는 여기에서 '평상무사(平常無事)'라는 말을 사용하고 있다. 이는 그의 선(禪) 사상이 인간 본래의 모습인 무위진인 혹은 무의도인이 일상의 무심한 경지에서 무사하게 살아가는 일상생활의 종교라는 사실을 알 수 있다. 그는 먼저 "불법이란 공용(功用; 특별한 작용)이 있는 것이 아니다"라고 말하고 있는데, 즉 불법이란 특별한 작용이나 기특한 효용(效用)이 있는 신비스러운 것이 아니라는 말이다.

마조가 말한 '도불용수(道不用修)'나 임제의 '무수무증(無修無證)'은 단순히 맹종적으로 수행과 깨달음을 부정하는 말이 아니다. 근원적인

---

247) 『대정장』 47권, p.498상.

본래심〔平常心〕은 조작과 차별·분별의 간택이 없으며, 번뇌 망상에 물들지 않은 청정심도 또 다시 수행해서 깨끗이 해야 할 필요가 없고, 깨달음을 증득할 필요도 없다는 의미이다. 부처를 구하고 깨달음을 추구하는 그 조작된 마음이 도리어 도(道)를 장애하는 번뇌가 되기 때문에, 근원적인 본래심으로 돌아가 무심한 경지에서 무사하게〔조작심과 번뇌 망념 없이〕 일상을 살도록 하고 있다.

그래서 임제는 본래 무사한 평상무사인(無依道人)의 생활로서 "대소변을 보고 옷 입고, 밥을 먹고, 피곤하면 자리에 눕는 것이다. 어리석은 사람은 이러한 것을 비웃겠지만 지혜 있는 사람은 이 도리를 알 것이다"라고 하고 있다. 이 구절은 남악나찬 화상(南嶽懶瓚 和尚)의 노래로서 평상무사한 일상생활의 선 사상을 대변하고 있는 말인데, 임제는 또 다른 시에서도 "일체의 경론을 배워 폭포수처럼 유창한 변론을 펼친다고 할지라도 이 모두 지옥에 떨어질 업(業)을 짓는 일"이라고 하면서 "〔그것은〕 무사히 쉬는 것만 못하다. 배고프면 밥 먹고, 잠 오면 잠잔다. 어리석은 사람은 나를 비웃겠지만 지혜로운 이는 안다"라고 인용하고 있다.

임제가 "밖을 향해서 공부를 하는 것은 모두 어리석은 녀석(向外作工夫 總是癡頑漢)"이라고 한 것 역시 나찬 화상(懶瓚 和尚)의 낙도가(樂道歌)에서 온 것이다. 또 임제는 "무의도인은 곳곳에서도 막히거나 걸림이 없고 시방세계와 삼계에 자유자재하며, 일체의 경계와 차별세계에 들어갈지라도 경계가 그를 바꿀 수 없다", "무의도인은 여러 국토를 유희하면서 중생을 교화하지만 일찍이 일념이라도 여읜 적이 없이, 수처에 청정하여 광명이 시방세계에 두루 비춘다"고 설하고 있다.

자각적인 주체성 즉 본래심〔平常心〕이 결여된 경계는 경혹(境惑)이

된다. 평상무사인이 일체의 경계를 마음대로 활용하고 그것을 생활의
토대로 살아가는 그 세계를, 언제 어디서나 주인공이 되어 지혜로운
삶을 사는 모습이라고 하겠다. 그리고 무사인(無依道人)이 근원적인 본
래심으로 언제 어디서나 시절인연에 따라 주인이 되어 살고 있는 모든
경계나 환경은 그대로 진실의 세계를 이룬다는 것이 '입처개진(立處皆
眞)'이라는 말이다.

따라서 '수처작주 입처개진'이란, 어떠한 경우에도 자각적인 주체
성을 잃어버리지 않고 본래심으로 살아갈 때 자기가 머무르고 있는 그
곳이 그대로 진실의 세계가 된다는 말로, 대상과 경계에 한정되는 것
이 없는 무의도인(無依道人)의 진실된 생활 모습을 그대로 보여주고 있
다. 수처작주의 생활이 되기 위해서는 대장부가 되어 인혹(人惑)과 경
혹(境惑)을 받지 않아야 하며, 밖을 향해서 부처나 법이나 진리를 추구
하려는 마음을 쉬어야 한다는 말이다.

⑰ 종문입자불시가진(從門入者不是家眞)

"문으로부터 들어온 것은 자기 집의 보물이 될 수 없다(從門入者不是
家眞)"는 말은 외부에서 구해온 것은 때가 되고 인연이 다하면 되돌아
가거나 없어지는 무상한 것이기 때문에 참된 보물이 될 수 없다는 뜻
이다. 비록 물건만 그런 것이 아니라 명예나 지위도 그러하며, 부처님
이나 조사들의 권위나 말을 빌려서 자기의 주장처럼 이야기하는 것도
마찬가지이다. 결국 영원히 잃어버리지 않는 보물은 자기의 마음뿐인
것이다. 그래서 마음을 보배로운 구슬[寶珠], 신령스러운 구슬[摩尼寶
珠]이라고 한다. 각자의 마음으로 깨달은 진실이야말로 어떠한 보배보
다도 가치 있다.

참된 행복과 보배는 자기 자신에게서 찾고, 스스로 만들어야 한다. 그것은 물질적인 것이나 사회적인 지위, 재산 등에 자기 인생과 행복의 가치를 두는 것과는 다르다. 일체의 외부적인 것, 즉 물건·재산·지위·권력 등의 관념과 대상에서 벗어나야 한다. 그리고 그러기 위해서는 외부의 시선이나 편견, 차별적인 견해에서 벗어나 그 사람의 본래 모습과 인격으로 서로를 진실하게 볼 수 있도록 안목을 길러야 한다. 또한 어떠한 경우에도 참된 존재로서의 판단 기준을 잃어버리지 않아야 한다. 일체의 존재는 인연의 화합과 시절의 도래로 이루어지는 것이므로 일시적이며, 시간이 지나고 인연이 다하면 본래의 상태인 공(空)으로 되돌아간다는 만법의 근원적인 본질을 스스로 깨달아야 하는 것이다.

⑱ 오상어차절(吾常於此切)

『동산어록』에 동산양개 선사가 "나는 항상 지금 여기, 자기 본분사의 일에 최선을 다한다"라는 의미로 오상어차절(吾常於此切)이라고 한 선구가 있다.[248] 이 말은 임제 선사의 "곳에 따라서 항상 언제 어디서나 주인공이 되어 살라"는 '수처작주(隨處作主)'라는 법문과 함께 많은 선승들이 주목하고 있는 말이다.

세간에서나 출세간에서나 인간 삶의 가장 중요한 일은 지금 여기 자신의 일에 전념하여 최선을 다하는 것이다. 인생에 있어 승패의 문제보다도 더 중요한 것은 지금 여기, 자신의 할 일에 완전히 몰입해야 한다는 사실이다. 자신의 일에 몰입하여 온 정열을 쏟아 최선을 다한 사

---

248) 동산의 법문은 『종용록』 98칙과 『전등록』 15권 등에도 수록되어 있다.

람은 결코 패배하지 않으며, 최선을 다했기 때문에 승리자이다. 주위 사람을 의식하는 열등감이나 '패배'와 '성공'이라는 망심도 개입할 여지가 없다.

　정리하면, 사람이 살아가는 데 가장 중요한 일 세 가지는 지금 여기서 자신이 하는 일과 지금 만나는 사람, 지금 이 순간을 사랑하는 일이라고 할 수 있다.

禪,

茶

道

2부

선과 다도생활

선과 다도생활

선의 다도〔禪茶〕생활이란 불교의 정신을 체득하여 절대 유일의 존재인 스스로의 삶을 자각하고, 차생활을 통한 깨달음의 지혜로 보람되고 창조적인 삶을 사는 것을 말한다.

인간은 누구나 내일이 오늘보다 더 좋은 삶이 되기를 간절히 바라면서 살아간다. 그러나 인간은 절대 유일한 존재라는 사실, 이 우주의 모든 생명체들은 생로병사의 무상(無常)을 극복할 수 없다는 사실, 인간은 불안의 고통을 극복해야만 하는 중생이라는 사실, 지금이라는 공간과 여기라는 한정된 공간 속에서 살고 있는 존재라는 사실, 또 쉬지 않고 일을 하면서 살아야 한다는 사실과 같은 문제점을 극복해야만 한다.

귀중한 인생의 시간을 낭비하지 않고 좋은 하루를 살며 지혜로운 삶을 살아가려면, 번뇌 망념의 중생심으로 살지 않고 지금이라는 이 무상(無常)한 시간을 창조적인 삶이 될 수 있도록 활용할 수 있어야 한다. 지나간 과거에 얽매이거나, 확실치 않은 미래에 대한 기대로 환상에 빠져 있지 말고 언제나 지금 여기에서, 마음속에 번뇌 망념이 일어난

사실을 자각하여, 깨달음의 지혜로운 삶이 되도록 하는 것이 바로 선의 다도생활[禪茶生活]이다.[249]

1. 원력과 발심

　더 좋은 날을 기원하며 '지금'을 살아가는 것은 인간의 본질적인 삶의 요구임과 동시에 욕망일 것이다. 선(불교)에서는 이러한 요구와 욕망에서 벗어나 보다 좋은 인격을 형성하며 가꿔 나가는 삶의 방향을 제시하고 있다. 즉 무질서한 삶의 요구와 욕망을 원력과 사명감으로 전환시켜 정돈되고 정비된 여법한 지혜의 삶을 삶으로써, 인격을 완성하는 길로 나아가도록 하는 것이다. 이렇게 자기 향상의 원력과 사명감으로 보살도를 실행하는 것이 선다(禪茶)의 생활이다.

　절제되지 않은 욕망은 자기 자신을 혼란에 빠뜨릴 뿐만 아니라 주위와 이웃에까지도 영향을 줘, 사회를 무질서와 혼란 속으로 몰아넣는다. 교통법규를 지키지 않고 마음 내키는 대로 차를 몰고 다니는 운전자를 예로 들 수 있다. 윤리와 도덕이 지켜지는 사회에서 인간이 안전하고 편안하게 살 수 있는 것처럼, 무질서한 욕망의 불길을 가라앉히고 차분하고 질서 있게 마음을 안정시킬 때 참된 인생을 가꿀 수가 있는 것이다. 각자의 무한한 가능성을 개발하고 아름답고 훌륭한 인생을

---

249) 정성본, 『간화선의 이론과 실제』(동국대학교출판부, 2005), p.34 참조. 항상 지금이라는 시간과 여기라는 공간에서 자신의 마음을 반조(返照)하여 순간순간 한 생각 한 생각의 자각[念念自覺]으로 중생심을 진여 본성[불심]의 지혜 작용으로 전환하는 깨달음의 생활이 곧 선의 다도생활이다.

가꿀 수 있는 구도자의 길은 먼저 원력(願力)을 세우고 발심(發心)하는 것이다. 원력과 발심은 다름이 아니라 보살의 구법 정신이다. 인간이라면 누구나 원력과 이를 실현하고자 하는 굳은 의지, 그리고 보살의 구법 정신으로 무한한 자기 개발과 향상을 이룰 수가 있다.

원력과 욕망은 무언가 부족하여 이를 충족하고자 하는 마음이라는 점에서는 동일한 것이다. 그러나 그 내용은 본질적으로 다르다. 욕망은 욕심처럼 사욕으로 자신을 충족하는 데 그치는 행위이지만, 원력은 단순히 자기를 충족하려는 욕망이 아니라 노력과 헌신으로 많은 사람들에게 이익을 제공하려는 보살도의 자리이타(自利利他) 정신이다. 즉 구도의 정신과 스스로의 가능성을 향한 무한한 노력이 많은 사람들에게 희망과 힘이 될 수 있도록 회향하고, 거기에서 다시 자기 삶을 한층 더 만족시키는 힘을 얻는 것이다. 붓다의 자비와 지혜 광명이 중생계의 무명을 밝히고 있는 것처럼, 성스러운 보살도의 원력과 회향은 뭇 생명에게 환희와 희망을 제공한다. 그래서 대승불교를 흔히 보살의 불교, 원력의 종교라고 한다.

이러한 원력과 발심은 불법에 의거한 우리 삶의 초석이 되며, 지금 여기에서 지혜로운 삶으로써 보살도를 실행할 수 있도록 올바른 방향을 제시하고 판단을 이끌어 준다. 보살의 사홍서원(四弘誓願)은 구도적인 원력과 발심으로 발원하고, 끊임없이 정진하는 삶 일체이자 수행이다. 범속한 우리들을 순간적이고 평범한 삶으로부터 비범하고 진실된 인생으로, 성스러운 자기로 전향시키는 힘이며, 무(無)에서 유(有)로 자기 자신을 개발하고 구현하는 묘약인 것이다. 이러한 보살의 원력은 불법을 철저히 깨달아 체득한 신심과 흔들림이 없는 철저한 확신(深信)에서 이루어지는 자각적인 자기 구현이다.

지금 우리는 각자 불·보살·조사들의 가르침, 그리고 그들의 구도적인 보살도의 정신과 인격을 본받고, 그들이 체험을 통해 남긴 지혜의 말씀을 배우고 익혀서 철저한 원력과 발심으로 모든 정열을 쏟아 정진해야 한다. 또한 이러한 삶이 우리들의 삶을 멋지고 보람 있게 만들어 주는 최선의 길임을 확신해야 한다. 원력과 발심은 우리 삶의 뜨거운 열기가 되고 힘 솟는 생명력을 얻게 하며, 인격과 지혜의 광명을 발하게 하는 원천인 것이다. 또한 원력과 발심은 나아가 주객이나 자타와 같은 사량 분별과 차별심뿐만 아니라, 사물의 모든 경계를 초월하게 하는 종교심이 된다.[250]

2. 날마다 좋은 날(日日是好日)

『운문광록』에 다음과 같은 운문(雲門) 선사의 법문이 있다.

> 운문 선사는 어느 날 대중들에게 설법하였다.
> "15일 이전의 일에 대해서 그대들에게 문제 삼지 않겠지만, 15일 이후의 일에 대하여 한마디 일러보라!"
> 스스로 대중을 대신하여 대답하였다.
> "날마다 좋은 날이군!(日日是好日)"

『벽암록』 제6칙에 수록된 유명한 일단이다. 요즘 사람들은 운문 선

---

250) 정성본, 『선의 생활』(동국대학교 경주캠퍼스 정각원, 2000), pp.17~20.

사가 법문한 문제는 접어 두고, '날마다 좋은 날'이라는 한마디만을 채택하여 기분 좋은 인사말로 사용하고 있다. 운문이 말한 15일 이전의 일과 15일 이후의 일이란 무엇인가? 왜 운문은 15일 이전과 이후의 문제를 제시하여 날마다 좋은 날이라고 대답하고 있는 것일까? 『조당집』제19권에서도 향엄(香嚴) 선사가 다음과 같이 읊고 있다.

> 15일 이전에는 그대들 여기를 떠나지 말라.
> 15일 이후에도 여기에 머물지 말라.
> 떠나면 그대들 머리를 때려 부술 것이고,
> 머물러도 또한 그렇게 할 것이다.
> 떠나지도 않고 머물지도 않으려면 어떻게 해야 하는가?
> 또한 망설이면 어긋난다.[251]

이 일단의 게송은 운문의 설법과 함께 15일 이전과 15일 이후의 문제를 제기하고 있다. 떠나지도 못하게 하고, 머물지도 못하게 하는 진퇴양난의 딜레마에서 어떻게 벗어나야 할까?

15일은 한 달의 중심이 되는 날이다. 한 달을 반으로 나누어 15일 이전과 이후로 구분한 것이다. 구분하면 대립이 생기고 분별심과 차별심에 떨어지고 만다. 15일 이전과 이후 그 어느 한쪽을 선택해도 차별과 분별심에 떨어지는 것은 마찬가지다. 그렇다고 그 자리에 머물면 멍청한 무기에 떨어지게 된다. 운문과 향엄의 법문은 수수께끼를 제시

---

251) 『조당집』 19권 향엄화상전(『고려대장경』 45권, p.352b.) "十五日已前 師僧莫離此間 十五日已後 師僧莫住此間 去卽打汝頭破 住亦復如然 不去不住 事意如何 是卽是 擬卽差."

하여 재치 있는 대화를 끌어내기 위한 것이 아니다. 15일 이전이나 이후라는 분별심과 차별심에 떨어진 중생심, 즉 번뇌 망념의 생사 윤회에 허덕이는 중생심을 초월하여 깨달음을 체득할 수 있도록 하는 선불교의 실천 정신을 제시하는 법문이다. 15일 '이전'과 '이후'라는 상대적인 대립을 어떻게 초월해야 할 것인가?

이것은 육조 혜능의 "일체의 선과 악을 모두 한꺼번에 사량하지 말라(一切善惡都莫思量)!"라는 법문과 같은 구조를 갖는다. 전후·선악·범성 등의 상대적인 분별심과 차별심을 초월하기 위해서는 일체의 번뇌 망념과 사량 분별, 차별심이 일어나지 않은 근원적인 본래심으로 되돌아가야 한다. 본래 청정한 각자의 불성(本來心)으로 되돌아갔을 때 15일 이전과 이후, 그리고 그 자리에 머무는 어리석음을 모두 초월하여 자기 본분의 지혜로운 살림살이를 할 수 있게 되는 것이다.

따라서 운문은 일체의 번뇌 망념이 없는 근원적인 본래심의 살림살이를 '날마다 좋은 날'이라고 제시하고 있는 것이다. 운문이 15일 이전은 문제 삼지 않는다고 말한 것은 지난 과거는 의식하지 말라는 뜻이다. 그렇다면 15일 이후에 대하여 한마디 일러보라고 한 것은 무슨 의미인가? 사실 15일 이전과 이후는 '15일'이라는 하루에 걸쳐 있다. 한 달을 15일로 나누어 이야기하고 있지만 이러한 전후의 대립과 차별, 분별심을 초월한 납자는 15일 하루를 볼 수 있어야 한다. 즉 '날마다 좋은 날'은 이 하루를 좋은 날로 살 수 있어야 한다고 제시한 법문인 것이다. 한 달은 따로 떨어진 24시간의 하루하루가 모여 이루어진 것이 아니라, 하루의 연속이기 때문이다.

그러면 '날마다 좋은 날'을 살기 위해서는 어떻게 해야 할 것인가? 사실 운문이 제자들에게 제시한 법문은 그대들의 하루 생활이 '날마다 좋은 날'이 되도록 해야 한다는 실천 수행의 정신을 절실하게 강조하고 있다. 우리들은 어떻게 해야 날마다 좋은 날이 되는 삶을 살 수 있을까?

대개 하루를 24시간이라고 말하지만, 시간은 물과 같이 연속적인 것이기 때문에 사실 하루는 지금의 연속이다. 불교에서 시간을 과거·현재·미래의 삼세(三世)로 나누어서 말하고 있지만, 사실 이 삼세도 지금이라는 시간에 응축된 것이다. 따라서 하루를 좋은 날로 만들기 위해서는 지금이라는 시간이 좋은 시간이 될 수 있도록 해야 한다. 그것은 곧 자기 자신이 지금 여기에서 번뇌 망념의 괴로움, 근심 걱정, 두려움과 초조, 공포가 없는 평안하고 즐거운 마음으로 사는 것이다. 즉 지금 여기에서 자기 자신의 일을 지혜롭게 해 나가야 한다. '지금, 여기'에서 스스로의 일을 하는 데 있어, 주체적인 본래심의 지혜로 혼연일체가 되어 살아가는 삶이 바로 '날마다 좋은 날'이다.[252]

3. 일기일회(一期一會)

선(禪)에서는 언제 어디서나 근원적인 평상심을 갖고 일상적인 삶을 진실되게 살아가라고 강조하고 있다. 근원적인 본래심[淸淨心]에서 펼치는 삶에서는 일상생활이 모두 그대로 새로운 것이 되어 창조적인 삶으로 전개된다. 달리 표현하자면 인간은 우주라는 공간에서 각자 스스로를 중심으로, 순간순간 지금 여기의 일을 오직 단 한 번의 기회와 단

---

252) 정성본 역해, 『벽암록』(한국선문화연구원, 2006), pp.47~52. 정성본, 『간화선의 이론과 실제』(동국대학교출판부, 2005), pp.361~366. 정성본, 『선의 생활』(동국대학교경주캠퍼스 정각원, 2000), pp.24~27.

한 번의 만남으로 살아가고 있는데, 이를 일기일회(一期一會)라 한다. 고대 그리스의 철학자 헤라클레이토스가 "같은 강물에 두 번 들어갈 수가 없다"고 한 것은 만물유전(萬物流轉)의 끊임없이 지속되는 변화를 두고 한 말로서 일기일회의 의미와 같은 표현이다.

인간들의 시각적인 인지능력으로는 짧은 시간(순간)의 변화를 느끼지 못한다. 하지만 우주의 모든 사물들은 순간순간 바뀌고 있고, 사람들은 시간이 한참 흐른 뒤에야 그것을 알아차린다. 그리고 그러한 상황에 익숙해져 있기에 이를 당연한 것으로 여기고 있다. 인간의 삶과 생명, 지금의 시간은 일회성(一會性)만을 가지고 있으며 매사 단 한 번의 기회에 단 한 번 만나게 된다. 어느 한 순간이라는 시간적 좌표와 특정한 공간의 좌표 위에서 볼 때, 누구를 만나 누구와 대화하든 생애에 걸쳐 단 한 번만 경험할 수 있을 뿐, 똑같은 일이 두 번 이루어질 수는 없다. 매일매일 반복되는 일이라 할지라도 그것은 벌써 다른 시간과 공간 속에 전개되는 것으로, 우리가 안이하게 똑같은 것이라고 생각해 버리는 것일 뿐 결코 같은 시간과 공간에서 이루어지는 일이 아니라는 점을 기억해야 한다.

그렇기 때문에 지금 이 순간 자기의 귀중한 인생과 값진 삶을 잃어버릴 수는 없는 것이다. 모든 일이 한 평생 오직 한 번밖에 일어나지 않는 지극히 값지고 창조적인 일이다. 이러한 사실을 자각하지 못하면 인생을 모두 헛되이 보내게 된다. 따라서 우리들은 주위의 분위기나 경계에 끌려 주체성을 잃어버려 매 순간을 헛되이 살지 말고, 진실되고 절대적인 주인이 되어 '지금, 여기의 자기'를 살아가는 삶의 지혜를 체득하여야 한다.

혹 어떤 사람들은 이것이 찰나주의가 아닌가 하고 생각할지도 모른다. 그러나 그런 생각은 잘못된 인식에서 나온 것이다. 세간에서 말하는 찰나주의는 미래는 믿을 수 없기 때문에, 어떻게 해서든 지금만 잘 지내면 그만이라는 절망적이고 부정적이며 비관적인 사고방식이다. 그러나 선(禪)에서 말하는 '찰나'는 생명보다 위없는 충실함으로서 긍정의 사고방식을 반영한 것이다. 선(禪)은 지금 여기, 순간순간의 한 생각 한 생각 가운데 영원성을 내포한 삶을 진실되게 전개하는 것이다. 순간주의나 찰나주의는 순간이 단지 한 순간으로 끝나는 것이어서 그것에 따르면 영원성이 없는 일회성의 기회주의적인 삶을 살게 된다. 하지만 선다(禪茶)의 삶은 지금 여기, 절대의 현재 속에서 영원을 사는 것으로, 스스로 진실을 각지(覺知)하고 있는 삶이다. 영원의 현재 속에서 우리들 각자가 주체를 잃지 않고, 본래심〔平常心〕에서 일상생활 모두를 창조적인 삶으로 가꾸는 지혜인 것이다.[253]

히사마츠 신이치(久松眞一)의 『다도의 철학(茶道の哲學)』에서 이이 나오스케(井伊直弼)의 『다탕일회집(茶湯一會集)』에 일기일회라는 말이 나온다. 그 인용한 내용을 보면 다음과 같다.

(…) 더욱, 일회(一會)에 깊은 주의가 있고, 무릇 다도의 만남은 일기일회이다. 예를 들어 같은 주객이 몇 번 만나더라도 오늘의 만남은 다시 돌아오지 않는 것을 생각하면, 내가 이 세상에 한 번 태어나 사라지는 것과 같은 것이다.

그리하여 주인은 만사에 최선을 다해서 조금도 소홀함 없이 정성

---

253) 정성본, 『선의 생활』(동국대학교 경주캠퍼스 정각원, 2000), pp.8~9. 정성본, 『선불교의 이해』(동국대학교 경주캠퍼스 정각원, 2002), pp.54~56.

을 다하고, 객 또한 다시 만나기 어려움을 알아 무엇 하나 빠짐이 없이 배려하여 서로의 만남이 이루어지는 것을 일기일회라 한다. 주객이 모두 한 치라도 소홀히 해서 안 되는 단 한 번의 만남뿐이라는 지극한 뜻이다.

또 같은 책 「독좌관념(獨坐觀念)」은 다음과 같이 전한다.

(…) 손님의 돌아가는 뒷모습이 보이지 않을지라도 성급하게 뒷정리를 해서는 안 된다. 다실의 화로 앞에 홀로 앉아 지난 다회를 생각하며, 아직도 좀 더 얘기할 것이 있었을 텐데, 벌써 떠나 어디쯤 가고 있을까…….

홀로 조용히 차를 끓여 마시면서, 오늘의 다회는 이것으로 끝나 일생에 다시없는 일임을 생각하는 것이 바로 일회의 지극한 뜻을 깨닫는 습관이 된다.

이때 적막하게 서로 대화를 나누는 것이라고는 가마솥에 끓는 물소리뿐, 그 밖의 어떤 사물도 없는 경지는 진실로 스스로가 깨닫지 않으면 이르지 못할 경계가 되느니라.

또 더 옛날로 거슬러 올라가 『산상종이기(山上宗二記)』에는 다음과 같이 나와 있다.

새 다구로, 또는 굳이 새 차 단지를 열어 그해 새로 나온 차를 대접받는 다회는 말할 것도 없지만, 보통 일상으로 하는 다회일지라도 노지에 들어가서 나올 때까지, 일기일회(一期一會)의 마음가짐으로 집주인을 공경하고 경외해야 하느니라.

　여기에서 '일기(一期)'는 '일기의 생명(命)'처럼 '일생애(一生涯)'를 의미하고, '일기일회(一期一會)'는 한 생애에 단 한 번뿐인 만남이라는 의미로, 특히 다회를 여는 경우의 마음가짐, 태도 같은 것을 말할 때 많이 사용된다. 다회를 여는 경우 이 모임이 이 생애에서 단 한 번뿐인 만남이라는 생각을 하게 되면, 만사에 소홀함 없이 배려하고 거기에 최선을 다하게 된다. 다음에 또 만날 것이라고 생각한다면 혼신의 힘으로 정성을 다하는 다회(茶會)가 될 수 없다. 이것이 끝나면 오늘과 같은 모임은 평생에 다시는 없을 것이라는 마음가짐으로 여는 다회(茶會)가 바로 일기일회의 다사(茶事)이다.

　평소의 다도 수련 때도 이런 마음가짐을 가져야 하며 이 수련이 끝나면 오늘과 같은 수련은 없다고 각오해야 비로소 온 몸으로 최선을 다해 수련에 임하게 된다. 비단 다도뿐만이 아니다. 일상생활 전반에 걸쳐서 일기일회(一期一會)의 마음가짐으로 살지 않으면 안 되는 필연성이 인간에게는 확실히 있다.

　'인생은 무상(無常)하다'는 말을 자주 하듯이, 내가 지금 내쉬는 이 날숨이 다음의 들숨으로 이어진다고는 진정 아무도 보장할 수 없는 것이다. 이것이 인간 생명의 실태이다. 이렇게 본다면 다음 순간 생명이 연장된다는 보장이 없기 때문에 생각은 달라질 수밖에 없다. 무상이라는 말을 희망이 없는 비관적인 것으로 받아들인다면, 살아가는 것을 소극적으로 치부해 버릴 수 있다. 그러나 인생은 무상하기 때문에 매 순간 최선을 다해 충실하게 생활하여 후회 없는 삶으로 살아야 한다고 각오한다면 무상을 통해 오히려 적극적인 마음가짐을 가질 수 있으며 생명 존중과 현실 긍정의 계기가 될 수 있다. 지금 하고 있는 일은 두 번 다시 돌아오지 않으며, 시간은 역행하지 않는다는 것의 자각은 인간생활에 배수진을 치는 것과 같다. 이러한 마음으로 매 순간을 살아간다면 순간순간이 경이로워서 촌음도 낭비하지 않게 되며, 자신의 일을 소중히 생각하게 된다. 그렇게 지극한 정성을 다하는 시간들이 쌓이면 인생은 참으로 충실한 삶으로 채워지게 된다. "광음(光陰; 세월)은 화살과 같아서 시간(때)은 사람을 기다리지 않는다"라는 말은 이러한 연유로 나온 말이다.

불교에도 '일기일회(一期一會)'와 같은 의미를 지닌 말이 많다. 예를 들면 선승(禪僧)의 법문에 "용맹 정진하는 중생에게는 성불이 일념에 있고, 게으른 비구에게 열반의 경지를 체득하는 일은 3아승지겁(阿僧祇劫)이라는 긴 시간이 걸린다"라는 말이 있다. 이 말은 '다음 순간은 내게 없다', '이때를 놓치면 수행할 수 없다'는 각오로 용맹 정진하여 수행하면 일체 중생 누구라도, 즉 재가의 신자라도 그 순간에 부처가 될 수 있다는 말이다. 불교에서 자주 일컬어지는 '삼매'는 찰나 안에 전 생명이 빈틈없이 충만한 것, 또는 찰나 찰나가 자신의 전체가 되는 것을 말한다. 『아미타경』에서 '일심불란(一心不亂)'의 염불을 설하는 것처럼, 지금 여기 본분사의 일과 자신이 하는 일이 하나가 되도록 하는 것이다.

유교에서는 '경(敬)'이라는 글자를 '주일무적(主一無適)'으로 해석한다. 이것도 '일심불란(一心不亂)'과 같은 뜻으로 하나의 사물에 전념하여 한눈을 팔지 않는다는 말, 결국은 '공경(敬)'의 의미이다. 따라서 '경'의 본래 의미는 세속에서 말하는 '사람을 존경한다'는 뜻만으로는

다 전할 수 없다. 사람을 존경한다는 것은 그 사람에게 자신의 마음을 쏟는 것이므로 결국 그 사람에게 '주일무적(主一無適)'이 되는 것이다. 차회를 열 때, 공경심으로 다사(茶事)를 진행하고, 진지한 마음으로 경건해지는 것을 '일기일회'와 같은 마음가짐이라 해도 좋다.

『유교경』에서 "정신을 한 곳에 집중하면 매사 이루지 못할 것이 없다(精神一到 何事不成)"라고 하는 것처럼, 마음을 한 곳에 집중하여 몰두하면 어떠한 일도 지혜롭게 해낼 수 있다. 공부할 때도, 예능을 수련할 때도 근본의 마음가짐으로 잡념을 없애고 전념하여 일심불란하여야 한다. 난관을 돌파하는 것도 이럴 때에 비로소 가능한 것이다. "쥐가 돈 통에 들어가도 재주로 위기를 모면한다"라고 한다. 『주역』에서 "도가 궁극에 이르면 변하고, 변하면 통하고, 통하면 오래 간다(道窮則變 變則通 通則久)"라고 하는 것처럼, "궁하면 변하고, 변하면 통한다" 하여 절대 절명의 궁지에 몰리면 그 궁지를 변화시켜 일체의 난관을 돌파하고자 하는 적극적인 지혜의 힘이 저절로 생긴다는 의미이다. 즉 궁지에 처한 것이 부정적인 절망의 계기가 되는 것이 아니라 오히려 절대 긍정의 계기가 될 때, 인간은 일상적인 한계를 넘어 불가사의하고 자유자재한 지혜의 힘을 발휘할 수 있다.

일상생활의 매 순간을 일기일회의 마음으로 살게 되면, 생명에 대한 충실함, 혹은 진정한 삶의 보람을 더없이 느끼게 될 것이다. 자기가 한 일에 대해서 즐거움과 기쁨을 느끼고, 사유하면서 반성하여 또 다음의 일기일회의 격려가 되는 새로운 출발점에 서지 않으면 안 된다. 이렇게 함으로써 공리주의에 빠지지 않고, 자신의 일 그 자체를 마음으로부터 존중하게 되는 것이다. 인간이 스스로의 일에 몰두하는 즐거움을 잃어버리는 것은 진정 살아 있는 즐거움을 잃어버리는 것과 같으며,

생명에 대한 도피이다. 삶의 진정한 의미를 생각할 때 일기일회는 결코 없어서는 안 될 마음가짐이다.[254]

불교에서는 불살생을 매우 중요한 계율로 정하고 있다. 살생은 말할 필요도 없이 생명을 빼앗는 것이라고 하는 보통의 생각은 매우 표면적인 사고이다. 다시 말해 세속에서 말하는 살생은 생명을 빼앗는 것이지만, 본래 살생계(殺生戒)에는 보다 깊은 의미가 있다. 불교에서는 진정한 인간성을 불성이라는 말로 표현하고, 선(禪)에서는 본래면목(本來面目)이라 한다. 그리고 실유불성(悉有佛性)이라고 말하듯 일체의 존재에는 불성이 있다.

보통 현실의 인간은 이러한 사실을 알지도 못하고 불성을 자각하지 않고 있지만, 자신의 진정한 생명의 근원인 불성을 자각하고, 지금 여기의 현실에서 부처의 지혜와 자비심으로 위대한 보살행을 실천하는 것이 인간의 궁극적 삶의 의미이다. 인간 삶의 근본적인 의미는 불성, 즉 자신의 본래 모습과 참된 인간성을 깨닫는 것이다. 온갖 종류의 수행도 본래의 참된 인간성을 깨닫는 것이 그 궁극적 의미라고 할 수 있다. 그리고 일기일회(一期一會)의 삶이 바로 불성을 깨닫는 지혜의 법문이다.

이러한 맥락에서 볼 때 본래의 인간성 즉 불성, 바꿔 말하면 자기의 본래면목을 죽이는 것이 가장 심각한 의미의 살생이다. 단순히 육체적인 생명을 단절하는 것을 살생으로 본다면 그 의미가 매우 피상적인

254) 히사마츠 신이치(久松眞一) 저, 정성본 옮김, 『다도의 철학』(세미나 자료, 2010), pp.100
～102.

것이 되므로 충분하다 할 수 없을 것이다. 진정한 생명은 육체적인 생명을 초월하여 오히려 육체의 존재 가치가 있게 하는 인간 본래의 불성이기 때문이다. 따라서 일상의 생활에서 이러한 살생을 하지 않는 것이 자기를 진정으로 살리는 셈이다. 우리들이 도업(道業)에 게으르지 않고, 수행하며 수련하는 것도 결국 이렇게 깊은 의미의 살생계를 지키는 것이라 하겠다.

그런데 우리 인간은 보통 말하는 살생은 하지 않으면서도 본질적인 의미의 살생은 매일매일 하고 있다고 말하지 않을 수 없다. 대살생계란 소극적으로 말하면 인간의 본성을 죽이지 않는 것이고, 적극적으로 말하면 인간의 본성의 지혜 작용을 살리는 것이다.[255] 즉 진여의 지혜로 매 순간 자각하면서 중생심인 번뇌 망념을 없애는 살인도(殺人刀)와 지혜의 칼로 진여의 지혜 작용을 살리는 활인검(活人劍)을 시절인연에 따라 자유자재로 활용할 수 있는 안목과 능력을 갖추도록 수행·정진하여 대살생계를 범하는 일이 없도록 해야 한다.

야나기 무네요시는 『미의 법문』에서 차회에서의 일기일회에 대해 다음과 같이 말했다.

다도에 '일기일회'라는 말이 있는데 이 말은 보통 '일생에 한 번 뿐인 다회'라고 생각하고 전념하라는 뜻이다. 이런 해석도 괜찮기는 하지만 진정한 의미에서 이런 미온적인 해석으로는 부족하다. 오히려 '한 번'이라는 숫자가 필요 없는 세계를 체득하라는

255) 히사마츠 신이치(久松眞一), 『茶道の哲學』(講談社學術文庫, 1987), pp.195~210. 히사마츠 신이치(久松眞一) 저, 정성본 옮김, 『다도의 철학』(세미나 자료, 2010), pp.107~108.

뜻으로 받아들여야 한다. '일회'란 맨 처음, 바로 지금이라는 세계를 말한다. 두 번, 세 번에 대한 한 번이 아니다. 즉 일체의 회수(回數; 度)가 직하에 선명한 갓 태어난 '수(數; 度)'이다. '한 번'이란 평상의 처음이다. 따라서 몇 번이라는 말은 언제나 바로 지금의 새로운 이 '한 번'이 되는 것이다. 항상 처음 다회를 여는 마음가짐을 갖는 것이 '일기일회'의 진의(眞意)이다. '한 번'으로 받아들이면 진의를 파악하지 못한 것이다. 오히려 거듭하는 회수(回數; 度數) 없는 회수(度數)라 할까? 이러한 마음으로 차를 달여야 한다는 가르침이다. 엄격하게 말하면 '한 번'이라는 마음조차도 일어나지 않는 다도가 있는데 이것을 '어떻게 하지?', '어떻게 하지?'라며 우리들을 재촉하는 공안이라 생각하는 쪽이 좋다. '한 번뿐'이라는 여유를 부릴 계제가 아니다. 염불, 직관, 모든 생활이 '지금 여기'인 것처럼 '지금 여기의 다도'를 의미하는 것이다. 이것을 '한 번뿐'인 다도라고 받아들이면 다도의 의미를 얕게 만들어 버린다. '지금 여기의 다도' 외에 그 이상 또 다른 다도는 진정한 다도가 될 수 없다. '지금 여기'는 숫자에 구속되지 않는다. 게다가 일체의 숫자를 살리는 수(數)가 되는 힘이다.[256]

이렇게 선의 다도[禪茶]생활은 일기일회의 정신으로 지금 여기, 자기 본분사의 일로서 실행되어야 한다.

---

256) 야나기 무네요시 저, 『美の法門』(岩波文庫, 1995).

4. 다도의 4덕-화경청적(和敬淸寂)

화경청적(和敬淸寂)이라는 말은 옛날부터 다도의 법칙이나 정신 또는 다도의 윤리 법칙(moral)으로서 중요한 이념이 되어 왔다. 이것은 일본 다도의 시조라 불리는 무라다 주코(村田珠光, 1423~1510)[257]가 처음으로 제창한 것이다.

『원류다화(源流茶話)』[258]에 있는 사본에서 주코 옹은 "다회의 취지는 온화함[和]과 공경[敬], 청정하고[淸], 고요함이[寂] 될 수 있도록 하는 것이다"라고 말했다. 다도의 사제(四諦)라고 할 만큼 존중돼 온 화경청적(和敬淸寂)에 대해 불전(佛典)이나 한적(漢籍)에서 그 전거를 더듬어 보면 화(和)는 인화(人和)를 나타내며, 경(敬)은 공경과 같이 개별적으로 사용되는 경우와, '육화경(六和敬)', '청적(淸寂)'과 같이 숙어로 사용되는 경우가 있다. 또 '청(淸)'이라는 글자 대신에 '정(靜)'자를 사용하여 정적(靜寂) 또는 앞뒤 글자를 바꿔 적정(寂靜)이라고도 하는데, 이 숙어는 불교의 '열반'이라는 말과 뜻이 같다.

화경청적은 화경과 청적 두 가지의 법칙으로 볼 수 있겠지만, 다도

---

257) 『수기자명장집(數奇者名匠集)』에 의하면 주코는 남도 쇼묘사(南都 稱名寺)의 스님으로, 나이 25세에 처음으로 쿄라쿠(京洛)에 나가 산조(三條) 근처에 집을 마련해 다술(茶術)을 연구하였다. 그가 잇큐(一休) 화상을 찾아가 유마의 거소를 본떠 지은 작은 다실이 지금의 스키야(數奇屋)의 시초라고 한다.

258) 『茶道辭典』(淡交社, 1978), p.268. 3권으로 구성된 다도 전서로서 야부노우치 치쿠신(藪內竹心, 1678~1745)의 저서이다. 문답본에 다도의 원류를 설명하고, 그 정풍체(正風體)에 돌아올 것을 강조하고 있다. 상권에는 다탕의 역사, 다석, 다도구를 설명하고 있다. 중권에는 다사점전(茶事点前), 하권에는 다인의 전기에 다도 문서와 다시, 다가(茶歌)가 부록으로 들어 있다. 『다도대감(茶道大鑑)』 상권 『다도고전전집(茶道古典全集)』 제3권으로 수록되어 발행되었다.

의 법칙으로는 두 가지만으로 충분하지 못한 감이 있다. 따라서 화·
경·청·적 네 가지의 법칙으로 활용하는 편이 지나치거나 부족함 없이
충실하다고 하겠다. 화·경·청·적이라고 하면 다도와 관련된 것이라
고 흔히 생각할 정도로 오늘날에는 일반적인 상식이 되어 있다. 히사
마츠 신이치(久松眞一)는 이것을 다도의 사제(四諦)라고 말한다. 다도의
성격을 충분히 숙지하고 있지 않았다면 이러한 법칙을 세울 수 없었을
것이라는 점은 더 이상 설명할 필요가 없다.

　우선 이 다도의 사제를 다도의 현지(玄旨)²⁵⁸⁾와 관련해서 생각해 보
자. 다도의 현지는 다도의 법칙이 법칙으로 정해지기 이전의 것으로,
모든 개별적인 법칙이 그 안에 포함되어서 하나의 형태를 띠게 된 근
원이다. 즉 마음이 모든 존재의 근원적인 척도인 것처럼 다도의 창조
적이면서 절대 유일한 주체적 법칙이라고 할 수 있다. 이와 같이 형상
이 없는 것, 아직 특정한 상을 가지지 않은 것이 특정한 형상을 띠고
나타나는 것에서 화경청적의 이념이 보인다.

　다도의 사제는 무상(無相)한 다도의 유일한 법칙, 즉 '마음의 하나의
척도'가 그 자기 한정(自己 限定)의 네 가지 상(相)으로 나타난 것으로서,
그 네 가지의 형태가 다도의 모든 유상(有相)한 법칙을 나타낸다. 즉 현
지(玄旨) 최초의 필연적 자기 한정, 자기표현의 모습[相]이라 할 수 있
다. 이 네 가지 법칙에서 다양한 다도의 법칙이 갈라져 나온 것이다.
역으로 말하면 다도 개개의 법칙은 사제로 통합되고, 사제는 근원적으
로 하나인 다도의 현지(玄旨), 즉 '마음의 하나의 척도'로 귀결된다. 즉
다도의 사제인 화경청적은 현지(玄旨)로 나타난 유상(有相)의 법칙으로

---

259) 헤아릴 수 없이 깊고 미묘한 뜻.

서 가장 기본적인 다도의 법칙이라 해도 좋을 것이다.

화경청적이란 일반적으로 다도에서의 인간, 혹은 인간관계, 마음가짐, 즉 윤리 법칙으로 이해되고 있다. 예를 들면 화(和)는 손님과 주인이 손님과 주인이라는 의식조차 하지 않고 화합하여 하나가 되는 것이라 생각한다. 그러나 화(和)만을 강조하면 상호간에 너무 가까워져 문란하게 되는 경향이 있다. 이렇게 상하가 문란하고 주객이 문란해지게 되면 공경(敬)의 정신을 잃게 될 수가 있다. 따라서 단지 화(和)만으로는 곤란하다. 경(敬)이 없으면 안 되는 이유가 여기에 있다. 다음으로 청(淸)은 마음을 맑게 가져야 하며, 탁하고 오염된 마음으로 다례에 임해서는 안 된다고 말하고 있다. 또 시끄러워서는 안 되고 조용해야 하며 마음이 차분해야 하는데, 바로 이때 적(寂)을 생각할 수 있다. 이것들은 다도에서 매우 소중한 마음가짐이다.

그러나 이 화경청적의 원칙을 다만 인간에게 국한한다면 그 진의(眞意)를 다 파악했다고 볼 수 없다. 화경청적의 진의를 보다 넓고 깊게 이해하지 않으면 오히려 그 본질을 잃게 된다. 화경청적은 단순히 인간 혹은 인간관계에 관련한 윤리적 법칙에 머물지 않는다. 다도를 실행하는 일〔事〕과 모든 도구〔物〕, 주인과 객〔人〕, 환경〔境〕이 모두 화경청적해야 한다는 뜻으로 읽어야 그 진의를 파악했다고 할 수 있다.

이를테면 '다도를 실행〔事〕'하기 위해서는 화(和)·경(敬)·청(淸)·적(寂) 네 가지를 모두 구비해야만 한다. 화경청적은 사(事)·물(物)·인(人)·경(境)으로 하여금 다도의 사·물·인·경이 되도록 하는 까닭에 법칙이며, 그렇게 될 때에만 비로소 다도 전체의 기본 법칙으로서의 자격을 가질 수 있다. 이러한 다도의 기본 법칙으로서의 사제(四諦)를 현성한 사·물·인·경에서 다도가 실행되어야 한다. 이렇게 사·물·인·경은 화경청적하게 되어 사제와 일여(一如)인데, 이것을 다도라고 한다.

그러면 다도를 실행하는 일〔事〕과 모든 도구〔物〕, 주인과 객〔人〕, 환경〔境〕이 화경청적하다는 것은 어떤 뜻일까? '다도 실행의 일〔事〕'이란 다도를 실행하는 각 과정의 모든 일로서, 일반적 의미에서 사리(事理)의 '사(事)'와는 구별되는 것이다. 청소나 꽃꽂이, 차를 달이는 일, 옷을 입거나 밥을 먹는 일 등은 제각각 하나의 일이다. 이러한 일은 무수히 많다. 말하자면 행주좌와 사위의(行住坐臥 四威儀)가 모두 일이라고 할 수 있다.

다음으로 '기물(器物; 物)'이란 차선(茶筅; 찻솔), 다작(茶杓; 찻숟가락), 다완(茶碗), 차 담는 항아리, 화로, 족자, 꽃, 화병 등 모든 도구들을 말한다. 기물에도 다양한 것들이 있다.

'인(人)'이란 우선 인간을 말하지만 여러 가지의 경우를 생각할 수 있을 것이다. 다사(茶事; 차회)에 있어서 주인과 손님의 구별, 손님 중에서도 주빈과 보통 손님의 구별, 또 주인과 손님이 서로 참석하는 경우와 그렇지 않은 경우에 있어서의 주인과 손님의 구별……. 이러한 갖가지의 존재 방법으로서의 인간이 여기에서 말하는 '인(人)'이다.

마지막으로 '경(境)'이란 환경이나 경지·경계를 말한다. 예로 노지(露地)에 대해 살펴보면, 노지에서의 경(境)이 있다. 같은 노지 안에서도 외로지(外露地)의 경계(境界) 또한 시시각각 다르며, 보는 사람마다 각기 같지 않다. 단 하나의 노지의 경계를 예로 들어 보아도 거기에는 수많은 경계가 존재한다.

이와 같이 다도에서는 사(事)·물(物)·인(人)·경(境)이라는 개념으로 유상(有相)의 온갖 형상이나 모습, 모양〔相〕을 파악해야 하며, 동시에 그 각각이 시의적절해야 한다. 따라서 이러한 사·물·인·경에서 성립된 화경청적 가운데 하나라도 결여된 것이 있다면 다도에 계합된 것이 아니다. 이른바 좌건립(座建立)이 되어야만 다도가 형성될 수 있다. 다도를 실행하는 일(事)도 기물(物: 도구)도, 사람(人)도, 또 환경(境)도 모두 화경청적이 되어야만 한다. 이 말은 곧 사·물·인·경의 상호간과 또한 전체로서 화경청적이 되어야 한다는 뜻이다.

예를 들어 보자. 사(事), 즉 '다도 실행의 일'에서 화경청적이란 무엇을 말하는가? 예를 들면 숯을 넣는 일, 차를 달이는 일, 혹은 차를 마시는 일과 이것을 하는 주체가 일치되어야만 한다. 하는 일과 하는 주체가 완전히 화합하지 않으면 안 된다. 일과 사람 사이에 이격(離隔), 말하자면 이반(離反)이 있다면 다도나 다사(茶事)라는 말을 할 수가 없다. 또 다도를 실행하는 과정에서 각각의 일이 서로 화합하는 것도 매우 중요하다. 예를 들면 차를 달이는 일, 그리고 차를 마시는 일과 같은 각 과정이 질서 속에서 부드럽게 화합하지 않으면 이것도 아직 다도(茶道)나 다사(茶事)라 할 수 없다. 그러나 단순히 화(和)만 강조하게 된다면 느슨함을 조장하여 마침내 문란해진다. 따라서 다도를 실행하는 각 과정의 일에서 경(敬)이 또한 중요하다. 하나하나의 일들을 경솔히 하지 않고 소중히 여겨 전일(專一)하는 마음가짐으로 실행함으로써 다사의 각 일이 차별과 개성을 가지고 특유의 역할을 할 수 있게 해야 한다.

그러나 다도나 다사에서 화(和)·경(敬)이 충족되어도 탁하거나 더러워서는 다도의 일이라 할 수 없다. 또, 다도를 실행하는 일은 매우 맑고 청정한 것이어야 하지만, 아무리 청정하다 해도 청정함에 빠져서는 다도의 일로 충분하다고 할 수 없다. 동시에 적(寂)의 경지가 되어야 한다. 모든 과정에서 다도를 실행하는 하나하나의 일들이 제각각 조용하고 차분하면서도 전체로서 하나인 세계가 그대로 현성되어야 한다.

다도를 실행하는 주체의 관점을 강조한다면 '사·물·인·경에 대한 무념(無念)'[260]이 다도 주체의 완전한 발로이며, 이것은 『임제록』에서 "한 생각의 번뇌 망념이 쉬는 그곳에 바로 깨달음을 이룬다"고 한 것처럼 '심신이 저절로 도에 계합'[261]하는 것이다. 이때 사제(四諦)는 사제이면서, 이미 단순한 사제가 아니다. 말하자면 혼연일체로서 마음의 근원으로 되돌아간 사제이며, 화경청적은 일제(一諦)에서 저절로 성립되어 모든 사·물·인·경에 작용하고 있는 것이다.

무념인 주체는 단순히 법칙에 따르는 것이 아니라 이러한 일제(一諦)로서 법칙을 자연스레 시행한다. 이렇게 행하는 사제야말로 진정한 사제이며, 사제의 극치이다. 또한 사제를 사제답게 하며 사제 안에 있으면서 또 그 자체로서 사제를 초월한, 사제의 근원으로서의 일제(一諦)를 적(寂)이라는 말로 표현하기도 한다. 여기에서의 적(寂)은 사제 중 하나인 고요함이나 차분함과 같은 의미의 적(寂)이 물론 아니다. 이 적(寂)은 불교에서 열반이나 적정, 공적(空寂), 적멸 등으로 표현되는 것으로, 적극적인 의미의 '무(無)', 다시 말해 '주체적인 무(無)'와 같은 것이다. 적(寂)이 '무(無)'의 형태를 띠고 나타난 법칙이라 할 수 있으며, 또 적은 진여(一諦)로 돌아간다고도 할 수 있다. 정리하면, 적(寂) 안에는 화경청적이 자취와 흔적 없이 무상(無相)으로 이미 내재되어 있

---

260) 「다도잠(茶道箴)」. 「다도잠」과 「다도소잠」은 쇼와 16년(1941) 1월, 쿄토 대학에서 심다회(心茶會)를 창립할 때 히사마츠 신이치가 지은 게송이다.
261) 「다도잠(茶道箴)」.

다고 해도 좋을 것이다.

사제(四諦)의 화(和) 안에서도, 경(敬) 안에서도, 청(淸) 안에서도, 적(寂) 안에서도, 자취와 흔적을 초월하고 또 그것을 존재하게 하는 근원으로서 '승의(勝義)의 적(寂)'을 볼 수 있다. 그러면 이러한 적(寂)은 사제에 준거한다면 어떻게 보일까?

'화(和)'는 보통의 경우는 사물이 화합한다는 뜻으로 쓰이는데, 이러한 화합의 근원에는 '일(一)'이 있어야 한다. 일(一)은 모든 화(和)의 근원인 동시에 화경청적의 근원에 있는 적(寂)으로서, 이 적(寂)을 화(和)의 입장에서 보면 하나가 된다. 따라서 단순한 일(一)이 아니라 절대적인 일(一), 즉 절대 통일로 봐야 한다.

통상적인 뜻으로서 화(和)는 아직 현상적인 화(和)에 지나지 않아 화(和)라고 말해도 언제나 불화(不和)로 위협받고 있어서 영원성이 없지만, 적(寂)으로서의 화(和)는 절대적인 화이며 영원히 불화(不和)가 되지 않는 본질적인 화(和)이다. 이것은 일체의 대립과 차별을 벗어난 평등한 하나로서, '일(一)은 만물의 근본', '일체즉일(一切卽一)', '만법(萬法)은 하나로 돌아간다'고 하는 경우의 하나와 같다. 승조의 『보장론』에는 "도(道)에서 일(一)이 생겨나고, 일(一)을 무위(無爲)로 한다"[262]는 말이 있는데, 이는 일(一)과 무위, 즉 적(寂)과의 관계를 잘 표현한 것이라 할 수 있다. 승의(勝義)의 화(和)는 이러한 하나[一]가 되어야 한다.

다음으로 '경(敬)'이란 사물에 전념하고 귀의한다는 뜻으로, 불교에서 말하는 삼매라고 하겠다. 유교에서 정주학파(程朱學派)는 경(敬)을 주일무적(主一無適)이라 하며, 마음이 전일(專一)하여 여념이 없고 방심하

---

262) 『보장론』(『대정장』 45권, p.148a.) "道始生一 一爲無爲."

지 않아서 일심불란(一心不亂)하게 되는 것을 말한다.[263] 이러한 경(敬)의 근원으로서 불교에서는 왕삼매(王三昧)를 들 수 있을 것이다. 왕삼매는 주인공인 자기가 왕이 되어 언제 어디서 무슨 일·행동을 할지라도 삼매의 경지에서 자기의 일을 한다는 말이다. 삼매는 삼매라는 힘으로 어떤 특정한 것을 완전히 바꾸는 것이 아니라 주인공 자신이 일체의 사물과 하나가 되는 것이다. 즉 개개의 사물(個物)이 아닌 전체, 특수한 것이 아닌 보편적인 것, 많은 것이 아닌 하나의 삼매로 되는 것이다. 이러한 왕삼매는 마음이 어떤 특정한 사물이나 대상에 집중되어 있지 않고 하나인 일체처(一切處)에 완전히 집중돼 있는 것이기 때문에, 대상이 없는 집중이다. 이러한 집중이 이루어져야 비로소 빈 골짜기의 메아리에 응답하는 것처럼 거리낌 없이 근기에 응하고 시절인연에 따라서 작용할 수가 있다.[264] 결국 근원적인 경(敬)은 무념의 경(敬)이어야 한다. 마음을 집중하는 것이 아니라 오히려 '망심을 놓아 버리는 것이 요체'[265]이며, 『신심명』에서 "근본 역시 지키지 말라"고 읊은 까닭도 같다.

"범성(凡聖)의 차별의식을 모두 버려라"[266]는 말이나, "깨닫고, 그 깨달음에 집착하지 말라"[267]는 말은 깨달음(佛)에도 미혹(번뇌 망상; 無佛)에도 마음이 머무르게 하지 말라는 말이다. 진정 부처를 존경하는

---

263) 『유교경(遺敎經)』에는 "제 각각의 마음, 그것을 한 곳에 잘 몰입한다면, 현상계에서 산란스러움이 없을 것이다"라는 말도 있는데, 이것 또한 같은 의미이다. 소위 삼매라거나 신앙, 귀의(歸依)와 같은 의미도 있다.

264) 『금강경』의 "의식의 대상 경계에 집착하는 곳 없이 진여의 지혜로운 마음 작용이 되라(應無所住 而生其心)"는 말이나 『임제록』의 "곳에 따라 진여의 지혜로서 주인이 되어 살라"는 수처작주(隨處作主)는 바로 이러한 상태를 말하고 있다.

265) 소강절(邵康節).

266) 「십우도」.

267) 『조주록』.

것은 특정한 어떤 존재를 의식의 대상으로 설정하고 존경하는 것이 아니라 일체의 존재를 존경하는 것과 같다. 임제 선사가 달마 선사의 탑두(塔頭)에 이르러 "장로께서는 먼저 부처에게 예를 올릴 것인가 아니면 조사〔달마〕에게 먼저 예를 올릴 것인가?"라는 탑주(塔主)의 질문을 받고 부처나 조사〔佛祖〕 모두에게 예를 올리지 않는다고 말한 진의가 여기에 있는 것이다. 이러한 근원적인 경(敬)은 실로 화(和)의 근원에서 본 절대일(絶對一)과 다른 것이 아니다.

다음으로 '청(淸)'이란 무엇일까? 청(淸)의 근원은 불교에서 말하는 청정(淸淨)이다. 청정은 단지 깨끗함만을 의미하지 않는다. 혼탁하거나 더럽지 않은 것이라는 의미를 넘어 모든 것을 초월한 근원적인 청정함을 뜻한다. 절대적인 의미에서, 무엇〔有〕이라고 하는 것은 사물〔物〕이든 마음이든 모두 혼탁함〔濁〕이고 더러움〔穢〕이다. 예를 들어 아무리 맑은 청수, 구름 한 점 없는 하늘, 더러움 없는 마음이라고 해도 의식에 대한 대상을 두는 한 자신의 마음을 오염시키는 것이다.

부처라는 의식의 대상 또한 더러움〔穢〕이다. 금가루도 눈에 들어가면 병이 되는 것처럼 청정(淸淨)이란 대상을 가리키는 것이 아니다. 그렇다고 대상과 구별된 주체를 말하는 것도 아니며 물심(物心)·내외(內外)·주객(主客)의 분별적인 의식〔相〕을 여의는 것이다. 이것을 자성청정심(自性淸淨心)·청정법신(淸淨法身) 등으로 표현하는데, 이 말은 어디에도 집착하는 대상이 없고, 그것을 추구할 수도 없고, 밖으로 드러내지도 못하는 것을 뜻한다. '청정법신'이라는 이름까지도 초월하는 것이 근원적인 적(寂)과 하나〔不二〕되는 것이며, 이는 경(敬)에서의 왕삼매(王三昧), 화(和)에서의 절대일(絶對一)과 같은 것이다. 다음의 문답에도 이러한 내용이 보인다. 당대 숙종이 남양혜충(南陽慧忠) 국사에게 묻기를, "무엇이 무쟁삼매(無爭三昧)입니까?"라고 하였다. 국사는 "단월(檀越)께서는 깨달음의 경지까지도 초월하십시오"라고 답했다. 왕이 "과인은 선사의 말뜻을 모르겠소"라고 하자, 국사는 이렇게 대답했다. "자신의 청정법신을 인정하려 하지 마십시오."

마지막으로 '적(寂)'에 대해 살펴보면, 보통 말하는 정(靜)으로서의 적(寂)의 근원은 떠들썩함(騷)과 고요함(寂)을 함께 초월한 적(寂)이어야만 한다. 적(寂)이라고는 해도 적 그 자체에 벌써 시끄러움이 있다. 또한 이러한 적(寂)조차도 일정한 장소,˙일정한 시간에서의 적인 것이지 보편적이고 영원한 적은 아니다. 진정한 적(眞寂)은 보편적이고 영원한 적이다. 진적(眞寂)은 무상(無相)이며 무위(無爲)로서, 대상(境)과 의식(識)이 함께 없어지고, 심신(心身)이 모두 탈락하고, 동정(動靜)·어묵(語默)·유무(有無)·내외(內外)가 모두 끊어진 자리에 존재하는 적(寂)이어야 한다. 여기에야 말로 적(寂)의 진정한 주체성이 있는 것이다. 즉 진적은 선정·열반·멸도·적멸·공적·일묵(一默)과 상통하는 것으로서 모든 적(寂)의 근원이다.

이렇게 해서 화(和)·경(敬)·청(淸)·적(寂)의 근원은 근원적으로 일(一)이다. 이것을 때로는 그냥 적(寂)이라 부르는 경우가 있다고 앞에서 이미 말하였다. 그러나 이와 같은 적(寂)은 실로 표현을 초월한 승의(勝義)의 적(寂)인 것이지 소위 언어로 표현된 사제(四諦)의 하나로서의 적(寂)이 아니다. 화·경·청·적 제각각 그것을 존재하게 하는 절대적인 일(一)의 근원이다. 화경청적이라는 이 근원의 자기 한정·자기표현은 단순히 화·경·청·적 각각으로는 그 표현을 다할 수가 없다. 다만 '잘 화합하고, 공경하고, 청정하고, 고요한' 사제의 전체로서만 그 표현이 완전해진다. 따라서 근원적으로 무상(無相)한 다도의 현지(玄旨)에서는 이것이 상대적인 형체를 취할 때 다도의 실행과 과정, 모든 도구들, 그리고 사람들과 환경[事·物·人·境]이 반드시 화·경·청·적으로 표현되어야 하며 다도가 진정한 다도가 되기 위해서 사·물·인·경은 반드시 화경청적해야 한다.

위에서는 다도의 현지(玄旨)가 형체가 있는 상대적인 법칙을 통해 자기표현을 할 때 사제(四諦)로 나타나며, 반대로 상대적인 유상의 현실에서 다도의 현지에 이르는 길 또한 이 사제뿐이라는 점을 살펴보았다. 사제를 통해서 다도의 현지를 구하는 것이 다도의 수행이다. 그리고 다도의 현지는 불교의 근원적인 것, 즉 주체적인 무(無)와 다르지 않다. 이렇게 보면 다도는 불교의 근원을 화·경·청·적이라는 사제(四諦)로 표현하면서, 동시에 그 표현된 것을 통해서 근원으로 인도하여 되돌아가게 하는 것으로 이해할 수 있다. "다도가 불법을 근원으로 한다"거나 "다도를 수행한다는 것은 불법을 수행하는 것과 다름없다"고 하는 이유가 바로 여기에 있다.

그러나 여기서 특별히 유의할 점은 다도를 수행하는 것은 분명 사제(四諦)를 통하여 현지(玄旨)를 참구하는 것이기는 하지만, 현지는 사제의 연장선에서가 아니라 사제를 초월하여, 사제조차도 내던져 버리는 곳에 현성한다는 점이다. 현지와 사제는 각각 표현의 주체와 표현의 대상으로서 본래적으로는 하나이다. 따라서 사제를 통해서 현지를 참구한다고 할 수 있지만, 이 '본래적으로 하나'라는 말의 진정한 의미에서는 절대적으로 이를 부정할 수밖에 없다. 즉 양자의 연결은 점수(漸修)가 아니라 돈오(頓悟)여야 한다.

사제를 통해서 다도를 수행하는 안목은 여기에 두어야 한다. 그렇게 되어야 비로소 다도 수행이 불법 수행이 되며, 또 자기를 수행하는 것이 된다. 여기에 반드시 뛰어넘어야 할 하나의 관문이 있다. 그것은 단순히 공공적적(空空寂寂)하게 되는 것이 아니다. 사제를 뛰어넘어 단번에 이 관문을 통과하는 것은 무상(無相)한 주체로서의 무(無)로서, 단번에 사제의 모양을 취하여 지혜가 작용되는 것이어야 한다. 그것이 역사적인 세계를 자연법이(自然法爾)로 건립하는 것이 된다. 다도를 실행함으로써 다도의 현지를 참구한다는 것은 구체적으로 이러한 의미를 지니고 있다.[268]

5. 다도의 공덕과 회향

『위산경책(潙山警策)』에서는 "마음으로 부지런히 망념을 극복한 깨달음의 지혜 작용을 공(功)이라고 하고, 밖으로 의식의 대상 경계에 대하여 다툼이 없는 것을 덕(德)이라고 한다(內勤剋念之功, 外弘不諍之德)"며 공덕(功德)에 대해 설명하고 있다. 즉 중생심이 번뇌 망념에 떨어져 생사망념에 윤회하지 않도록 부지런히 자각하는 진여의 지혜 작용을 공(功)이라 하고, 밖으로 선과 악, 범부와 성인, 좋고 나쁜 생각 등의 의식의 대상 경계에 집착하지 않고 여법하게 부처의 자비행을 실행하는 것을 덕(德)이라고 한다. 말하자면 진여의 지혜로 상구보리 하화중생의 보살도를 실행하는 것이 공덕(功德)이다. 또한 경전의 가르침에 의거한 여법한 진여의 지혜 작용을 공덕(功德)이라고 하고 물건이나 재

---

268) 히사마츠 신이치 저, 정성본 옮김, 『다도의 철학』(세미나 자료, 2010), pp.122~132.

물을 베풀고 남에게 나누어주는 일을 보시(布施)라고 한다.

경전을 수지 독송하고 네 구절의 게송〔四句偈〕의 법문을 남에게 가르쳐 주어 불법을 깨닫게 하는 것은 법보시(法布施)이다. 『금강경』은 "항하사의 모래알처럼 많은 칠보의 재물을 쌓아서 남에게 보시하는 일은 『금강경』을 수지 독송하고, 사구게로 남에게 설법하는 공덕에 백분의 일에도 미치지 않는다"고 설하고 있다. 갠지스 강의 모래알과 같이 수많은 칠보를 보시한다고 할지라도 재물을 보시하는 일에서는 주는 사람과 받는 사람으로 주객이 나누어지고, 주는 물건과 받는 물건이라는 대상이 한정된다. 말하자면 한정된 시간과 한정된 장소에서 주객 사이에 물건을 주고받는 복덕 행위인데, 이것은 불법의 가르침으로 실행하는 보시행이라고 할지라도 세간의 유위법으로 이루어져 일회성과 유한성을 갖는다. 그러나 법보시(法布施)는 공덕행으로서, 법계에 두루 존재하는 일체 중생을 구제하는 일이며 제불을 친견하고 공양하는 일이기 때문에 시간과 공간을 초월하여 무한하고 무량하여 불보살의 자비행이 된다. 이것은 무위법으로 이루어지는 진여의 지혜이다.

『화엄경(80권본)』「입법계품」에서는 부처의 공덕을 다음과 같이 게송으로 읊고 있다.

이 세상의 티끌을 모두 다 헤아려서 알 수 있고
대해의 물을 다 마셔 버릴 수 있고,
허공을 다 헤아리고 바람을 묶을 수가 있다 해도,
부처의 공덕은 모두 다 말할 수가 없으리.
刹塵心念可數知　大海中水可飲盡
虛空可量風可繫　無能盡說不功德

『송고승전』 20권은 문수보살의 화신이 무착 문희(無着 文喜)에게 설한 게송을 다음과 같이 전한다.

> 일념의 청정한 마음은 깨달음이니,
> 항하사와 같이 많은 칠보탑을 조성하는 것보다 수승하리라.
> 칠보탑은 필경 부서져 먼지가 되어 없어지지만,
> 일념의 청정한 마음은 정각을 이루는 것이다.
> 一念淨心是菩提　勝造恒沙七寶塔
> 寶塔畢竟碎微塵　一念淨心成正覺

일념의 청정한 깨달음은 부처의 경계〔佛境界〕로서 진여 본성의 지혜 작용이다. 항하사와 같이 무수한 칠보탑을 조성하는 일은 복덕이 되는 일이지만 일념의 청정한 진여의 지혜는 부처의 정각을 이루는 공덕이 되기 때문에 칠보탑을 조성하는 일보다 더 수승한 일이라고 한다. 또 『조당집』 18권 앙산장에서는 "진여 본성을 깨닫는 것을 공(功)이라 하고, 미묘한 지혜 작용을 덕(德)이라 하니, 공이 이루어지고 덕을 실행하는 것은 일념에 있다. 이러한 공덕과 깨끗한 지혜의 미묘한 작용은 세상에서 구할 수 있는 것이 아니다"라고 한다.

중생의 세계에서 유위법으로, 유한의 물질로 보시하는 일은 진여 법계에서 일념의 부처가 되어 무한·무량의 공덕을 이루는 지혜 작용에 비교할 수가 없다.[269] 선의 다도〔禪茶〕생활도 마찬가지로 지혜와 자비, 복덕과 공덕을 회향하는 시절인연의 일기일회(一期一會)의 다사(茶事)이다.

---

269) 성본 스님 강설, 『금강경』(민족사, 2012), pp.402~405

선의 다도생활과 힐링

1. 선의 다도생활과 건강

인간은 각각 절대 유일한 존재이기 때문에 스스로의 삶을 소중히 해야 한다. 그리고 그러기 위해서 우선은 건강해야 한다. 그럴 때에 모든 일을 이룰 수 있으며 행복하고 보람된 인생을 살아갈 수 있다. 그래서 누구나 육체적·정신적으로 건강하며, 근심 걱정 없이 행복하게 살기를 바란다. 기도를 하고 소원을 비는 사람들은 한결같이 자신과 가족의 건강, 그리고 화목과 평안을 기원한다. 종교가 존재하는 이유 역시 이러한 인간의 소망과 기원과 관련돼 있다고 할 수 있다.

건강하다는 것은 신체적·정신적·사회적으로 모두 건재한 것을 말한다. 단지 질병이 없고 허약하지 않다고 해서 건강하다고 할 수는 없다. 신체적으로는 질병이 없으며 일반적인 놀이나 운동, 일에 종사할 수 있는 건전한 육체를 갖춰야 하며, 또한 정신적으로는 근심과 걱정, 불안과 초조함, 두려움, 외부의 스트레스를 적절히 소화해야 한다. 또한 정신적인 장애 없이 다른 사람들과 함께 생활할 수 있어야 하고 현대 사회에 대응할 수 있는 지적인 능력도 갖추어야 한다. 신체적·정신적·사회적으로 안정되고, 자신의 일에 충실하면서 만족감을 느끼며 편안한 삶을 살아가는 사람이 건강한 사람이다.

선의 다도[禪茶] 생활 또한 각자의 근원적인 본래심에서 심신이 안정되어 일상생활을 편안하고 여유 있게, 지혜로이 살아가는 것이다. 이러한 선의 다도생활과 실천을 통해서 몸도 마음도 건강하게 살 수 있다. 여기에서 선다생활의 가장 기본적이고 필수적인 주의 사항을 몇 가지 살펴보면 다음과 같다.

첫째, 수면을 충분히 취할 것.
인간의 기본적인 생활 리듬 가운데 식사가 육체에 영양분을 공급하는 일이라면, 수면은 두뇌의 휴식과 정신적인 안정을 취하는 일이다. 잠을 잘 자야 맑은 정신으로 편안하고 여유 있게 하루의 일을 할 수 있다.

둘째, 과로하지 말 것.
정신적으로나 육체적으로 과로하지 말아야 한다. 과로는 만병의 원인이 되므로 육체의 한계와 리듬을 파괴하는 무리한 행동은 삼가야 하며 가능한 한 몸을 균형 있게 움직여야 한다. 그렇다고 너무 편하게 누워만 있거나 움직이지 않게 되면 근육이 굳어 버리기 쉽고 나태해질 수 있으므로 무리가 가지 않게 적당히 움직이고 가벼운 운동을 계속하는 것이 좋다.

셋째, 자신의 일을 즐겁게 할 것.

지금 여기에서 자신이 해야 하는 일은 인생을 구현하는 중요한 부분이다. 내가 여기서 직접 하지 않으면 그 일은 영원히 이루어지지 않는 일이 된다. 그렇기 때문에 자기 자신을 살리고 인류에게 공헌하는 스스로의 일에 보람과 사명감을 가지고 즐겁게 임해야 한다. 그것이 자신과 자신의 삶을 긍정적이고 발전적이며 보람되도록 하는 유일한 길이기 때문이다.

또한 많이 웃으며 즐겁고 기쁜 마음으로 일을 해야 한다. 웃음은 몸과 마음을 유연하고 생기 있게 하는 건강의 묘약이다. 한산습득(寒山拾得)의 웃음은 근심 걱정 없는 순수함의 상징으로, 선불교의 정신을 표현한다고도 할 수 있다.

넷째, 일상생활을 단순하게 할 것.

각자의 근원적인 본래심으로 어린아이들처럼 단순하고 천진하게 살아야 한다. 이것저것 번뇌 망상에 끌려 다니면서 잡다한 일에 신경 쓰지 말고, 단순하게 살아야 한다는 뜻이다. 일행삼매(一行三昧)의 염불이나 좌선 생활이 가장 좋은 예인데, 어느 한 가지 일에 몸과 마음이 일체가 되어 삼매의 경지에서, 본래심으로 신구의(身口意) 삼업을 청정하게 하는 것을 말한다.

다섯째, 스트레스 받지 말고 어리석고 천진하게 살 것.

주위에서 일어나는 여러 가지 일에 너무 많은 신경을 쓰거나 지나치게 그것을 의식하지 말고 언제 어디서나 자신의 할 일에 전념해야 한다. 만약 일이 없다면 남을 위해 봉사하고 청소하는 일이라도 만들어서 그 일을 통해 삶의 의미와 행복을 느끼며 살도록 해야 한다. 이런저런 사량 분별하지 않고 쓸데없는 일에 신경 쓰지 않으며, 본래심으로 바보처럼 순수하게 사는 것이 몸과 마음에 가장 편안하다.[270] 너무나 보편적이고 쉬운 것이라 생각하지만 이것을 꾸준히 실행하는 일은 쉽지 않다.

차를 마신다는 것은 자연의 정수(精髓)를 마시는 것이며, 자연과 하나가 되는 삶을 사는 것이라 할 수 있다. 즉 자연과 교감을 이루면서 자연과 동화되는 것이며 우주의 생명을 마시는 것이다. 다도(茶道)는 전 우주의 자연과 생명적인 교감을 이루며, 일체화된 자연수를 통해서 우리들 자신의 생명을 정화하고, 끊임없이 정신의 세례를 실행하는 의례의식이라고도 할 수 있다. 선에서는 이것을 일미동심(一味同心)이라고 한다. 차를 마시는 인연을 통해서 진여 법신의 지혜로 진실된 일미(一味)를 자각하여 일체 제불과 깨달음의 경지에서 동심(同心)이 되는 것이다. 곧 차는 인간의 예지가 함축된 인간 문화의 정수이며, 자연을 결정(結晶)하여 뽑아낸 정신적인 생명수라고 할 수 있다.

2. 선의 다도생활과 힐링

불(佛)·법(法)·선(禪)·도(道)라는 표현 그 자체가 '마음으로 깨닫는 지혜의 작용'이라는 뜻이라는 점은 반복해서 설명하였다. 선의 다도생활은 본래심으로 지혜와 인격을 나누고 자비와 덕을 나누는 것이므로, 지

---

270) 정성본, 『선의 생활』(동국대학교 경주캠퍼스 정각원, 2000), pp.98~103.

혜가 작용하는 것 자체가 이미 중생심인 불안과 근심 걱정, 초조나 두려움, 공포 등을 소멸시키는 것이 된다. 진여 본성으로 돌아간 우리의 마음은 편안하게 안정되는데, 바로 그때에 마음이 치유된다. 따라서 선의 다도생활 그 자체가 치유 요법(healing therapy), 이른바 '힐링'이 되는 것이다. 여기에서 심리치료, 치유(healing), 요법(therapy), 상담으로서의 선다생활의 의미를 찾을 수 있다.

자문자답을 통한 선(禪)의 사유는 자기와 자신의 진여 본성과의 끊임없는 대화 속에서 의문과 수긍, 의심과 긍정을 반복하면서 스스로에 대한 최고의 상담 역할을 한다. 사실 불교는 그 자체가 상담이라 할 수 있다. 수많은 경전과 8만 4천의 법문은 모두 부처님과의 대화와 문답, 설명으로 이루어져 있으며 선어록 역시 선사들의 설법과 노동 등 일상생활의 전반을 기록한 것이다. 제자들의 교육 역시 독특한 대화로 문제점을 제시하여 잘못된 견해를 바로잡아 주고 선병을 치료하는 선문답으로 구성되어 있다. 사유를 통해 문제점을 해결하고 깨달음의 편안한 상태로 전환되면서 부처님과 같은 지혜와 인격을 갖추게 되므로, 자연히 치유(healing)와 요법(therapy)이 되는 것이다. 선은 이와 같이 의료와 건강 분야에서 활용할 수 있다. 또한 그뿐만 아니라 예술·문학·교육·문화 등의 모든 부분에서 활용이 가능하다.

그러나 꼭 명심해야 할 것은 인간의 오감(五感)을 통한 만족, 더 나아가 오감을 통한 치유에는 한계가 있다는 사실이다. 선승의 법문 중 "문으로부터 들어온 것은 자기 집의 보물이 될 수 없다(從門入者 不是家眞)"는 말처럼, 인연에 따라서 생긴 것은 또 인연에 따라서 흩어지고 소멸한다. 일체의 모든 인연법은 시절인연에 따라 일시적으로 발생하는 일이어서 어느 정도 시간이 경과하면 우리는 또 다른 무언가를 갈망하게 된다.

여래의 십호(十號) 가운데 명행족(明行足), 세간해(世間解), 조어장부 (調御丈夫), 천인사(天人師)라는 명호를 통해서 알 수 있는 것처럼, 부처님은 이 세상의 모든 일을 가장 잘 알 수 있는 지혜와 인격을 구족한 인천(人天)의 스승으로 칭송되고 있다. 그만큼 인간의 기쁨, 고뇌 등 희로애락의 많은 일들을 원천적으로 깨달아 체득하였기 때문에, 수많은 중생들의 정신적인 고통〔心病〕을 정확하게 진단하여 확실한 처방〔藥〕으로서 '방편지혜의 법문'을 치유의 제일 방안으로 제시할 수 있다.

선의 다도생활의 실천적인 의미는 철두철미하게 우리들 각자 성스러운 불성을 깨닫고 개발하여 참된 인간관과 인생관을 확립하고, 지혜와 인격을 형성하는 데 있다. 다시 말해 선다생활은 불교적 정신에 입각하여 인격을 형성·완성하기 위한 훈련임과 동시에 수행이며 자기 자신에 대한 치유라고 할 수 있는데, 이러한 선다생활과 실천은 결코 남이 대신해 줄 수 없는 것이기에 직접 실천하고 자각하는 자기향상의 구도 정신이 있어야 한다. 정신 내부의 갈등을 극복하고 외부로부터 상처받고 무너진 자기 자신을 일으켜 세워 긍정적인 마음으로 건강하고 편안하게 살 수 있는 자아 힐링의 첫걸음이 되는 것이 바로 선다(禪茶)의 힐링이다.

근래에 다도를 사상적으로나 철학적으로 교육·연구하는 것은 사실이지만 기대에 미치지 못하고 있어 정말 안타깝다. 교육자나 교육받는 사람 거의 대부분이 차의 성분, 효능, 품평, 제다와 보관 방법, 차의 역사, 차 문화사 등 거의 차 그 자체로서의 다학(茶學)과 다례를 연구·습득하는 데 중점을 두고 있다. 다도와 관련한 모든 사람들이 이 점에 대해서 좀 더 깊이 생각하는 계기가 되었으면 한다.

선의 다도생활을 실천하기 위해서는 보살도의 원력(願力)과 서원(誓願)을 확고히 세우고 상구보리 하화중생(上求菩提 下化衆生)의 보살행을 실천하여 불퇴전의 정진으로 나아가야 한다. 원력과 서원은 자기를 발전시키고 바꿀 수 있는 추진력이며 자기 향상의 무진장한 힘인 것이다. 이러한 선의 다도생활의 실천적인 의미를 다음과 같이 요약해 볼 수 있다.

첫째, 부서지고 상실된 인격과 인간성을 회복하고 재건하는 것이다. 불성을 깨닫고 본래심을 회복하여 평상심으로 무심하게 도의 생활을 전개하는 것을 말한다.

둘째, 미움과 증오, 사랑과 애착에서 오는 끊임없는 갈등과 괴로움, 생사 고뇌로부터 해탈하는 것이다. 차별과 분별심, 생멸심에서 해탈하여 무념·무심으로 살아가는 현실성의 초월을 의미한다.

셋째, 벗어나기 어려운 선입관, 즉 고정관념이나 습관, 풍습, 윤리관 등의 자승자박(自繩自縛)으로부터 해방·해탈하여 대자유인이 되도록 하는 것이다.

넷째, 과거에 대한 미련과 감상, 괴로움, 슬픔을 모두 떨쳐 버리고 미래의 불안과 근심 걱정, 두려움을 극복하는 힘과 지혜를 갖추며, 지금 여기에서 안신입명(安身立命)의 주체적인 삶을 전개하도록 하는 것이다. 즉 자신의 집〔家; 본래심·불성·깨달음의 세계·마음의 고향〕에서 안신입명하며 지금 여기 자신의 일〔본분사〕에서 유희삼매(遊戲三昧)의 삶을 사는 것이다.

이러한 정신은 선불교에서 2500여 년 동안 제불보살과 조사들이 한평생 피와 땀으로 이룩한 것으로서, 고단한 현실 속에서 수많은 인간들의 사유와 고뇌를 통해 탄생하여 생활의 지혜로 일구어 낸 인류의

성과이다. 『월등삼매경(月燈三昧經)』 제6권에서 선수행의 무량한 공덕 중 중요한 것 열 가지를 다음과 같이 들고 있다.

① 안주의식(安住儀式): 올바른 자세와 법규에 의해 선정을 닦을 때, 일체의 감각은 적정(寂靜)하게 되어 자신은 그러한 선정을 닦는다는 사실도 알지 못하는 사이에 이러한 습관이 몸에 젖어 형수(亨受)하게 된다는 것이다.

　좌선의 위의(威儀)로 육체적인 편안함과 마음의 정화와 안정을 자연스럽게 이룬다.

② 행자경계(行慈境界): 안온한 몸과 마음에서 자비심이 가득 넘치게 된다. 이렇게 되면 많은 죄업에서 멀어져 자유롭게 되며, 살아 있는 모든 생명이 자기의 형제·자매와 같이 보이게 되어 중생 구제의 자비심이 솟게 된다. 그릇됨을 방지하고 나쁜 행위를 저지하는 힘〔방비지악(防非止惡)의 힘〕이 생긴다.

③ 무제열뇌(無諸熱惱): 탐·진·치 삼독심과 그 밖의 괴로움의 씨앗인 여러 가지 나쁜 감정과 망념이 의식의 분야에서 사라져 버린다. 중생심의 마음을 청정한 불심으로 바꾸게 하는 것이다.

④ 수호제근(守護諸根): 선정은 인간의 여러 가지 감각을 잘 보호하고 지켜 온갖 나쁜 것이 침입하는 것을 막아 준다. 안(眼)·이(耳)·비(鼻)·설(舌)·신(身)·의(意)의 육근을 본래심으로 잘 보호하여 육근이 경계에 끌려다니지 않도록 한다.

⑤ 득무식희락(得無食喜樂): 마음이 청정하여 맑게 되고, 정신이 평정되기 때문에 좌선 수행자는 여러 가지 저속한 감정과 망념에 휘말리지 않게 된다.

⑥ 원리애욕(遠離愛慾): 마음이 높은 이념에 집중되어 있기 때문에 유혹이나 집착, 자기 자신만을 위한 이기심 등이 없어지는데, 보살도의 정신을 실천하는 수행자는 원력으로 살고 있기 때문에 자신만을 위한 욕망이 없어진다.

⑦ 수선불공(修禪不空): 일체의 모든 존재는 공이며, 실체가 없는 것이라는 사실을 확신함으로써 결코 허무주의의 올가미에 걸려들지 않게 된다. 아공(我空)·법공(法空)·일체개공(一切皆空)의 세계를 깨달아 참다운 진공묘유(眞空妙有)의 경지를 체득하게 된다.

⑧ 해탈마견(解脫魔羂): 번뇌 망념의 생사의 그물이 많이 깔려 있어서 도저히 풀기가 어렵다고 할지라도, 선정을 닦는 수행자는 그러한 그물에서 자유자재로 벗어나는 길〔방법〕을 잘 알고 있다. 일체의 번뇌 망상과 마구니〔장애〕의 경계에서 벗어날 수 있는 힘〔지혜〕을 가진다.

⑨ 안주불경(安住佛境): 불법의 깊고 진실한 깨달음의 경지를 직접 수행하여 체득하고 있기 때문에, 항상 부처의 경지에서 지혜롭게 살고 있는 것이다.

⑩ 해탈성숙(解脫成熟): 어떠한 유혹에도 흩어짐이 없기 때문에, 마치 오랫동안 새장 속에 갇혀 있는 한 마리의 독수리가 새장을 차고 나와 창공을 향해 구름을 업고 높이 날아가는 것처럼 활달한 경지를 얻는다. 깨달음을 통한 법계에서 무애 자재하게 살 수 있다.[271]

---

271) 정성본, 『참선수행』(동국대학교 경주캠퍼스 정각원, 2001).

이러한 선의 다도 생활을 통하여 우리들은 각자의 일상 속에서 자연스럽게 심신을 치유(변화)해 나갈 수 있다.

좌선법의 결가부좌와 반가부좌의 자세로 정좌를 하게 되면 신체의 안정(調身)이 이루어져서, 고르고 안정된 호흡(調息)을 하게 되며, 신체의 리듬이 조화롭게 되어 마음의 안정과 편안함(調心)을 느낄 수 있다. 조신(調身)은 육체를 편안하게 하며, 조식(調息)은 기력을 생성케 하여 자신의 삶을 정돈할 수 있게 하고, 조심(調心)은 각자의 근원적인 본래심을 자각하게 하여 스스로를 정화시킨다.

선의 다도생활을 통해 신체와 호흡, 그리고 마음의 평안과 안정으로 자기 정화와 치유가 이뤄지면서 다음과 같이 스스로의 변화를 체험할 수 있게 된다.

① 신(身)·구(口)·의(意) 삼업(三業)이 청정(淸淨)하게 된다.

신체를 바르게 하고 호흡을 조절하여 마음을 차분히 안정시키는 좌선의 실천은 신·구·의 삼업을 청정케 하는 불도 수행의 기본이 되며, 각자의 인격 형성은 물론 지혜 개발의 원천이 된다. 삼업 청정은 그대로 자기를 텅 비워 무아(無我), 즉 공(空)으로 만들어 청정한 자기 법신불을 이루는 실천이 되는 것이다.

『화엄경』에서 "부처의 법신(지혜와 자비)은 이 법계에 가득 충만해 있다"고 설하고 있는 것처럼 우주 법계가 그대로 청정 법신이며, 제불의 법신으로 가득 차 있다. 우리들 각자가 삼업 청정한 자신의 법신불을 구현할 때, 법계에 두루 존재하는 제불보살의 법신불과 하나가 되어 감응이 이루어지는 것이다. 『신심명』에서 말하는 '일체 만법이 하나'라는 만법일여(萬法一如)의 세계는 바로 이러한 경지에서 이루어진다.

이와 같이 조신(調身)·조식(調息)·조심(調心)으로 이루어지는 좌선의 실천은 각자 자신의 신·구·의 삼업을 청정하고 맑게 하는 구체적인 실천이며, 자신의 삶을 항상 새롭게 가꾸어 갈 수 있는 무진장의 지혜를 창출한다.

② 무아(無我)·무상(無相)·무박(無縛)의 구체적인 좌선 수행을 실천한다.

행주좌와 어묵동정(行住坐臥 語默動靜)을 통해 언제나 본래심을 상실하지 않는 구체적인 좌선의 실천은 아상(我相)·인상(人相)·중생상(衆生相)·수자상(壽者相)이라는 사상(四相)을 텅 비우는 것이며, 자기의 법신불을 구현하는 것이다. 언제 어디서나 일상생활을 통해서 끊임없이 반복하는 수행의 실천은 인간의 재능과 근기, 역량의 차이를 소멸한다. 재능이나 근기는 세속적인 차별심과 상대적인 평가의 기준일 뿐, 불성을 개발하고 본래심으로 전개하는 인간 각자의 절대적인 자아 구명의 수행에서는 아무런 의미도 없는 것이다.

③ 자율성과 주체성을 확립한다.

불교인들의 기본적인 실천 덕목인 삼귀의(三歸依)와 합장, 예배, 계율 생활, 청규를 통해 좌선 및 선원의 실천 규범을 몸으로 직접 익히고 연마함으로써 자연스럽게 자율적인 생활을 할 수 있게 한다. 그리하여 도덕적인 자율성이 길러지고 인격이 함양된다. 이러한 생활 규칙을 익히는 것을 입격(入格)이라 하고, 이러한 규칙이 몸에 배어 규칙이 있든 없든 관계없을 정도가 된 상태를 출격(出格)이라고 한다. 선다의 수행을 통해서 익힌 모든 규칙이나 법규가 자율적이면서 여법하게 인격을 구족한 도덕적인 생활이 되는 것이다.

④ 절대 유일한 자기 존재를 철저하게 재인식한다.

자기의 근원적인 인격의 주체가 지금 여기에서 주인이 되어 전개되고 있기 때문에, 자주성과 독립성이 확립되어 주체적인 자기 자신을 언제 어디서라도 지혜롭고 인격적으로 전개할 수 있다.

⑤ 일심의 전환이 된다 – 돈오견성(頓悟見性).

번뇌로 뒤덮인 자신을 본래심〔깨달음〕의 자기로 전환시키며, 중생심을 불심으로 전환하여 중생의 세계를 부처의 세계로 바꾼다. 또한 범부인 자신의 삶을 성스러운 성현의 인격적인 삶으로 전환한다. 무지·무명을 지혜와 광명으로, 미혹한 자신을 지혜로운 자기로, 고통의 세계를 그대로 해탈·열반·안락의 세계로 바꾸어 살아가는 것이다.

불안·근심·초조·두려움·근심·걱정·공포 등에서 벗어나 평안하고 안전하며 평화로운 자기로 전환하는 것은 사바세계〔穢土〕를 그대로 정토의 세계〔極樂〕로 전환하는 것이며, 불행과 불안을 행복과 기쁨, 법열(法悅)·희열(喜悅)의 자신으로 전환하는 것이다.

또한 무상(無常)한 자신을 시공을 초월한 영원한 절대의 세계로 전환하는 것이며 상대적인 경계에서 차별·분별심을 일으키는 자기 자신을 절대적인 존재로 전환하는 것이다.

⑥ 현명하고 지혜로운 삶을 산다.

선다의 수행을 통해서 두뇌를 투명하고 명석하게 하여 집중력을 배양하고, 초능력적인 창조력과 무한한 가능성을 개발하게 된다. 근원적인 자기의 본래심에서 스스로를 지혜롭게 전개하기 때문에 자연의 모든 존재뿐만 아니라 인간 상호간의 대립이나 분별심·차별심·선입관

이 없어져 일체의 모든 존재와 친목과 화합을 이루는 인격적인 삶을
가꾸어 갈 수 있다.

⑦ 불안〔苦〕을 극복한다.
감정을 제어하고 자아를 극복하는 힘을 배양하며, 불안·초조·근
심·걱정·두려움·공포에서 해방·해탈하여 열반을 이루게 돼 정신적인
안정을 찾을 수 있다.

⑧ 지성과 정의(情意)의 합일이 된다.
일심〔本來心〕은 지(知)·정(情)·의(意)의 합일체이다. 근원적인 본래심
〔평상심〕으로 매사를 살아가는 선의 다도생활에서는 마음의 분별적인
작용을 나누지 않는다. 지성과 감정·감성이 일체화된 인격적인 모습
을 구현하게 된다.

⑨ 의식과 무의식을 제어하는 힘이 생긴다.
의식과 무의식은 분별심, 즉 알음알이〔知解〕의 작용이다. 선의 다도
생활에서는 근원적인 본래심에서 전개되는 지혜의 힘을 통해 의식과
무의식의 작용에 끄달리지 않고, 그러한 작용을 초월하여 절대적인 자
기의 주체적인 삶을 살게 된다.

⑩ 현실의 매사에서 절대의 세계〔깨달음의 경지, 삼매〕를 이룬다.
지금 여기에서 자기 자신이 주인이 되어 지혜롭고 철저하게 진실된
삶을 전개한다. 선에는 개개삼매(箇箇三昧)라는 말과 왕삼매(王三昧)라
는 말이 있다. 개개삼매는 일상의 매사를 삼매 속에서 이뤄 나가는 것,

선의 생활을 하는 것을 말한다. 독서삼매(讀書三昧)나 노동삼매(勞動三昧) 등과 같이, 아무리 사소하고 잡다한 일이라도 몸과 마음이 혼연일체가 된 삼매의 경지에서 자신을 철저하게 연소하는 생활이다. 불법은 따로 존재하는 것이 아니며 또한 불법을 닦는 청정한 수월도량이 달리 있는 것이 아니다. 스스로가 존재하고 있는 지금 여기가 바로 수월도량이며, 매사를 본래심으로 지혜롭게 전개하는 것이 불법의 자기화이자 선의 다도[禪茶] 수행생활이다.

또한 왕삼매라는 말에는 최고의 삼매라는 의미도 있지만, 일상생활의 삼매를 뜻하기도 한다. 왕은 국사를 볼 때만 왕이 아니라 언제 어디서나 왕의 신분이다. 왕의 신분으로 일상생활을 하는 것처럼 우리들 각각도 언제 어디서든지 자기의 인생을 살아가고 있다. 이러한 의미에서 깨달음의 본래심으로 늘 지혜롭게 살아가는 최선의 방법을 왕삼매라 할 수 있다. 이것은 한정된 인간의 귀중한 삶을 매 순간 최선을 다하는 삶으로 만드는 것이다. 바로 그럴 때에 존재의 의미와 삶이 가치 있고 보람되게 된다.

⑪ 자기 공간[경지]의 발견 – 깨달음의 당처(當處)

『유마경』에 "정토가 멀리 있는 것이 아니라 우리들의 청정한 본래심이 바로 정토이며, 청정한 도량(直心是淨土 直心是道場)"이라는 유명한 말이 있다. 청정한 본래심은 깨달음의 본체로서, 만법을 자각하는 그때 그 공간이면서 동시에 자기 자신의 절대적인 경지이다. 자신의 존재 의미를 좇고 자기 향상의 무한한 가능성을 지향하는 지혜의 창출은 물론 평안과 행복의 원천이며, 몸과 마음이 편안한 집과 같은 공간이기도 하다. 그래서 선(禪)에서는 이러한 경지를 '안신입명처(安身立命

處; 家, 근원적인 본래심)'라고 한다.[272] 깨달음의 당체인 본래심은 결국 해탈·열반의 경지이다.

⑫ 선다생활의 힘이 생긴다.

선의 다도생활은 불법의 자기화와 생활화, 또한 중생 교화와 자비의 실천을 통한 인격화를 구현한다고 할 수 있다. 자아 완성을 위한 구도적인 행각에서 출발하여, 절대에 머무르지 않고 그 깨달음의 경지까지 초월해서 다시금 중생들의 세계로 되돌아와 불법을 자기화·생활화·인격화한 모습으로 자연스럽게 중생 교화의 자비행을 펼칠 수 있다.

⑬ 창조적인 삶을 살게 된다.

선의 다도생활이란 본래심에서 지금 여기의 자기를 지혜롭게 전개하는 일상생활의 매사가 그대로 창조적인 삶이 되는 것이며, 지혜의 개발과 자기 향상, 무한한 가능성의 구현을 뜻한다. 단 한 번의 기회에 단 한 번의 만남으로 이루어지는 사바세계의 무상한 현실에서 순간순간은 너무도 귀중한 인연이므로 지극히 절대적인 시간이다. 이렇게 일기일회(一期一會)의 절실한 인연은 자기 창조의 삶으로, 보살도로 전개할 수 있는 힘을 내포하고 있다.

좌선(坐禪)을 통해 우리는 순간순간 잃어버린 자기 자신을 되찾는다. 스스로의 모습을 자각하고 재확인하면서 새로운 의지를 찾고 지혜를 발휘하여, 언제 어디서든 확신에 찬 마음으로 새로운 삶을 전개해 나

272) 곽암의 「십우도」 중 일곱 번째의 그림도 바로 이러한 의미에서 소를 몰고 집으로 되돌아가 집 안에 편안하게 앉아 있는 모습을 표현하고 있다.

갈 수 있다. 각자의 무한한 가능성을 개발하는 것은 근원적인 본래심에서 전개되는 지혜로 자기의 일과 삶, 인격을 창조하는 일이다. 또한 좌선은 자기의 가능성을 창조하는 근원적인 지혜의 힘을 솟게 하는 원천이라고 할 수 있다.

좌선의 중요한 포인트는 들뜬 마음을 가라앉히고 마음의 안정과 편안함을 얻고 일상생활의 매사에서 삶의 여유를 얻도록 하는 것이다. 근원적인 본래심으로 되돌아갈 때 번뇌는 사라진다. 거울처럼 맑고 고요한 호수에 일체 만물이 본래 모습 그대로 비치는 것과 같이 들끓던 번뇌가 사라진 청정한 본래의 마음에서 지혜가 작용하는 것이다. 정좌(靜坐)는 신체의 안정을 유지하고, 호흡의 조절을 자연스럽게 이뤄 내며, 이로써 마음의 안정과 편안함을 줘 스트레스에 대해 자기 방어를 가능하게 한다. 이러한 효용은 의학적으로도 확실히 증명되고 있다.

이상과 같은 사실을 예부터 제불보살과 조사, 선사들이 몸소 실행하여 보여주었으며, 또한 그들이 제자들에게 전한 가르침과 경전, 어록을 통해 배우고 익혀서 언제라도 실생활에서 활용하고 응용할 수 있다.

오늘날 세계적으로 많은 사상가와 철학자, 문인, 의사, 과학자들까지도 선불교의 정신과 사상을 동양의 신비로서 경탄하며 주목하고 있다. 선(禪)의 세계관·인생관·역사관 및 선적인 삶과 생활의 지혜, 선원 생활의 수행 방식 등을 다각적으로 탐구하며 연구하고 있는 것은 이러한 정신에 착목한 것이다. 이처럼 선의 생활은 한 사람 한 사람의 강력한 개성을 통해 나타나지만, 또한 이러한 개성을 통해 만인에게 적용되는 삶의 지혜와 참신한 인간의 가치관을 창조한다. 선다(禪茶)생활을 통한 인격의 형성과 완성은 누구나가 실행할 수 있다. 또한 제불보살이나 조사, 선승들처럼 출가하여 수행자의 생활을 실행할 수는 없다고 할지라도 선의 정신의 실천은 현대 사회의 학교나 가정, 직장, 사회, 그 어디에서라도 활용하고 응용할 수 있으며, 우리들 각자 종횡으로 운용할 수 있는 것이다.

한 가지 주의할 점은 선불교는 어디까지나 각자의 의지와 노력으로 자기 삶과 인생을 가꾸는 방법과 사유 방법을 가르치는 종교이므로, 이를 실현하기 위해서는 스스로 선불교의 정신을 올바로 알고 선의 다도생활과 좌선을 실천해야 한다는 것이다. 자각의 종교인 선불교의 본질은 바로 여기에 있다. 타인이 대신 살아 줄 수 없는 우리들 각자의 인생을 주체적으로 살아가는 것이 바로 선불교의 정신이다.

『조주록』에서, 어떤 스님이 조주(趙州) 선사에게 "가장 긴급하고 절실한 것은 무엇입니까?"라고 질문하자 조주는 "소변을 보는 일은 사소한 일이지만, 노승이 직접 해야 해결되는 것이다"라고 대답한다. 말하자면 불법은 결코 남이 대신 해 줄 수 없는 자신의 절박한 살림살이이며 인생이다.[273] 선의 다도생활은 자기 자신을 응시하여 성찰하고 사유하며, 자신과의 진지한 대화를 통해 스스로 깨닫고 찾아내는 것이다. 또한 자기 확신을 통해 자신을 향한 질문들에 납득하고, 잃어버린 자신을 되찾을 수 있도록 힘과 지혜를 스스로 체득하는 일이다.

---

273) 정성본, 『참선수행』(동국대학교 경주캠퍼스 정각원, 2001).

3. 다도생활의 행복과 인연

(1) 다도생활의 행복

『숫타니파타』라는 초기경전에 다음의 일절이 보인다.

이 세상에서 보고, 듣고, 생각하고, 식별(분별)한 유쾌한 일(사물)에 대한 욕망과 탐욕을 제거한 것이 불멸의 열반 경지이다.[274]

우리 인간은 욕망과 야망으로 자신을 이루어 가고 있다. 욕망과 야망이 없다면 인간이 향상의 삶을 살 수 있을까? 미지의 세계에 대한 지적인 욕망이 오늘날과 같은 눈부신 문명을 이루는 데 원동력이 된 것은 사실이다. 그러나 불필요하고 정화되지 않는 욕망의 작용은 오히려 문명과 인간의 행복한 생활을 파괴할 우려도 있다.

그렇다면 인간의 욕망을 어떠한 방향으로 작용하게 할 것인가? 무질서하고 제멋대로인 탐욕·성욕·소유욕 등의 오욕과, 탐(貪)·진(瞋)·치(癡)의 삼독에 스스로를 내맡긴다면 자기를 파괴하는 것은 물론 타인과 사회에까지 피해를 입히게 된다. 우리는 인간의 본질적인 욕망을 잘 활용하여 무한한 가능성을 발휘하도록 보살의 원력과 서원을 세워야 한다. 그리하여 진리를 깨닫고, 나아가 사회와 인류에 공헌할 수 있는 보람된 인생으로 가꾸어 나갈 수 있다. 흔히 세간의 행복 방정식을 다음과 같이 말하곤 한다.

---

274) 『숫타니파타』 1096 게송.

$$\text{행복} = \frac{\text{충족}(充足)}{\text{욕망}(欲望)}$$

즉 인간은 욕망이 충족될 때 행복할 것이라 생각하여 욕망의 충족을 위해 끊임없이 노력한다. 그런데 욕망은 자기의 부족함을 추구하는 마음이며, 번뇌의 원인인 갈애(渴愛)라고 할 수 있다.

반면에 출세간의 행복의 방정식은 다음과 같다.

$$\text{행복} = \frac{\text{지족}(知足)}{\text{소욕}(少欲)} = \text{소욕지족}(少欲知足)$$

불교 경전에서 한결같이 설하는 행복은 바로 소욕지족으로, 소욕안분(少欲安分)의 정신과 생활을 말한다. 소욕 또한 탐욕인 것은 사실이지만, 욕심을 적게 부리고 만족할 줄 아는 지혜가 좋은 방향으로 작용하도록 강조하는 것이다. 앞에서도 언급했듯이 욕망이 없으면 자기를 향상하려는 의욕도 없으며, 스스로 발전을 이룰 수 없다. 따라서 무질서와 무분별의 욕망이 아닌 잘 정비되고 정돈된 소욕을 통해 발전을 기하여야 한다. 인간은 욕망을 묘용의 약으로 활용할 수 있는 지혜의 힘이 있다. 원력과 서원을 통해 인간의 무질서한 욕망을 보리심과 구도심으로 전향하는 지혜의 힘은 상구보리 하화중생의 보살도로 전개되어 자아 완성의 행복으로 우리를 이끈다.

한편 욕망이 일체 없는 무욕(無欲)은 자기를 향상하려 나아가는 행복을 초래할 수가 있을까?

$$행복 = \frac{지족(知足)}{무욕(無欲)}$$

이와 같은 방정식은 인간의 사회에서는 절대로 성립할 수가 없다. 무욕은 인간을 무기력하게 하므로, 이상이나 행복을 이루기는커녕 육체적인 생명을 유지하는 기본적인 일상생활조차 영위할 수 없게 한다.

불교의 참된 지혜는 두 걸음 후퇴하고 한 걸음 전진하게 하는 겸허한 마음과 소욕지족으로, 스스로를 성찰하면서 인격을 완성할 수 있도록 인도하고 있다. 욕망의 독인 번뇌를 묘약으로 바꾸어, 언제나 만족하면서 인생을 행복하게 가꾸어갈 수 있게 하는 것이다. 널리 회자되는 '무소유(無所有)'나 '방하착(放下着)'이라는 말이 전하는 바는 욕망이 없는 무기력한 사람이 되라는 말이 아니라, 일체의 존재에 대해 차별심과 집착심을 갖지 말라는 공(空)의 실천 정신이다. 무수히 많은 언어와 문자를 사용하면서도 마음으로는 그 어느 한 글자, 한 마디에 집착하지 않고 걸림 없이 자유자재하게 사용하는 것이 무소유이자, 무집착, 방하착(放下着)이다.[275]

---

275) 정성본, 『선의 생활』(동국대학교 경주캠퍼스 정각원, 2000), pp.94~98.

(2) 다도의 인연

불교에서 인연(因緣)이라는 말은 지극히 중요한 의미를 지닌다. 불교의 인생관이나 세계관이 모두 이 '인연'이라는 한 마디 위에서 펼쳐지고 있기 때문이다. 따라서 인연의 의미를 정확히 모른다면 불교의 참된 가르침을 알 수 없으며, 잠시도 멈추지 않고 전 우주에 질서 있게 전개되는 삼라만상과 법계의 진실은 물론 우리들 각자 인생의 본질도 알 수가 없다.

옛날 석가모니 부처님이 좌선을 통한 깊은 명상과 6년 간의 고행으로 깨달은 진리의 내용은 한마디로, 모든 존재는 홀로 자체적으로 존재하고 있는 것이 아니라 반드시 어떤 인연의 결합과 그에 따른 인과(因果)관계 위에서 전개되고 있다는 것이다. 이러한 대자연의 존재 법칙을 '연기의 법칙'이라고 한다.

인연의 '인(因)'은 어떤 사물의 본질이면서 원인인 씨앗이며, '연(緣)'은 원인인 씨앗이 싹이 날 수 있도록 돕는 주위의 여러 환경과 조건이라고 할 수 있다. 그래서 씨앗인 인(因)은 사물의 근원이지만 그 자체만으로는 싹이 돋아날 수 없다. 반드시 싹이 틀 수 있는 환경, 즉 물이나 바람, 흙과 같은 조건이 구비되어야 하고 그렇지 않으면 언제까지나 한낱 씨앗으로 남을 수밖에 없다. 결국 씨앗으로서의 역할을 충분히 발휘하지 못하고 마는 것이다. 이렇게 씨앗과 환경 조건으로 비유할 수 있는 인연의 관계성은 동양의 농경문화를 토대로 형성되었다고 볼 수 있다. 불교에서는 이러한 인과성으로 생물의 생명 활동을 설명하는 데 그치지 않고, 인과성이 모든 존재의 본질이라고 밝히고 있다.

여기에서 씨앗은 부처가 될 수 있는 모두의 본성[불성]으로 비유되고

267

2부_선과 다도생활

있다. 불성인 인(因)이 없으면 부처가 될 수 있는 본질이 없는 것이다. 또, 일체 중생은 불성의 씨앗을 가지고 있지만 부처가 되기 위해서는 불법의 가르침을 배우고 익히며, 보살도의 원력과 서원을 확립하고 실천·수행하여 부처가 될 수 있는 인연과 환경(緣)을 갖추었을 때, 그 결과로 깨달음을 체득할 수 있다. 즉 불법을 만나야 하고, 눈 밝은 스승의 가르침으로 정법을 배워야만 서로 탁마할 수 있는 것이다. 뿌린 씨앗을 그대로 방치해 버린다면 좋은 결과를 기대하기란 어렵다. 보다 좋은 싹이 돋아나기 위해서는 한층 더 좋은 환경을 만들어 주어야 한다. 한 알의 씨앗은 부지런하고 성실한 농부의 노력으로 좋은 토지에서 물과 공기, 바람을 만나 알맞게 자랄 수 있는 것이다. 이렇게 볼 때 씨앗도 중요하지만, 그 씨앗이 자랄 수 있는 환경과 조건이 더욱 의미 있다. 농부의 작업이 비유하는 것은 노력과 끊임없는 정진으로서, 다름 아닌 연(緣)이다.

우리들도 사람으로 태어났기 때문에 모두 부처가 될 수 있는 씨앗〔불성〕을 가지고 있다. 따라서 각자 스스로 성스러운 불성을 잘 가꾸어서 깨닫고, 인격적인 부처를 이루기 위해서는 먼저 부처님의 말씀을 익히고 배울 수 있는 좋은 스승과 도우(道友), 수행생활에 알맞은 환경과 조건, 수행 장소 등 여러 인연이 골고루 갖추어져야 한다. 이러한 인연을 잘 살릴 수 있는가에 따라 인생의 향방이 결정되며, 좋은 불성인 인(因)을 좋은 연(緣)으로 가꾸기 위해서는 불굴의 투지와 끊임없는 노력과 정진이 필요하다. 이러한 자기 투쟁의 노력과 정진, 수행이 다름 아닌 좋은 환경과 조건인 연(緣)이 되는 것이다. [276]

인생을 살면서 모든 일이 뜻대로 잘 되어 나가는 축복받은 인연을

'순연(順緣)'이라고 하고, 이와 반대로 하는 일마다 어려움이 따르고 마구니와 장애가 많은 인연을 '역연(逆緣)'이라고 한다. 그러나 순연과 역연은 고정적인 것이 아니라 언제나 서로 뒤바뀌고 변화한다. '즐거움은 괴로움의 씨앗, 괴로움은 즐거움의 씨앗'이라는 말이 있듯이, 지금의 기쁨이 내일의 괴로움의 원인이 될 수 있고 지금의 괴로움이 내일의 기쁨의 씨앗이 될 수 있다. 인생에서 어떤 결과가 펼쳐질지는 아무도 알 수 없으니, 섣불리 단정 지을 수 없다. 이처럼 순연과 역연의 관계 속에서 다양하게 변화하며 전개되는 인생의 모든 일은 우주 만물과의 인연에 의한 것이라고 판단하여 좋은 경험과 체험으로 생각해야 한다. 나의 존재가 우주 만법의 인연과 그 연쇄(連鎖) 작용에 의해 유지되고 있다는 사실을 잊어서는 안 되는 것이다. 그리고 더 좋은 인생과 인연을 위해 모든 것을 긍정적으로 받아들이고 자기의 무한한 가능성을 위해 노력을 게을리하지 않아야 한다.

우리는 인연·인과의 법칙 속에서 가족과 배우자, 이웃과 친구, 스승과 제자 등 무수히 많은 사람들과 만나면서 살아간다. 또한 인연에 의해 누군가와 만나고 헤어짐으로써 인생의 행로와 방향이 달라진다. 해후(邂逅), 회합(會合), 상면(相面), 대화를 통해 순간순간의 삶이 새롭게 가꾸어지고 엮어지는 것이다.

주의해야 할 점은 만남이나 해후(邂逅) 속에서 주체성을 잃지는 말아야 한다는 점이다. 선다생활에서 해후는 인연의 상대를 만남으로써 자기의 존재를 확인하는 것이다. 즉 상대와 대화를 나누는 언어·행동·표정 등을 통해 스스로의 인격과 삶을 재확인하고, 인생을 재정리하는

276) 정성본, 『선의 생활』(동국대학교 경주캠퍼스 정각원, 2000), pp.65~68.

것이다. 좋은 인연으로 잘 연결된 친구나 부부란 서로를 탁마하고 깨우쳐 주며, 이끌어 줘서 서로의 가능성을 활짝 피우는 관계를 말한다.[277)]

좋은 만남과 해후야말로 인생을 값지게 살 수 있는 근본이며, 그 좋고 나쁨은 만남의 태도에 따라 결정된다. 노자나 공자의 관계에서처럼 겸손의 미덕을 갖추고 서로를 공경하기 위해서는 먼저 각자가 스스로의 인생에 대해 통철한 질문을 지니고 있어야 한다.

'나는 어떤 존재인가?'

'어떻게 살아야 할 것인가?'

'인생은 무엇인가?'

이러한 문제에 답하기 위해서는 결코 단순하게 해결되지 않는 의문과 질문을 통해 끊임없이 냉철하게 성찰하는 자아비판이 있어야 한다. 그럴 때에 인연과 연기의 법칙을 확실히 이해하고 이를 일상생활 속에서 실천하여 생활종교로 전개시킬 수 있다. 기본적인 수행과 실천 정신을 필요 불가결한 것으로 강조하는 이유는 그 때문이다.

작은 재주를 과시하려는 아만(我慢)과 교만심을 부리면 아무리 좋은 가르침이나 인연이 있더라도 이를 받아들일 마음의 여유가 없어서 그냥 지나치고 만다. 무수히 많은 인연과 만남을 좋은 방향으로 가꿔 나갈 수 있도록 겸허한 마음과 끊임없는 자기 향상의 노력으로 항상 정진해야 할 것이다.[278)]

---

277) 정성본, 『선의 생활』(동국대학교 경주캠퍼스 정각원, 2000), pp.73~76.
278) 정성본, 『선의 생활』(동국대학교 경주캠퍼스 정각원, 2000), p.85.

선과 다도

III

선의 다도생활과 자아 개발

1. 선의 다도생활과 자아 개발

요즘 선(禪)과 명상에 관한 많은 책이 출간되고 선원이나 요가·명상 센터가 등장하는 등 수행에 대한 관심이 고조되고 있다. 일상생활에서 벌어진 갈등을 완화해 주고, 마음을 평안하게 하며, 궁극적으로는 근원적인 본래심을 통해 지혜로운 삶을 살도록 만들어 주기 때문이다. 단순히 마음의 번뇌를 가라앉히고, 들뜬 마음을 쉬게 하는 좌선(坐禪)이 선(禪)의 목적은 아니다. 각자 본래심으로 사유하여 자아를 개발하고, 자신의 일을 독창적으로 전개하여 보람찬 인생을 살아가게 하는 것이 선의 목적이다.

우리는 흔히 적자생존의 사회 속에서 살아가고 있다고 생각한다. 학교에서는 성적, 사회에서는 서열 혹은 능력이라는 분별심으로 사물의 가치 기준을 설정하여, 남을 질투하고 경쟁하는 삶을 매일 살고 있다. 그러나 돈이나 물건의 숫자로 남을 앞서고, 기술에서 남보다 좀 더 낫다고 해서 삶의 진정한 승리자가 되는 것은 아니다. 상대적인 숫자 경쟁은 그 대상이 무궁무진하기 때문에 그칠 날이 없다. 경쟁자와의 끊임없는 싸움은 시간과 인생의 무의미한 소모(消耗) 전쟁으로 서로를 이끌 뿐이다. 그러므로 진정한 승리자란 남과의 경쟁에서 이긴 사람이 아니라, 자신의 무한한 가능성을 자각하여 독창적인 삶을 일궈 내는 사람이다.

욕망을 통제하고 본래심으로 살기 위해서는 타인과 쓸데없는 소모전을 삼가면서 선의 다도생활을 통해 자기를 향상시키고 창의력을 개발해야 한다. 타인과의 상대적인 경쟁에 집착하지 않고 자신의 무한한 가능성을 개발하는 독창성이 우리의 인생을 보람되고 의미 있게 만들며, 나아가 주위와 이웃, 인류에 공헌할 수 있는 진정한 보살도의 실천이라 할 수 있다.[279]

2. 자아의 존재 의미

끝없는 우주 공간 속에 티끌처럼 떠도는 지구의 한 곳에서 영겁(永劫)의 한 순간을 살고 있는 나 자신의 참된 존재 의미는 무엇일까?

불교에서는 자신의 존재가 없으면 일체가 존재하지 않는 것으로 본다. 사실 사물을 인식하는 자각의 주체인 자아가 없을 때 존재란 있을 수 없다. 그래서 "모든 존재는 오로지 자아의 인식에 의해 존재하고 있는 것(萬法唯識)"이라고 주장하는 것이다. 우리들 각각의 존재 이유보

279) 정성본, 『선의 생활』(동국대학교 경주캠퍼스 정각원, 2000), pp.6~8.

다도 현재 여기에 존재하고 있다는 그 사실이 중요하며, 스스로의 존재 의미도 이러한 주관적인 자각에 의해 찾을 수 있다. 즉 존재의 의미는 우주나 물질에 관한 객관적이고 합리적인 이해에서 찾을 수 있는 것이 아니라, 삶에 대한 주관적인 가치관과 자각을 통해 찾을 수 있다는 말이다.

"천상에서나 천하에서나 오직 내가 가장 귀중한 존재"[278]라는 말은 누구 한 사람만 그런 것이 아니라 인간이면 누구나 각자 가장 귀중한 존재라는 의미이다. 그러므로 이 말은 인간의 존엄성을 천명한 말이기도 하다. 물론 우주의 만물과 공간이 없다면 생명체가 존재할 수 없으므로 인간도 자연의 일부를 이루며 존재하고 있지만, 자신이 존재하지 않는 이 세계는 무용지물이며 아무런 의미가 없다. 따라서 우리들은 각자 자신의 참된 가치를 알고 스스로와 인류의 행복을 위해 위대한 원력과 사명감을 가져야 한다. 세계를 바꾸는 것은 우리들 자신이기 때문이다.

우리는 언제 어디에서 어떤 일을 하든지, 지금 자신의 일을 할 수 있는 유일한 사람은 바로 자기 자신이라는 사실을 철저히 자각하고, 확고한 신념으로 할 일을 다하는 사람이 되어야 한다. 인간이 살아 있다는 것은 부모의 인연과 신비스러운 우주와 대자연의 인연을 잠시 빌려〔假借〕서 생명 활동을 하고 있다는 것을 의미한다. 불교에서는 이를 인연가합(因緣假合)이라고 한다. 그런데 빌린 것은 적절히 사용해야만 그 가치와 의미가 살아난다. 우리들 자신이 많은 인연을 빌린 생명이기 때문에, 몸과 지혜를 아낀다고 소중하게 보관만 한다면 결국에는 쓰이지 못하게 되고 만다. 적절하게 활용하지 못한 뇌가 치매에 걸리듯이 우리들의 몸과 마음, 머리는 쓸수록 건강하게 단련되어 창조적인 일을 할 수 있다. 보살도를 구현하는 사람은 무궁무진한 지혜를 자신과 인류를 위해 사용해야 한다. 보살은 남보다 더 많이, 더 열심히 노력하고 힘써서 일체 중생을 위해 헌신하고 공헌하는 일로써 자신의 보람된 삶을 가꾸어야 할 것이다.

보살은 드러나는 명상(名相)을 추구하기보다 보이지 않는 곳에서 꼭 필요한 일을 담당하는 수행자가 되어야 한다. 『법구경』에는 "현명한 사람은 자신을 잘 정돈한다. 현명한 사람은 비난과 칭찬에 동요되지 않는다", "자신을 이기는 사람은 다른 사람을 이기는 것보다 더 훌륭하다"라는 말이 있다. 또 "진실로 자기가 자신의 주인인 것, 다른 어떠한 것이 자신의 주인이 될 수 있으랴! 잘 조련된 자기 자신에 의해서, 사람은 얻기 어려운 주인을 얻을 수가 있다"라고도 말하고 있다. 참된 자아를 깨달아 일체의 경계에 끌려가거나 매몰되지 않고 객관적인 세계가 아닌 주관적인 자각에서 존재의 의미를 찾을 때에, 스스로의 참된 존재의 의미와 삶의 가치를 만들 수 있다.[280]

3. 지금 여기, 자신의 일-시절인연의 본분사

『잡아함경』 제36권에서는 부처님이 다음과 같이 설하고 있다.

지나간 일에 근심하지 않고, 미래에 대하여 반겨 집착하지 않으며, 지금 현재 해야 할 일에만 바른 지혜로 최선을 다할 뿐, 다른

---

280) 정성본, 『선의 생활』(동국대학교 경주캠퍼스 정각원, 2000), pp.12~16.

생각을 하지 않는다. 미래를 향해 생각을 치달리게 하고, 과거를 돌아보고 근심 걱정하는 것은 마치 우박이 초목을 때리는 듯 어리석음의 불로 스스로를 태우는 것이다.

『법구경』에서 "지금 여기에 살라. 과거는 지나갔고, 미래는 오지 않았다. 오직 지금의 현실에 살라"고 누누이 강조하며, 『전유경(箭喩經)』에서 "독화살을 맞은 사람이 지금 당장 무슨 일을 해야 할 것인가"를 비유하여 설하는 데서 볼 수 있듯, 불교는 지극히 현실적인 종교라고 할 수 있다. 그리고 이러한 현실성을 일상생활 속에서 한층 더 구체적으로 전개하도록 강조한 생활종교가 선불교이다. 선불교에서는 그래서 "지금 여기에서 언제나 새롭게 자기 자신을 되살리고, 시시때때로 새롭게 태어나게 하는 정열과 창의력을 발휘하는 사람이 위대한 인간〔대장부〕이며, 평범한 위인(偉人), 혹은 일상생활상의 위인"이라고 말하고 있다. '지금 여기의 자기가 진실한 삶을 살고 있는 일상생활'이란 주객과 같은 대립이 나누어지기 이전의 세계이며, 근원적인 본래심으로 전개하는 주체적인 생활이다. 자신이 주체적인 생명을 지니고 일상생활을 영위하고 있다는 증거는 '대소변을 보고, 옷 입고 식사하는 일이며, 차를 마시고 쉬는 일'에서 드러난다. 여기에서는 본래심〔불성〕이 일상생활에 그대로 활발하게 작용하고 있으며, 일체의 차별이나 분별이 없고, 주객이나 승패의 사고가 끼어들 틈도 없다. 이렇게 평범한 위인들은 삶을 언제나 '날마다 좋은 하루'로 만들어 살고 있는 것이다.

불교는 '지금'이라는 시간과 '여기'라는 공간을 중요시하고 있으며, 특히 선(禪)은 언제나 '지금 여기의 자기'를 문제로 한다. 지금이라는 시간 이외에는 우리들이 살고 있는 곳이 없기 때문이다. 인간은 태어나서 죽을 때까지 지금이라는 시간에 살고 있기 때문에, 항상 그곳에서 현실의 자기 자신에게 노력한다. 그리고 그러기 위해서는 현실의 자신을 하나의 수단으로 대하지 않고 충실하게 대하는 방법밖에는 없다.

선에서는 '지금 여기, 자기 자신'이 매사에 자각적으로 충실하게 살아가는 것을 '절대의 경지〔깨달음〕에 산다'고 표현한다. '꽃은 오로지 꽃, 열매는 오로지 열매'라는 선어(禪語)가 있다. 즉 꽃봉오리는 단순히 꽃이 되기 위한 것으로만 존재하는 것이 아니며, 꽃도 역시 열매를 맺기 위해서만 존재하는 것이 아니라는 말이다. 꽃봉오리는 꽃봉오리로서, 꽃은 꽃으로서 그대로 지금 여기에서 절대 유일한 존재인 것이다.

지금이라는 시간을 제쳐두고 실재하는 것은 없다. 즉 인간의 모든 일은 지금 여기, 자기 자신의 일이며, 지금 이 삶 외에 참된 존재의 삶이란 없다. 설사 젊은 학생들이 장차 무엇이 되려고 하거나 어떤 인물이 되기 위해 소망하고 기대하고 있다고 할지라도, 지금이 그 미래를 위한 삶이 되어서는 안 된다. 언제나 지금 여기에서 자기 자신이 하는 일에 충실한, 절대의 경지에서 살아갈 수 있을 때에 그 꿈은 실현될 수 있다. 과거나 미래의 일에 대한 쓸데없는 감상 때문에 지금 여기의 자기를 상실하는 어리석음에서 벗어나, 근원적인 본래심으로 지혜롭게 매사를 사는 충실함과 진실함이 필요하다.

마조(馬組)나 임제(臨濟) 선사는 항상 "마음 밖을 향해 진리를 추구하지 말라! 지금 이곳을 떠나서 깨달음의 세계나 부처는 없다"고 강조하였다. 지금 여기에서 자신의 삶을 사는 것은 '지금'이라는 시간 속에 과거나 미래를 모두 포함하면서, 지금 여기에서 자기가 해야 할 일에 최선을 다하며, 앞을 향해 열심히 추진해 가는 일이다. 한 순간의 '지금'은 무한의 과거를 짊어지고 있으며, 또한 한편으로는 무한의 미래를 개척하기 때문에 '지금'이라는 시간과 '여기'라는 공간 속에서 절대의 자기를 창조적인 삶으로 살아가게 하는 것이다.[281]

진여 본성의 지혜와 보살도의 생활[應如是住]로서, 자기 본분사는 대승 불법의 보살도의 원력행을 시절인연에 따라 지금 여기, 자기본분사의 생명 활동으로 실행[회향]하는 것이다.[282], [283] 또한 참선 수행이란 시절인연에 따라서 지금 여기, 자신의 본분사를 진여 본성의 지혜 작용으로 만드는 자기 창조의 생활이다. 『유마경』의 "무주의 근본에서 불법을 건립한다"라는 법문이나 『금강경』의 "일체 현성은 무위법으로 차별한다"라는 법문은 지금 여기 자신의 삶을 항상 진여 본성의 지혜로 청정하게 사는 처염상정(處染常淨)이 되도록 하는 일을 뜻한다.

그렇다면 인간은 각각 이 세상에서 단 하나밖에 없는 절대 유일한 존재로서, 어떻게 존재의 인식과 삶의 가치관을 정립할 것이며, 보람되고 의미 있는 최선·최상의 창조적인 삶이 되도록 할 것인가? 인간은

---

281) 정성본, 『선의 생활』(동국대학교 경주캠퍼스 정각원, 2000), pp.9~12. 정성본, 『참선수행』(동국대학교 경주캠퍼스 정각원, 2011), pp.12~14.

282) 『법화경』은 부처가 이 세상에 출현하는 의미를 일대사(一大事) 인연으로 설하고 있으며, 일체 중생들에게 불법을 개시하여 깨달아 체득하게 하는 일[開示悟入]이라고 설한다. 즉 진여 본성의 지혜 작용인 진여삼매의 경지에서 보살도를 원력행으로 실천하는 것은 상구보리(上求菩提)와 하화중생(下化衆生), 지악문(止惡門)과 작선문(作善門), 살인도와 활인검, 선정과 지혜가 불이법문으로 동시에 함께 실행되는 것이다.

283) 진여 본성의 지혜로 여법하게 설한 『금강경』의 무주(無住), 무상(無常), 무소구(無所求), 무소득(無所得), 무소유(無所有)의 수연행은 지금 여기, 자기의 시절인연에 따른 본분사의 일이며 일대사이다. 자기 본분사의 일은 진여의 생명 활동을 이루는 원력행임과 동시에 자연법이(自然法爾)로 작용하는 자연업(自然業)으로, 진여법에 의거하여 진공묘유(眞空妙有)로 보살도를 실행하도록 해야 한다.[성본 스님 강설, 『금강경』(민족사, 2012) p.458.]

누구나 이러한 물음을 제기하지만, 확실한 신념으로 자신의 삶(불법의 지혜로 펼치는 보살도의 삶)을 사는 사람은 드물다.

대승불교에서 한결같이 강조하는 원력(願力)과 발심(發心)은 번뇌 망념으로 무질서하게 살고 있는 중생들에게 진여 본성의 생명 활동인 반야의 지혜로 보살도의 삶을 살도록 제시하고 있다. 보살도의 원력은 중생의 목적 지향이 아니라 시절인연에 따른 자기 본분사의 생명 활동이며, 체험하고 익힌 불법의 지혜와 능력을 보살도의 삶으로 회향하는 자리이타(自利利他)의 삶이다.

지금 여기, 자신의 원력행을 보살도의 지혜로 실천하는 선의 다도생활은 지금 여기의 진여 본성의 지혜 작용으로 실행되는 것으로, 자신의 본분사의 일을 잘 판단해야 한다. 그 판단의 기준이 되는 것은 그것이 '가장 중요한 일인가', 그리고 '가장 긴급하게 해야 할 일인가', '무의미한 일이 아니라 자기 향상을 이루는 상구보리 하화중생의 보살행이 되는 일이 되는가'이다. 그리고 그것은 중생심의 자아의식과 의식의 대상 경계를 초월하는 향상일로의 창조적인 일이 되어야 한다.

선(禪)에서는 창공에 독자적인 삶을 실행하라는 의미에서 단소독보(丹霄獨步)라고 하는데, 남의 흉내나 모방으로 사는 삶이 아니라, 무소의 뿔처럼 홀로 가는 독보행(獨步行)을 말한다. 『전등록』 29권에도 "장부는 하늘을 향해 오르는 뜻이 있으니, 여래가 실행한 것을 따르지 않는다"[284]라고 읊고 있다.

진여 본성의 생명 활동은 지금 여기, 자신의 한 호흡에서부터 시작된다. 숨을 들이키면서 자신의 존재(마음, 행동, 말, 사고 등)를 살펴보고

---

284) 『경덕전등록』 29권(『대정장』 51권, p.455b.) "丈夫皆有衝天志 不向如來行處行."

불법의 사상〔佛法大意〕으로 판단해야 한다.

첫째, 모든 의식과 인식, 의식의 대상 경계는 내가 내 마음대로 만들어낸 것일 뿐〔一切唯心造〕, 실재하지 않는다는 사실을 확신해야 한다. 『화엄경』의 '만법유심(萬法唯心)', '심여공화사(心如工畵師)'라는 말처럼, 자아의식도 없고〔我空〕, 의식의 대상 경계 또한 실재하지 않는다는 사실을 깨달아 확신할 때〔法空〕, 일체개공(一切皆空)을 체득하여 진여삼매의 무애 자재한 경지에서 살아갈 수 있다. 자아의식과 의식의 대상 경계, 방편의 언어 문자는 실체가 없는 것이며, 거울에 비친 영상〔鏡中像〕과 같고 꿈과 같으며 환화(幻化)와 같다〔一切皆空〕는 사실을 깨달아 전도몽상과 착각에서 벗어날 수 있도록 해야 한다.

둘째, 자아의식을 통해 남을 의식하고 주객과 선악을 구별하며 시기와 질투를 하고 의식의 대상 경계를 분별하면서, 혹시 이 모든 것이 실재하는 것으로 착각하고 있지 않은지 혹은 중생의 번뇌와 망념으로 살고 있지 않은지, 자신의 입장과 남을 비교하면서 차별심과 분별심으로 살고 있지 않은지를 불법〔眞如法〕으로 판단하여, 그것이 망념인 것을 자각하면 곧바로 진여 본성의 지혜로운 삶〔念起卽覺 覺之卽失〕을 살 수 있다.

셋째, 지금 여기에서 시절인연에 따라 자기 본분사의 일을 원력의 보살도로 실행해야 한다. 보살도의 원력행을 실천하는 일은 무심〔眞如三昧〕의 경지에서 여법〔眞空妙有〕한 삶을 사는 것을 말한다.

넷째, 긍정적으로 사유하며 살아야 한다. 이 세상에 영원히 존재할 수 있는 것은 아무것도 없다는 진실이 제행무상(諸行無常)이다. 무상하기 때문에 슬프고, 괴롭고, 허무하고, 무의미하고, 불행하다고 생각하며 살아갈 것인가? 절대로 아니다. 무상한 존재이기 때문에 언제 어디

서나 매사의 모든 일이 새롭고, 신선하며, 진실한 생명 활동이 이루어
지도록 해야 한다. 무상하기 때문에 모든 존재와 생명이 변화하고 창
조하는 것이다.

자아의식과 남과의 비교, 시간과 공간에 대한 선입관, 선과 악 등의
사량 분별은 사고와 행동을 망념의 끈으로 속박한다. 쓸데없는 망상을
비워야만 지금 여기에서 진여의 지혜로 보살도의 본분사를 실행할 수
가 있다. 긍정적인 사고 또한 진여 본성의 지혜로 삶을 창조하는 힘이
될 수 있다. 반면 중생심의 사량 분별은 실체없이 불안을 만들어 부정
적인 사고로 유인하며, 시작도 않고 걱정만 하게 하기 십상이다.

불치병보다 더 심하고 깊은 병이 중생의 심병(心病)이며 편견[斷見]
의 병이요, 고정관념[常見]의 병이다. 그리고 부정적인 사고와 불신으
로 진여 본성의 생명 활동인 자기 자신의 지혜로운 삶을 포기하는 병
이다. 살면서 어려운 일이 닥쳐 해결책이 보이지 않을 때, 사람들은 해
야 할 일을 쉽게 포기하는 경우가 많다. 그런데 해결책이 보이지 않는
것은 여법하게 진실을 알지 못하고 원인을 제대로 파악하지 못했기 때
문이다. 결국 문제 인식과 사유가 부족한 사람이 부정적인 사고를 하
여 포기하는 것이다. 그러나 긍정적인 사고를 하는 사람은 어려운 일
을 그대로 자기 자신의 일로 여기고 곧바로 정확한 원인을 규명하여
해결의 지혜를 찾는다.

『법화경』에서 설하는 제법실상의 열반이나, 『반야심경』에서 설하는
색즉시공 공즉시색(色卽是空 空卽是色)의 경지는 진여 본성의 지혜 작용
으로 일체 만법과 함께 불이(不二), 일여(一如)가 되어 생명 활동을 나누
는 보살도의 삶이다. 제법실상의 열반이란 마치 태양이 광명의 햇살을

만물에게 비추어 일체의 존재가 생명 활동을 할 수 있는 것과 같다. 또한 물이 흐르고〔水流〕꽃이 피는〔花開〕자연법이〔自然法爾〕의 묘용처럼, 자아의식 또한 의식의 대상 경계도 없이 무심하게, 시절인연에 따른 자기 본분사의 일을 자연업으로 실행하고 있는 것이다.

부처의 지혜는 중생의 번뇌 망심을 통해서 이루어진다. 하나의 일〔一事〕을 통해서 생기는 하나의 지혜〔一智〕는 법성계에서 설하듯이 "진여 자성은 시절인연에 따라서 부처의 지혜로 이루어지는 것이다(不守自性隨緣成)." 불성을 지니고만 있으면 중생이지만, 시절인연에 따라서 여법한 지혜로 사유하고, 문제점을 해결하려고 노력하면 부처가 되는 것이다. 중생심으로 인한 수많은 역경과 고난을 극복한 경험·체험은 자신에게 부처의 지혜를 구족하게 하는 원동력이 된다.

부처의 지혜에 불가능이란 없다. 원력으로 이루는 긍정의 지혜는 중생을 부처로, 불가능을 가능으로, 무기력하게 포기하는 절망감을 희망과 지혜로운 생명 활동으로 되살리는 힘이 된다. 중생심으로 목적을 이루려는 삶을 살지 않고 불보살로서 보살도의 원력을 회향하는 시절인연의 자기 본분사를 산다면, 시방삼세 일체 제불의 지혜와 자비로 함께하게 되므로 불가능이란 없다.[285] 따라서 우리는 우선 지금 여기에서, 자기 자신이 해야 할 본분사의 일을 정확하게 판단해야 하며, 그리하여 자신이 체험하고 익힌 불법의 지혜와 능력으로 지금 여기, 자신의 원력을 선다(禪茶)의 생활로 회향하도록 해야 한다.

---

285) 성본 스님 강설, 『금강경』(민족사, 2012), pp.461~469.

4. 좌선 수행과 명상

인생의 참된 길을 열어 갈 수 있는 지혜에 눈을 뜨기 위해서는 철저하고 냉정한 자기비판과 함께, 명상을 통한 자기 사유가 있어야 한다. 선의 다도생활을 통한 좌선(坐禪)과 명상(瞑想)은 붓다와 조사들이 체험한 진리의 말씀을 배우고 익혀서 일상생활의 지혜로 만드는 적극적이고 자각적인 실천이다.

이렇게 자각적으로 체득하게 되는 지혜로운 안목은 단순히 자기 자신의 행복한 삶을 위한 것은 아니다. 선원이나 산중의 사원에서 좌선을 실천하면서 각고의 노력과 투쟁을 통해 깨달음을 체득한 선지식의 뛰어난 안목은 일체 중생을 위한 진리의 빛, 자비의 광명으로서 모두가 함께 공유하기 때문에, 사람들은 불조(佛祖)[286]의 혜명(慧命)을 계승하는 뛰어난 선지식(善知識)[287]이 출현하기를 기대하는 것이다.

불조의 혜명을 계승한다는 것은 붓다와 역대 여러 선지식들이 정법을 깨닫고 계승하여 당대(當代)의 진리의 말씀을 전하고, 모든 중생들이 불법의 지혜로 인생을 진실되게 살 수 있도록 자비를 실천하는 것을 말한다. 그래서 불교를 '지혜와 자비의 종교'라고 하는 것이다. 여기서 말하는 지혜는 물론 각자 스스로가 불법을 깨달아 자각적인 지혜의 안목을 갖추는 상구보리(上求菩提)이며, 자비는 이러한 지혜를 통해 일체 중생이 무명의 암흑에서 벗어나 지혜의 광명에서 살아가도록 진리의 빛을 비춰 주는 중생 교화, 하화중생(下化衆生)의 실천을 말한다.

---

286) 부처와 조사(祖師)를 아울러 이르는 말.
287) 지혜와 덕망이 있고 사람들을 교화할 만한 능력이 있는 승려.

경전을 통해 깨달은 인연이나 연기의 법칙 등 불법의 체득으로 구족된 지혜는 자신의 충실한 삶을 통해 주위에 회향(廻向)되어야 한다.

대승불교의 사상은 자각적인 지혜의 안목을 개인적인 '자수용(自受用)삼매'의 차원에 머물게 하지 않고, 이것을 일체 중생과 더불어 공유하는 회향의 자비 정신으로 승화시킨 위대한 사상이다. 즉 좌선의 실천과 명상을 통한 깨달음의 감격과 지혜의 안목에서 비치는 자비의 빛을 일체 중생에게 넓게 비추어 주는 것이다. 이것을 '타수용(他受用)삼매'라고 하는데, 일체 중생과 함께 깨달음의 진정한 감격과 충족된 삶을 나누는 자비선(慈悲禪)이다. 참된 불법의 실천은 진리의 자각을 통한 기쁨과 회향에서 이루어지며, 그로써 올바른 구도자인 보살의 이타행이 실현된다. 인연과 연기의 법칙을 깨닫고 진실한 만남과 인생의 해후를 통해 자각적인 삶을 가꿀 때, 평범한 일상생활 그 모두가 귀중한 '평상심시도(平常心是道)'의 삶이 된다. 이렇게 지혜와 자비의 실천에 의해서 참된 인격을 완성할 수 있기 때문에 대승불교에서는 보살의 덕목으로 '육바라밀(六波羅蜜)'을 강조하고 있다.

좌선과 명상의 실천으로 자각적인 지혜를 체득한 사람은 결국 무아(無我), 공(空)의 실천으로 일상생활을 전개해 나간다. 그리하여 '나'라는 존재에 대한 집착뿐만 아니라 '자기'와 '중생'이라는 차별심에서 완전히 초월하여 자기를 실현할 수 있다. 이렇듯 자각적인 지혜를 자타불이(自他不二)의 자비행으로 실현하는 것이 대승의 보살 정신이다. 이 정신의 실천을 '지목행족(智目行足)' 혹은 '행해상응(行解相應)'이라고도 말한다. 훌륭한 인격으로 승화되는 '지혜와 자비'의 보살도의 삶은 곧 우리의 본분사이다.

좌선(坐禪)은 가장 안정되고 편안히 앉은 자세에서 근원적인 본래심으로 사유하는 것이다. 그리하여 진실된 삶을 살 수 있는 것은 물론, 창조적이고 발전적인 자아를 만들어갈 수 있는 수행이다.

이토록 불안하고 험한 세상을 어떻게 살아가야 할 것인가? 「증도가」에서는 "걷는 것도 선이요, 앉는 것도 선이요, 말하고 묵묵하고, 움직이고 조용함에, 본래심은 항상 편안하다(行亦禪 坐亦禪 語默動靜 體安然)"고 했다. 선(禪)은 본래심의 깨달음을 통해 편안하고 즐겁게 살아가는 일상생활, 그 전부이다. 또한 선의 실천을 통해서 혼미한 오늘날의 문제들을 지혜롭게 해결할 수 있을 뿐만 아니라, 일체 중생과 함께 사바세계를 헤쳐 나가며 멋진 인생을 살 수 있다. 선은 곧 지혜의 수레인 셈이다. 단언컨대, 편안하고 안정된 마음으로 각자 자기의 절대적인 인생을 살아가기 위해서는 경전과 선어록에서 방편지혜를 찾아보고, 좌선과 선의 다도생활을 실천하는 것이 도움이 될 것이다. 우리 모두 잠시 조용히 앉아 차를 한잔 마시면서, 몸과 마음을 편안히 한 채로 스스로를 성찰(省察)해 보자.

'나는 누구인가? 나는 무엇인가?'

'나는 어떤 존재인가? 왜, 무엇 때문에 살고 있는 것인가?'

'어떻게 살아 왔는가? 어떻게 살아가야 할 것인가?'

자기 자신에게 끊임없이 물어보자.

'나는 지금 어디에 서 있는가? 무엇을 하고 있는가?'

'어디로 가야 할 것인가? 무엇 때문에 여기서 헤매고 있는가?'

'지금 여기서 내가 할 일은 무엇인가?'

'나의 인생에서 가장 보람되고 행복하며, 또한 멋진 일은 무엇인가?'

좌선과 선다(禪茶)의 생활은 잃어버린 자신을 되찾는 일이며, 철저하게 사유하고 실천하는 생활이며, 종교 그 자체이다. 복잡한 삶 속의 현대인들은 자의식(自意識)의 과잉 속에 살아가고 있다. 이러한 생활 속에서 참된 자기의 불성을 자각하는 것은 어렵다. 그러한 사실을 반성한다고는 하지만 철저한 반성이란, 아마 쉽지 않을 것이다. 자의식을 뛰어넘은 곳에서 모든 존재는 공(空)한 것이리라. 또한 공(空)과 무(無)의 경지를 뛰어넘은 자신이야말로 본래의 자기 존재라고 말할 수 있지 않을까? 지금부터라도 본래의 마음을 깨닫는 자각의 시간을 만들어 보자.

좌선(坐禪)이나 선(禪), 선의 다도[茶道]라는 말이 일반인들에게는 친근하지 않겠지만, 실천함으로써 친숙해지는 것도 좋겠다. 한 잔의 차를 앞에 두고 묵묵히 앉아서 참된 나의 모습을 응시해 보자. 불안한 마음, 번뇌 망념으로 어지러운 마음을 성찰하여 각자의 불성을 자각하고, 편안하고 절대적인 깨달음의 세계를 체득할 수 있는 유일한 길이 바로 좌선이며, 선의 다도이다.

후기

　내가 처음 차(茶)를 접했던 것은 중학교 1학년 때의 일로, 그 때 티백 (Tea bag)으로 된 홍차를 처음 맛보았다. 대학 2학년 때에는 일본에 사는 백부님께서 가져오신 우치(宇治) 전차를 가족과 함께 마셨는데, 그 차 맛은 설탕을 탄 홍차와도 많이 달랐다. 뭐라고 표현하기는 어려운데, 싫지는 않았지만 커피의 그윽한 향과 맛에는 비교할 수 없었다. 백부님께서 들어오실 때마다 갖다 주셔서 그때는 그냥 '이런 것도 있나보다' 생각하고 가끔씩 마셨지만 차에 관심을 갖고 공부를 하게 된 것은 그보다 한참이나 더 지나 1990년 어느 불교교양대학에서 교리 공부를 하면서부터였다. 차 공부를 하면서 전통문화의 소중함을 인식하게 됐고, 세 아이들이 모두 국악을 접하게 되어 그 중 둘이 전공을 하는 계기가 되기도 하였다.

　차회(茶會)의 수련 과정을 이수하고 차에 관한 서적들을 읽으면서 다도를 이해하려고 노력했지만 항상 뭔가 석연치 않음이 있었다. 가족들과 주위 사람들에게 나의 역할을 제대로 잘 해내는 것이 다도를 공부하는 이유라고 생각하고 삼가며 살았다고는 하지만, '다도'라는 세간의 분위기에 끌려 얼마간의 시간을 보냈다는 사실을 부인할 수 없다.

　"도(道)를 도(道)라고 하면 이미 도가 아니다(道可道 非常道)"라는 말이나 "색즉시공 공즉시색(色卽是空 空卽是色)"과 같은 말의 의미를 그때는 알 것 같으면서도 모르겠고, 모르는 것 같으면서도 알 것 같은 것이, 자꾸 생각하다 보면 너무나 혼란스러워 나중에는 요즘 표현으로 머리에 쥐가 나서 마비되는 것 같았다. 다도를 공부하면서도 다도 그 자체의 의미가 명쾌하게 이해되지 않는 것이 정말 답답했으며, 스스로의 한계를 느끼는 것 같아 부끄럽기도 했다.

그리고 '우리 것'에 대한 소중함을 강조하다가 뭔가 이상하다고 생각한 것은 『금강경』에서는 아상(我相)·인상(人相)·중생상(衆生相)·수자상(壽者相)을 모두 여의라고 설했는데 왜 '우리 것'에 대해 이렇게 매달려 있는 걸까 하는 점이었다.

불교 공부 역시 확실함을 찾고 싶다는 갈증에서 비롯됐다. 틈나는 대로 경전과 불교 서적을 읽고 관심을 가졌지만 우둔하여 제대로 이해하지 못한 탓에 석연치 않음은 마찬가지였다. 그러던 2005년 어느 날 습관처럼 불교텔레비전을 켜 놓고 있던 중 우연히 성본 스님의 육조단경 강의를 보게 되었다. 들으면 들을수록 점점 빨려들어 가다가, "도(道)와 선(禪)·불(佛)·법(法)은 같은 뜻으로서 생명 활동을 뜻하며, 지혜가 작용하는 것"이라는 대목에 귀가 번쩍 뜨이며 '아! 내가 생각하던 다도가 바로 저것'이라는 환희를 느꼈다. 꽁꽁 묶였던 매듭이 풀리면서 모든 것이 시원하게 뚫리는 것 같아 혼자서 가슴 벅찼던 그 느낌을 아직도 생생하게 기억한다.

갑자기 가장을 떠나보내는 절망스러운 일을 겪은 후, 스스로를 추스르기 위해 무언가 해야겠다는 생각에서 아이들의 격려 속에 2008년 동국대 불교문화대학원 다도학과에 입학했다. 컴맹인 엄마의 발표 준비 때문에 아이들은 새벽에도 잠들지 못하고 밤을 지새웠다. 시력의 저하와 건강상의 문제 등, 쉬운 것은 하나도 없었지만 평소에 관심 가졌던 공부를 할 수 있다는 것이 대단히 고맙고 의미 있게 생각되어 열심히 수학했다.

생각지도 않게 텔레비전이 아닌 강단에서 성본 스님을 다시 뵌 후 정규 수업 외에 '선학개론', '선문화', '무문관', '조당집', '신심명', '증도가', '무문관', '임제록' 등의 강의를 듣고『대승기신론』, 야나기 무네요시의『다도논집』과『미의 법문』, 히사마츠 신이치의『다도의 철학』,『한산시』등을 읽는 세미나에 참석하여 공부하였는데, 그 내용이 그때까지 나름대로 인식하고 정리했던 불교와 여러 부분에서 차이가 나서 처음에는 혼란을 겪었다. 하지만 점차 의문이 사라지고 확신이 서면서 다시 정법으로 정리해 나갈 수 있었다.

2009년에 과정이 끝난 후, 학위가 절실히 필요한 것도 아니고 막상 논문을 쓰려니 자신이 생기지 않아 강의와 세미나에 계속 참여하면서 불법에 대한 견해와 안목을 열어 가려고 노력했다. 몇 차례의 각막 이상이라는 진단을 받으며 공부한 것을 정리한다는 의미에서 논문을 조금씩 다듬어 제출했는데, 인쇄된 논문은 오·탈자가 눈에 띄는 등 적잖이 나를 부끄럽게 했다. 그렇지만 다도의 근원이 되는 사상과 '진정한 다도가 무엇인가'에 대해 나의 뜻을 밝혔다는 점에 대해서는 만족하다 못해 속이 후련함을 느꼈다.

차를 공부하는 학도들에게 다도(茶道)가 뭔지 한마디로 설명해 보라고 했을 때 소신 있고 확신에 찬 대답을 하는 사람은 얼마나 될까? 나의 개인적인 염려인지도 모르겠지만, 다도(茶道)는 본래 그 사상을 일상생활에서 지혜로 실행하는 것을 뜻하는 데도 불구하고, 다례(茶禮)나 다학(茶學)을 다도라고 알고 있는 다도학도들이 거의 대부분인 것 같다. 물론 다례나 다학 또한 다도의 한 부분이며 방향이나 방법으로서의 다도라고 할 수 있지만 도(道)의 문화로 승화된 다도는 아니다. 사상이 결여된 다도는 형식에서 한계가 있으며 상업적으로 흐르게 되어 사상누각(砂上樓閣)이 될 우려가 커, 진정한 발전을 이룰 수가 어렵다. 이런 맥락에서 다도를 교육하는 사람들의 책임이 막중함은 두말할 나위가 없다고 생각한다.

2013년 여름은 유난히도 더웠지만 나는 선다생활 속에서 컴퓨터와 씨름 아닌 씨름을 하며 논문의 내용을 가감하고 다시 정리했다. 눈이 불편해서 힘들기는 했지만 어느 때보다 보람된 시간을 보내면서, 저절로 치유(healing)가 되는 것을 확실히 자각하였고, 유유자적한 편안함과 행복감을 만끽했다.

선다(禪茶)의 자각적인 일상생활은 인간의 삶에서 발생하는 여러 가지 문제점을 성찰하고 해결하는 지혜를 개발하여 날마다 새롭고 좋은 날로 전개하도록 돕는다. 따라서 선다의 저변을 확대하고 선다를 일상생활화하기 위한 지속적인 노력이 절실히 필요하다. 다도를 공부하는 사람들이나 일반인까지도, 선다에 대한 이해와 선다의 생활을 실행하는 '선다 힐링'을 통해 지극히 평안하고 안정된 마음으로 지금 여기에서 자신의 본분사의 일을 실행할 수 있는 인연이 되기를 간절히 바란다. 중복된 내용이 있지만 요소요소의 설명과 강조할 점이라 여긴다면 좋을 것 같다.

다른 것에 신경 쓰지 않고 공부할 수 있도록 모든 여건을 만들어 준, 지금은 옆에서 지켜봐 주지 못하지만 분명 잘하고 있다며 더없이 흐뭇

해 하면서 격려해 줄 남편에게 가장 먼저 이 책을 바치고 싶다. 누구보다 이 일을 응원하며 힘을 실어 준 사랑하는 아이들과 가족, 형제들. 그간에 두 식구가 늘고 또 한 생명이 태어나 온 집안에 기쁨과 웃음이 가득해 갈수록 생명의 경이로움을 느낀다. 또한 정법의 안목으로 눈뜨게 해 주신 지도교수님, 논문을 쓸 때부터 이 책이 출간되기까지 도움을 주신 분들, 그리고 항상 염려하며 살펴 주시는 주위의 모든 분들께 고개 숙여 진심으로 감사드린다.

2014년 2월
김명희

참고문헌

—

정성본, 『中國禪宗의 成立史 硏究』(민족사, 1993)

정성본, 『禪의 歷史와 思想』(불교시대사, 1999)

정성본, 『禪佛敎 槪說』(한국선문화연구원, 1999)

정성본, 『禪의 生活』(동국대학교 경주캠퍼스 정각원, 2000)

정성본, 『선불교의 이해』(동국대학교 경주캠퍼스 정각원, 2000)

정성본, 『선의 풍토』(동국대학교 경주캠퍼스 정각원, 2001)

정성본, 『참선수행』(동국대학교 경주캠퍼스 정각원, 2001)

정성본, 『반야심경』(한국선문화연구원, 2003)

정성본, 『敦煌本 六祖壇經』(한국선문화연구원, 2003)

정성본, 『臨濟語錄』(한국선문화연구원, 2003)

정성본, 『無門關』(한국선문화연구원, 2004)

정성본, 『간화선의 이론과 실제』(동국대학교출판부, 2005)

정성본, 『벽암록』(한국선문화연구원, 2006)

정성본, 『金剛經』(민족사, 2012)

최규용, 『錦堂茶話』(이른아침, 2004)

류건집, 『韓國茶文化社』上, 下(이른아침, 2007)

용운 스님·진월 스님, 『초의 선사의 차향기』(도서출판 초의, 2009)

용운, 『초의선사전집』(아세아문화사, 1985)

유홍준, 『완당평전』(학고재, 2002)

유홍준, 『김정희』(학고재, 2006)

윤경혁, 『행원차문화고전』(홍익재, 2006)

윤병상, 『다도고전』(연세대학교출판부, 2007)

윤경혁, 『茶文化年譜』(홍익재, 2005)

이만, 『유식학 개론(唯識學 槪論)』(경서원, 2006)

이능화, 『朝鮮佛敎通史』(新文館, 1918)

최범술, 『한국의 茶道』(보련각, 1973)

최완수, 『추사집』(현암사, 1976)

초의선사, 『東茶頌』(1837)

초의선사, 『茶神傳』(1830)

혜심, 『선문염송·염송설화』, 김월운 역(동국역경원, 2005)

『금강경오가해』, 무비 역해(불광출판부, 1998)

『국역 완당전집』, 신호열 편역(민족문화추진위원회, 1986)

『초의집』(동국역경원, 1997)

『추사김정희 시 전집』, 정후수 역(풀빛, 1999)

『한국불교전서』 제10권, 「草衣詩藁」(동국대학교출판부, 2002)

곤니치안(今日庵), 『일본다도의 이론과 실기』, 박민정 역(월간다도, 2007)

센 겐시츠(千玄室), 『일본다도의 정신』, 박전열 역(시사출판, 2008)

이리야 요시다카(入矢義高), 『방거사어록』, 양기봉 역(김영사, 1994)

야나기 무네요시(柳宗悅), 『다도와 일본의 美』, 김순희 옮김(한림대학교 한림과학
      원 일본학연구소, 1995)

야나기 무네요시(柳宗悅), 『미의 법문』, 최재목·기정희 옮김(이학사, 2005)

자각종색(慈覺宗賾), 『고려판 선원청규 역주』, 최법혜 역(가산불교문화연구원출판
      부, 2001)

치우치핑(裘紀平), 『다경도설』, 김봉건 역(이른아침, 2005)

陸羽, 『茶經』(764)

張源, 『茶錄』(1595년경)

毛煥文, 『萬寶全書』(1718)

久松眞一, 『茶道の哲學』(請談社學術文庫, 2009)

柳宗悅, 『茶道論集』(2009)

『茶道辭典』(淡交社, 1978)

정성본, 「추사 김정희와 초의선사의 교유-禪詩와 茶詩를 중심으로」『추사연구』(과
      천문화원 추사학회 발표, 2012)

고형곤, 「秋史의 白坡 妄證 十五條에 대하여」, 『선의 세계』 제2권(운주사, 1995)

【 미출간 원고 】

승찬·영가, 『신심명·증도가』, 정성본 역해, 2011

자쿠안 소다쿠(寂庵宗澤), 『선다록』, 정성본 역, 2010

야나기 무네요시(柳宗悅), 『다도논집』, 정성본 역, 2009

히사마츠 신이치(久松眞一), 『다도의 철학』, 정성본 역, 2011

선과 다도

초판 1쇄 인쇄 | 2014년 5월 10일
초판 1쇄 발행 | 2014년 5월 15일

지은이 | 정성본, 김명희
펴낸이 | 윤재승
펴낸곳 | 민족사

주간 | 사기순
기획편집팀 | 사기순, 허연정
영업관리팀 | 이승순, 공진희

출판등록 | 1980년 5월 9일 제1-149호
주소 | 서울 종로구 삼봉로 81 두산위브파빌리온 1131호
전화 | 02)732-2403, 2404   팩스 | 02)739-7565
홈페이지 | www.minjoksa.org
페이스북 | www.facebook.com/minjoksa
이메일 | minjoksabook@naver.com
ⓒ정성본, 김명희

ISBN 978-89-98742-24-9 93220